Maria Werthan (Hrsg.)

Starke Frauen gestalten

Maria Werthan (Hrsg.)

Starke Frauen gestalten

Beiträge der verständigungspolitischen Tagungen

8.–10. März 2019, Heiligenhof
5.–8. Mai 2019, Nord- und Südbukowina
6.–8. September 2019, Helmstedt

Frauenverband
im Bund der Vertriebenen e.V.

OsteuropaZentrum Berlin-Verlag

Dieser Tagungsband wurde gefördert aus Mitteln des
Ministeriums des Innern, für Bau und Heimat der Bundesrepublik Deutschland.

Gefördert durch:

Bundesministerium
des Innern, für Bau
und Heimat

aufgrund eines Beschlusses
des Deutschen Bundestages

© 2020 by OsteuropaZentrum Berlin-Verlag
Hubertusstraße 14
D-10365 Berlin
Tel.: 030 993 93 16
Fax: 030 994 01 888
E-Mail: info@oezb-verlag.de
Verlagsleitung: Detlef W. Stein

www.oezb-verlag.de
www.anthea-verlagsgruppe.de

Titelfotos: Mitte: Louise Otto-Peters
            v.l.n.r.: Dr. Kathi Gajdos-Frank, Rosemarie Schuran, Prof. Dr. Godula Kosack,
                      Ingeborg Fiala-Fürst, Dr. Maria Werthan, Heidrun Ratza-Potrykus,
                      Hannelore Buls, Dr. Helga Engshuber, Sibylle Dreher, Dr. Bärbel Beutner
Covergestaltung: Thomas Seidel
Satz: Thomas Seidel
Technische Mitarbeit: Thomas Richter

ISBN: 978-3-89998-336-4

Inhalt

Vorwort

Maria Werthan

Liebe Leserinnen, liebe Leser,

Herbst ist Erntezeit und für uns ist es ein Gebot darzulegen, was in diesem Verbandsjahr geleistet wurde. Wir nehmen den vom Bundesministerium des Innern, für Bau und Heimat geförderten Tagungsband zum Anlass, um Ihnen die Vorträge von den Tagungen des Frauenverbandes im Jahre 2019 als spätherbstliche Nachlese zu präsentieren.

Drei Tagungen und ein Symposium fanden in diesem Jahr statt. Die Frühjahrstagung vom 8.–10. März 2019 in Bad Kissingen, die Begegnungstagung in der Süd- und Nordbukowina vom 3.–8. Mai 2019, die Herbsttagung vom 6.–8. September 2019 in Helmstedt und das Symposium des Frauenverbandes mit den japanischen Vertriebenen im Mandschurei Museum/Fujigawacho von Lida, Präfektur Nagano, Japan am 19.10.2019.

Der Frauenverband feiert in diesem Jahr sein 60jähriges Gründungsjubiläum. Unsere Gründungsmütter haben am 5 Juni 1959 den Schulterschluss von Frau zu Frau als notwendig erachtet. Als vertriebene Frauen in einer fremden „kalten" Umgebung waren sie auf gegenseitige Hilfe in Rat und Tat angewiesen. Dabei ging es nicht nur darum, den kargen Nachkriegshungeralltag für die Familie zu sichern, Anträge an die Behörden zu stellen, sondern vor allem sich zu organisieren, um den eigenen berechtigten Anliegen Stimme und Gewicht zu verleihen. Deswegen wurde diese Frauen-Tagung unseren tüchtigen Präsidentinnen und allen ihren Mitstreiterinnen gewidmet: Hertha Pech (ab 1959), Gretlies Baronin von Manteuffel-Szoege (Anfangsdatum unbekannt bis 1981), Anni Baier (1981 bis1992), Christa Wank (1992 bis 1998), Sibylle Dreher (1998 bis 2014). Es war eine Tagung „für Frauen von Frauen".

Die Frauentagung wurde von der Präsidentin des Frauenverbandes, Dr. Maria Werthan eröffnet. Sie begrüßte die von fern und nah angereisten Dozentinnen und Teilnehmerinnen, die Vizepräsidentin, Frau Dreher, die Schatzmeisterin, Frau Schuran und die Damen aus dem Verband. Sie stellte klar, dass bei der speziellen Frauentagung „von Frauen für Frauen" keine männlichen Referenten zu Wort kämen. Das Konzept der Tagung „100 Jahre osteuropäische Frauen: Sternstunden und Rückschläge im Streben um gesellschaftspolitische Anerkennung und Teilhabe" beinhaltete drei Grundideen: Im Zentrum standen Fragen nach der Bedeutung der Frauenbildung für Frauenleben. Mit ihnen vernetzt wurden die historischen und die aktuellen Bestrebungen von Frauen um Anerkennung und Teilhabe und der Austausch mit unseren osteuropäischen Nachbarinnen. Wir fragten: Welche Ziele setzten sich die Frauen in einer bestimmten Zeit? Wer waren diese engagierten Frauen? Mit welchen Strategien haben sie ihre Ziele verfolgt?

Den aufgeklärten Frauen in der Geschichte war klar, dass Bildung der Dreh- und Angelpunkt für die Gleichstellung der Frau ist. Auch den vertriebenen Frauen leuchtete ein, dass Bildung und Information grundlegende Bedingungen für die Eingliederung im Westen und für das eigene geschundene Selbstbewusstsein sind. Von daher zählen wir bis heute sechs Jahrzehnte Bildungsarbeit. Sie umfasst die aktive Auseinandersetzung mit dem geistigen und materiellen Kulturgut der Heimat (Gemeint sind die Staats- und Siedlungsgebiete zwischen der Ostsee- und dem Donauraum in einem Zeitraum von ca. achthundert Jahren.) und der neuen Umgebung in Mittel- und Westdeutschland.

In der Erkenntnis, dass Deutsche und Polen im Zweiten Weltkrieg und zum Kriegsende unsägliches Leid über ihre Nachbarn gebracht haben und im Einklang mit der Charta der Heimatvertriebenen, entschieden sich die Frauen in der tiefen Not des Heimatverlustes für die Aussöhnung. Wir sind überzeugt, dass ein fragiles Europa, welches uns 70 Jahre Frieden beschert hat, ein solides Netzwerk von europäischen Bürgerinnen als Fundament braucht. Deswegen setzen wir als Vertriebene- und Aussiedler-Frauen den von unseren Vorgängerinnen initiierten Dialog mit unseren Nachbarinnen fort.

Uns allen ist bewusst, dass wir Europäer die große Schnittmenge der christlichen Kultur als gemeinsames Erbe teilen. Es ist unsere Aufgabe als Frauen aus Ost und West, diesen Kulturschatz wert zu schätzen, zu entfalten und zu erhalten. Eingebunden in diese Kulturtradition wurden in unserer Frauentagung unterschiedliche Frauenbilder und Rollen in unseren Gesellschaften in ihrer historischen Gewachsenheit hinterfragt und verglichen. Die oben angesprochenen Grundthemen Frauenbildung, Frauen-Teilhabe und Frauendialog waren in allen Vorträgen verwoben.

Frau Werthan schilderte den Aufbruch der Frauen im Ringen um gesellschafts-politische Teilhabe, wobei sie die Strategien und die Errungenschaften mit den Namen von fortschrittlichen Frauen verband. Frau Dr. Bärbel Beutner, Frau Prof. Dr. Fiala Fürst, Frau Claudia Merz und Frau Dr. Kathi Frank-Gajdos rollten historische Frauenvorbilder in Raum und Zeit auf. Frau Dr. Angelique Leszczawski-Schwerk verglich die Rollen und gesellschaftspolitischen Stellungen von Frauen in der Zweiten Polnischen Republik und heute in Polen. Frau Prof. Dr. Godula Kosack stellte das in den Jahrhunderten des Aufbruchs gewachsene Selbstverständnis von deutschen Frauen dem aufkommenden archaischen Frauenbild mit der Frage gegenüber: Wie können Frauen ihre freiheitlichen Errungenschaften verteidigen? Frau Dr. Herta Haupt-Cucuiu untersuchte das Erfolgsrezept von Herta Müller, die als Banater Schwäbin 2009 den Nobelpreis für Literatur errang Dieser Vortrag und derjenige von Frau Dr. Leszczawski-Schwerk werden leider nicht in diesem Band erscheinen.

Die Tagung „Westpreußen und Weichsel-Warthe: Unterschiedliche Entwicklungen für Land und Leute in Raum und Zeit" ging von den Entwicklungen in der Zwischenkriegszeit aus und fokussierte die wechselvollen deutsch-polnischen Beziehungen bis heute. Im Vordergrund standen die Fragen: Welche politischen und wirtschaftlichen Entwicklungen prägten das Leben der Menschen ab der Zwischenkriegszeit? Wie haben sich diese Veränderungen auf das Leben und Zusammenleben von Deutschen und Polen ausgewirkt? Krieg und Vertreibung lähmten als schmerzliche Zäsur die Beziehungen zwischen den beiden Nachbarn. Für uns ist das Grund nach vorne zu schauen und Versöhnung mit den Nachbarn zu leben. In diesem Sinne wurde der zweite Teil der Tagung den verbindenden Projekten von Deutschen und Polen gewidmet.

Frau Werthan stellte einen kurzen historischen Abriss der Geschichte der beiden Regionen an den Anfang der Tagung. Frau Barbara Kämpfert Vorsitzende des Akademischen Freundeskreises „Danzig-Westpreußen e. V." und stellvertretende Vorsitzende der Copernicus-Vereinigung für Geschichte und Landeskunde Westpreußens e. V. erörterte die Ziele und die Arbeitsweisen der beiden Verbände. Prof. Dr. Jerzy Kolacki vom Institut für Geschichte der Adam-Mickiewicz-Universität in Posen/Poznan berichtete über die wissenschaftliche Dokumentation zur Revitalisierung der deutschen protestantischen Friedhöfe in Großpolen auf der Basis von historisch-archivalischen und topografischen Quellen. Hakim Tebbal von der Historischen Fakultät der Adam-Mickiewicz-Universität schilderte im Rahmen seiner Abschlussarbeit die Forschungen zu den protestantischen deutschen Friedhöfen in Deutschkrone/Walcz und Umgebung. Der Rechtshistoriker, Dr. Bennet Brämer erläuterte den Sonderstatus der Freien Stadt Danzig zwischen 1920 und 1939.aus rechtshistorischer Perspektive. Dr. Martin Sprungala, Vorsitzender der Landsmannschaft Weichsel-Warthe, eruierte die wechselseitigen Benachteiligungen und Verfolgungen von

Deutschen und Polen in der Zwischen-, Kriegs- und Nachkriegszeit im Weichsel-Warthe Gebiet. Frau Heidrun Ratza-Potrykus berichtete in anschaulicher Weise über die westpreußische Brauchtumspflege im Jahresverlauf. Dr. Jürgen W. Schmidt analysierte das schwierige deutsch-polnische Verhältnis ab 1919 und zeigte anhand von Einzelschicksalen die Auswirkungen politischer Willkür auf Menschenleben. Frau Magdalena Oxfort, die Kulturreferentin für Westpreußen, Posener Land und Mittelpolen, bot uns einen Überblick über die lebendige deutsch-polnische Zusammenarbeit im kulturellen Bereich. Die Herren Adam Malinski und Bernd Bruno Meyer stellten gemeinsame deutsch-polnische Projekte für Schüler und Jugendliche vor. Die Beiträge von Frau Kämpfert und Frau Oxfort werden leider nicht im Tagungsband erscheinen. Für die beiden Tagungsabende waren gesonderte Programme vorgesehen. Am Freitagabend aktivierte die Vizepräsidentin, Frau Sibylle Dreher, assistiert von Frau Barbara Kämpfert, die Teilnehmer zur schauspielerischen und reflexiven Auseinandersetzung mit den Erfahrungen von Vertreibung in Westpreußen. Der Samstagabend war für ein Konzert der Spitzenklasse reserviert. Unter Leitung von Helmut Scheunchen, ehemaliger Cellist bei den Stuttgarter Philharmonikern und Leiter des „Malinconia-Ensemble Stuttgart", boten Julius Calvelli-Adorno – Violine und Günter Schmidt – Klavier ein Gesprächskonzert mit Werken von Johann Valentin Meder (1649–1716), Iwan Knorr (1853–1916), Philipp Scharwenka (1847–1917), Xaver Scharwenka (1850–1924), Alexander Maria Schnabel (1889–1969) zum Gedenken an den 50. Todestag von Walter Freymann (1886–1945). Im historischen Juleum in Helmstedt zauberten die Musiker Klänge auf der breiten Skala des Lebens – von Himmelhoch Jauchzen von Verliebten bis zum tiefen Trennungsschmerz im Tode.

Zu den Auslandsbegegnungstagungen werden zwei Berichte in den Tagungsband miteinfließen. Frau Viktoria Decker berichtet über die Begegnungen mit Daheimverbliebenen, mit Schülern, Studenten sowie Persönlichkeiten aus dem öffentlichen Leben in der Süd- und Nordbukowina. Frau Dr. Helga Engshuber schildert die außergewöhnlichen Begegnungen mit den japanischen Mandschurei-Vertriebenen.

Nach sechs Jahrzehnten Bildungsarbeit bleibt zu fragen, auf welchen Grundgedanken hin wir unsere Arbeit im Frauenverband in Zukunft ausrichten sollen. In meiner Antwort möchte ich die Eingangs- Idee unserer Vizepräsidentin Dreher vom Brückenbau wieder aufgreifen. Wir brauchen Brücken zwischen Alt und Jung, Brücken zwischen Frauen aus Ost und West, Brücken zwischen uns und unseren Nachbarn und Brücken zwischen Vergangenheit und Zukunft. Wir wollen:

Mit dem Wissen von heute über die Brücke der Vergangenheit Zukunft gestalten.

Aus vollem Herzen danke ich allen kompetenten Gastdozenten, den fragefreudigen Teilnehmern aller Tagungen, der Schatzmeisterin, Frau Rosemarie Schuran, für ihren engagierten Einsatz bei den Tagungen, der Vizepräsidentin, Frau Sibylle Dreher, für ihre Ratschläge, Frau Gabriele Czornohuz im Innenministerium für Bau und Heimat und Herrn Thomas Giesel im Bundesverwaltungsamt für die finanzielle Unterstützung, Frau Ratza-Potrykus für die zügigen und gründlichen Korrekturarbeiten und dem OEZB-Verlagsteam mit Herrn Stein für die Drucklegung.

DANKE!

I.

Beiträge zur Tagung:
„100 Jahre osteuropäische Frauen:
Sternstunden und Rückschläge im Streben
um gesellschaftspolitische Anerkennung
und Teilhabe" vom 8.–10. März 2019
in der Bildungsstätte Heiligenhof, Bad Kissingen

Frauenarbeit im BdV e. V.

Sibylle Dreher

Mein Bericht zum Thema dieser Tagung: *Wie fing Frauenarbeit für mich an? Welche Setzungen hat es für mich gegeben?* beginnt mit einem Zitat aus dem Jubiläumsband der Landsmannschaft Westpreußen, der 1999 erschien: „Wenn es die Nivea-Creme nicht gegeben hätte, wer weiß wie sie heute aussehen würde?" Dazu reichte ich eine Niveadose durch die Reihen der Zuhörer, damit auch Teilnehmerinnen aus dem Ausland diese Creme kennenlernen konnten. Den zitierten Satz hatte ich aufgeschnappt bei einem der Damentreffen, die in den 50ger Jahren des vorigen Jahrhunderts unserem Wohnzimmer in Bremen stattfanden. Das war etwa 14 Jahre nach dem Zweiten Weltkrieg und nach Flucht und Vertreibung, die auch meine Familie betroffen hatte.

Ich kann mich nicht erinnern, über welche Frau oder welches Mädchen damals gesprochen wurde. Sie war geschlagen, misshandelt, übel zugerichtet und wochenlang in einen Keller gesperrt worden. Sie lebte in völliger Dunkelheit und fand beim Abtasten ihrer Umgebung eine Dose Nivea-Creme. Diese Creme tat sie auf ihre schmerzenden Wunden – immer wieder. Die Wunden heilten wunderbar. Nur der innere Schmerz über das Erlebte blieb. Die Vertreibung aus der Heimat folgte noch. In der Runde der westpreußischen Damen schwang das Wissen um eine schwere Zeit unheilvoll im Raum. Das prägte sich bei mir ein.

Heute weiß ich mehr über die Umstände und ordne sie ein: Das Damentreffen in unserem Wohnzimmer fand monatlich statt und war der Beginn der landsmannschaftlichen Frauenarbeit in Bremen. Das Haus, in dem wir wohnten, war erbaut worden aus erspartem Geld und Lastenausgleichsmitteln und es war ein großes Wohnzimmer für unsere Familie mit Oma, Großonkel,

Mutter und vier Kindern geplant worden. Mit zwei ausgezogenen Tischen konnten bis zu 20 Personen Platz finden. Meine Mutter hatte Adressen von westpreußischen Frauen gesammelt, die sie bei anderen Treffen oder vor allem durch regen Briefverkehr mit der Verwandtschaft und ehemaligen Nachbarn aus der Heimat erfahren hatte. Es wurde ein monatliches Treffen, bei dem meine Schwester und ich Tisch decken, abräumen und abwaschen mussten (für 50 Pfennige aus der Sammlung bei den Damen, die meine Mutter in einem Heft notierte, das ich noch besitze). So fingen viele Treffen an und später wurden Frauengruppen daraus – in den Landsmannschaften und im Dachverband Bund der Vertriebenen, der sich in der heutigen Organisationsform erst Ende der 50ger Jahre gebildet hatte.

Diese Gruppengründungen (nur in der Bundesrepublik, denn in der SBZ/DDR wurde Gruppenbildung von Vertriebenen aus politischen Gründen verboten und durch den Staatssicherheitsdienst überwacht) entstanden nach dem Prinzip: **Wir organisieren uns und helfen einander.** Neben dem täglichen Überlebenskampf im zerstörten Deutschland suchte meine Mutter zunächst nach den verstreut lebenden Familienangehörigen, dann nach den ehemaligen Kolleginnen, Schulkameraden, Bekannten und Nachbarn. Die Initiative zu eigenen Treffen kam erst danach, aber sie begründete eine bis heute gehaltene Tradition, die sich übrigens in den neuen Bundesländern in ähnlicher Weise fortgesetzt hat. So entstanden Frauengruppen auf Kreis- und Länderebene und später eine Bundesorganisation, die eingereiht wurde in die von Männern gegründeten Landsmannschaften auf Bundesebene. Die wenigen, aus dem Krieg und Gefangenschaft zurückgekehrten oder alten Herren hatten sich früh „den Hut aufgesetzt", sind zum Amt oder gleich in die Politik gegangen. Sie nahmen die staatstragende Rolle ein: Sie wirkten politisch und brachten die sozialen Gesetze auf den Weg, durch die sich die Lebensverhältnisse für die Vertriebe-

nen allmählich verbesserten. (Bundesvertriebenen- und Flücht-
lingsgesetz (BVFG), Lastenausgleichsgesetz (LAG)).

Im Unterschied zu den Männern wirkten die vertriebenen Frau-
en im familiären, allenfalls regionalen Rahmen, denn sie hätten
nicht reisen können aus Mangel an Geld und wegen der Pflichten zuhause. Sie schufen aber auf ihre Weise eine Aufarbeitung
der Geschehnisse in der Vergangenheit, suchten sich die Informationen für den Alltag, und richteten vor allem ihren Blick
auf die Zukunft, nämlich auf die Bildungsmöglichkeiten für die
Kinder und sich selbst. Meistens waren sie auf sich alleine gestellt, denn viele Männer und Söhne waren wie mein Vater
nicht aus dem Krieg zurückgekehrt und sowohl die Kinder und
Großeltern als auch die kranken und kriegsversehrten Männer
brauchten Betreuung, Versorgung oder Pflege. Diese Aufgaben
übernahmen selbstverständlich die Frauen, oft nebenbei oder
auch alles zugleich.

Ungezählte, unermessliche Aufgaben waren anzupacken

Ebenso selbstverständlich übernahmen die Frauen Hege und
Pflege des Kulturgutes aus den Heimatgebieten. Sie sammelten
und überlieferten das geistige, unsichtbare Fluchtgepäck. Dazu
gehörten:

- das Brauchtum zu Fest- und Feiertagen
- die geistlichen Lieder der Kirche und die Volkslieder aus
  dem deutschen Sprachraum
- die Küchen- und Kochkünste aus kargen und üppigen Zeiten
- die Farben und Formen heimatlicher Werke, Dekorationen
  und Bilder
- die Stick- und Strickmuster auf Heimtextilien und Klei-
  dungsstücken
- die Bewahrung der Fotos aus vergangenen Tagen von Fes-
  ten und Feiern

- die Bildnisse und Schriften heimatlicher Künstler und geistiger Größen
- die Sammlung von
  - Briefen und Dokumenten aus Familie und heimatlicher Nachbarschaft
  - Zeugnissen und Dokumenten aus Schule, Ausbildungsstätten und Ämtern
  - heimatlicher Prosa und Lyrik, Sagen, Legenden und Märchen
  - Erzählungen von Ereignissen und Erfahrungen

Unvergessene Geschehnisse bei Flucht und Vertreibung

Das Fluchtgeschehen hat insbesondere für die Frauen eine zusätzliche Belastung bedeutet, die bis heute fortdauert und zwar egal ob die Flucht im Winter 1945 beim Vorrücken der Roten Armee begann oder im Sommer 1945 bei der sogenannten Wilden Vertreibung der Deutschen noch vor der Potsdamer Konferenz oder die Vertreibung danach. Die Erlebnisse der Frauen gehören dazu und dürfen nicht vergessen werden: Denken wir an die Frauen, die

- nicht mehr fliehen konnten oder wollten und in der Heimat blieben
- die nicht schnell und nicht weit genug flohen,
- die von Mordlust und Gier der sowjetischen Soldaten erreicht wurden,
- die Hass und Rache der vorherigen Opfer des NS-Terrors zu spüren bekamen
- die in Lagern interniert und zu Zwangsarbeit verurteilt wurden

Frauen sind Brückenbauer

1. Brücke:

Viele Frauen haben es sich zur Aufgabe gemacht, nicht zu vergessen. Das ist heute so wichtig wie am Anfang. Sie erfüllen diese Aufgabe, indem sie erzählen, in ihren Familien, bei ihren regelmäßigen Zusammenkünften und bei großen öffentlichen Veranstaltungen. Sie bewahren ihre Erkenntnisse und schaffen Neues; sie geben ab aus ihrem Erfahrungsschatz auch an Menschen, die der Landsmannschaft und den Vertriebenenverbänden nicht angehören. Sie legen Zeugnis ab vor allem für die nächsten Generationen. Das ist die wichtigste Brücke: Die Vergangenheit nicht vergessen, aber an die Zukunft, der nächsten Generationen denken.

2. Brücke: Die heimatliche Verbundenheit:

Die Aufgaben sind nicht weniger sondern mehr geworden, auch wenn etliche Zeitzeuginnen schon nicht mehr unter uns weilen. Es gelingt aber immer wieder, die in der Heimat verbliebenen Deutschen und die in unseren Heimatgebieten jetzt Lebenden dafür zu interessieren, was uns als Verbindung blieb, nämlich das deutsche Kulturgut im Zusammenhang mit den dort lebenden Minderheiten zu erhalten oder neu zu entdecken.

3. Brücke: Das Verbindende zwischen Menschen unterschiedlicher Herkunft

So steht es in unserer Satzung: *Der Frauenverband organisiert Begegnungen zwischen Flüchtlingen und Vertriebenen mit den heutigen Bewohnern ihrer ehemaligen Heimatgebiete, bietet regelmäßig Seminare für In- und Ausländer an, in denen die gewonnenen Erkenntnisse dargestellt, besprochen und gefördert werden.* Auch wenn unsere Heimat oder die unserer Vorfahren heute von Anderen bewohnt und regiert wird, so lieben wir unsere Heimat dennoch. Wir glauben, dass diese Liebe in Wahrheit zu überwinden hilft, was auch immer politisch dort im vorigen Jahrhundert angerichtet worden ist. Es sollen Alle

Alles wissen was geschehen ist, damit wir unsere Kultur, Geschichte und Erfahrungen zusammenführen und gemeinsam erarbeiten können. So kann sich eine Zukunft ohne Hass und Vertreibung friedlich weiterentwickeln.

4. Brücke: Vernetzung im vorpolitischen Raum mit anderen Frauen und Verbänden

Der Frauenverband wurde im Juni 1959 gegründet. Ich habe aus den alten Akten entnommen, dass Frauengruppenleiterinnen damals nicht mehr politisch durch die an der Spitze stehenden Männer vertreten werden, sondern ihre eigenen Projekte besprechen und durchführen wollten. Meine mir persönlich bekannten Vorgängerinnen im Amt – Frau Anni Baier, Sudetendeutsche, und Frau Christa Wank, Ostpreußin – wurden innerhalb der Organisation des Dachverbandes BdV noch geschäftlich unterstützt. Weil erhebliche Mittelkürzungen durch die Bundesregierung in den 1990ger Jahren die Streichung der Kultur- und Frauenarbeit verursachten, musste der Frauenverband im BdV e. V. den Schwerpunkt seiner Aktivitäten für die Zukunft eigenständig bestimmen. Seit 1999 haben wir unsere Themen, speziell die besonderen Leiden und Erfahrungen der Frauen durch Flucht, Vertreibung und Neuanfang, aufzuarbeiten begonnen. Der Frauenverband ist weiterhin im Präsidium des BdV vertreten. Da er aber daneben Mitglied im Deutschen Frauenring ist, hat er auch im Deutschen Frauenrat, der *Lobby der Frauen* in Deutschland eine Stimme. Dort haben wir Unterstützung erhalten für unsere Zeitzeugenbefragung durch eine Fragebogenaktion, die wissenschaftlich ausgewertet und ins Internet gestellt wurde. Außerdem konnten wir erreichen, dass unsere Anträge auf Anerkennung des besonders schweren Schicksals der Deportation, Internierung oder Zwangsarbeit Zustimmung fanden und dadurch öffentlich wahrgenommen wurden. Die solidarische Stärkung hat deutlich gemacht, dass wir als einzelner Verband mit anderen Frauenverbänden zusammen viel mehr erreichen können und eine Vernetzung sich als sehr hilfreich erweisen kann.

In der Folge ist es gelungen, viele berühmte Persönlichkeiten zu bewegen mit uns zu diskutieren, unsere Anliegen kennen zu lernen und diese öffentlich zu unterstützen. Das geschah in der Ostseeakademie in Travemünde, im Heiligenhof in Bad Kissingen, aber auch in Königswinter, Göttingen, Kassel, Suhl, Erfurt, Weimar und in der Hauptstadt Berlin. Viele wichtige Reden wurden gehalten, Erkenntnisse vermittelt und Meinungen ausgetauscht. Es kamen Buchautorinnen und Professorinnen: Prof. Barbara Stambolis, Prof. Margarete Dörr, Prof. Margit Eschenbach, Prof. Arnulf Baring, Prof. Hartmut Radebold; Journalistinnen: Helga Hirsch, Sabine Bode, Klaus Bednarz; Therapeutinnen: Ingrid Meyer-Legrand, Dr. Jürgen Müller-Hohagen; Politikerinnen: Erika Steinbach MdB, Prof. Rita Süßmuth MdB, Freya Klier, Cornelia Sonntag, Monica Hauser; aus dem In- und Ausland: Martha Kent PhD, USA, Dr. Peter Heinl, England, Zbigniew Czarnuch und Adam Krzeminski, Polen, Prof. Wladimir Gilmanow, Russland. Das sind nur einige Namen.

Fazit:
Beim 50-jährigen Jubiläum wählten wir das Motto: Aus Erinnerungen Brücken bauen.
Ich habe das Vorbild meiner Mutter vor Augen, die alleine mit vier kleinen Kindern nach Kriegsende auf die Flucht ging und niemals vor einer schwierigen Aufgabe kapitulierte, sondern sie aktiv anpackte und löste. Ich habe vor vier Jahren hier schon darüber berichtet: Sie konnte alles. Sie hatte unsere Zukunft im Fokus und hat die Brücke gebaut von der schlimmen Vergangenheit zur Gestaltung einer hoffnungsvollen Zukunft. Ich bin 1945 vor Ende des Zweiten Weltkriegs geboren und habe mich auch deshalb als Brückenbauerin gesehen zwischen den alten Zeitzeuginnen mit ihren furchtbaren Erlebnissen und der nächsten, unserer Kindergeneration: Nach dem Untergang

des Nationalsozialistischen Reiches, des furchtbaren Schicksals durch Flucht und Vertreibung und der sehr schwierigen Nachkriegszeit galt es, den Frieden zu gestalten und eine Demokratie aufzubauen.

Wie haben unsere Eltern und Großeltern nur die Kraft gefunden, neben dem Überlebenskampf in ihrer Familie noch Gruppen zu gründen, Pakete zu schicken, Briefe zu schreiben und Vermisste zu suchen? Daneben waren noch die Erinnerungen zuzulassen, obwohl das Schicksal der Heimatlosigkeit und des Verlustes jedweder Lebensqualität immer wieder ins Bewusstsein drängten.

Der Frauenverband ist inzwischen 60 Jahre alt. Welches Motto sollte er für eine Jubiläumsfeier wählen? Es lohnt sich, darüber nachzudenken und neue Perspektiven zu entwickeln. Den Mut dazu wünsche ich uns allen, denn es gibt noch Viele, die an unsere Frauenarbeit andocken möchten, weil sie niemanden sonst haben, den sie fragen könnten!

100 Jahre Ringen um Anerkennung und Teilhabe – ein Blick auf deutsche Frauenrechtlerinnen

Maria Werthan

Zum Beginn der Tagung möchte ich auf zwei wichtige Ereignisse in der Frauengeschichte hinweisen. 1910 und 1921 fanden erste Weltfrauentage am 8. März statt. Wir feiern seit Jahren erneut den Internationalen Weltfrauentag am 8. März und wir feiern den Weltgebetstag der Frauen in der Regel am ersten Märzwochenende jeden Jahres. Diese Setzungen zeigen, dass die Frauen begriffen haben, wie wichtig die Zusammenarbeit über alle Grenzen hinweg ist. Wir schließen uns dieser Erkenntnis an, weil der Dialog und die Versöhnungsarbeit mit unseren osteuropäischen Nachbarn Grundräson unserer Existenz sind.

1919 feiern wir hundert Jahre aktives Frauenwahlrecht in Deutschland. Der Weg dahin war langwierig und voller Hindernisse. Nach diesem ersten Meilenstein mussten die Frauen weiterhin beständig für die Umsetzung der politischen Mitwirkung kämpfen. Als Frauenverband ist es unsere Aufgabe, uns die Errungenschaften der historischen Frauenbewegung vor Augen zu führen und die selbstlosen Leistungen ihrer Protagonistinnen zu würdigen.

Mein Vortrag wird in Kurzform auf die Erfolge der Frauenbewegung und die Frauen, die sich für die Umsetzung von Frauenrechten aufopferten, eingehen.

Vorerst möchte ich meine persönliche Tuchfühlung mit dem Thema der Frauenbewegung erläutern. Ende der 80er Jahre wurde ich an der Bonner Universität auf das Seminar von Frau Prof. Dr. Annete Kuhn für Frauengeschichte aufmerksam. Schon zu Beginn der Dekade hatte Barbara Becker-Cantarino die „Geschichtslosigkeit" von Frauen und die Beschränkung ihrer Wirkungskreise auf die Rolle der Gattin und Mutter von der männlichen Geschichtsschreibung thematisiert. Aus dieser Erkenntnis heraus schaute die neuere historische Frauenforschung mit dem „anderen Blick" auf Geschichte, um die Spuren von Frauen zu sichern und Fragen ihrer Identitätsbildung aufzuklären. Diesem Anliegen konnte ich mich nicht verschließen, denn um mich herum erlebte ich ein demokratisches System in dem die Spitzenpositionen auf allen institutionellen Ebenen von Staat und Gesellschaft von Männern dominiert wurden.

Ein Blick zurück zeigt, Frauen, die eine Rolle in der Geschichte spielten waren die Ausnahme: Wenn wir uns an Elisabeth von Thüringen, Katharina die Große oder in neuerer Zeit Bertha von Suttner erinnern, fällt uns ihre Herkunft aus einer privilegierten Schicht auf. Somit können wir die These aufstellen, dass nur Frauen aus der Oberschicht Zugang zu Bildung hatten. Der caritative Ansatz für Frauenleben in der Gestalt von Elisabeth von Thüringen blieb für Jahrhunderte prägendes Frauenvorbild.

Die radikalsten Forderungen von Frauen für Frauenrechte stammen aus der Zeit der Französischen Revolution: Olymp de Gouges entwarf Flugblätter, Protestschreiben und organisierte revolutionäre Frauenclubs. In ihrer grundlegenden und dezidierten „Erklärung der Rechte der Frau und Bürgerin" forderte sie die völlige Gleichberechtigung der Geschlechter bis zur Eigentumsverteilung hin. Von einer ihrer Nachfolgerinnen, Flora Tristan, stammt der Ausspruch: „Selbst der unterdrückteste Mann kann ein anderes Wesen unterdrücken – seine Frau. Sie ist das Proletariat des Proletariats." Die weiterführende Bewegung der französischen Saint-Simonistinnen (1830) erweiterte den Forderungskatalog von Olymp de Gouges auf die Beseitigung der geschlechtsspezifischen Hierarchie und das Recht von Frauen auf die Beibehaltung des eigenen Namens.

Mary Wollstonecraft, englische. Schriftstellerin, Übersetzerin, Philosophin und Frauenrechtlerin erkannte, dass die Situation der bürgerlichen und besonders der proletarischen Frauen nicht verbessert werden konnte, ohne das Recht auf Bildung und politisches Stimmrecht.

Die ab 1900 in England und USA erstarkenden Surffragetten-bewegungen wurden im Wesentlichen von bürgerlichen Frauen getragen, die vermehrt den Schulterschluss mit den proletarischen Frauen suchten Im Vordergrund stand der Kampf um Wahlrecht.

Parallel zu den Kämpfen der Frauen im benachbarten Ausland verlief der Aufbruch der deutschen Frauen. Frauen von Adel und bürgerliche Frauen schufen eine Öffentlichkeit für die Frauenfrage durch Aufklärung: Reden, Schriften und Vereins-arbeit. Hervorzuheben sind die Frauen in der Frühromantik und in der Revolutionszeit (1830–1848). Caroline Schlegel-Schelling, Rachel Varnhagen von Ense, Bettina von Arnims, Mathilda Franziska Anneke und Fanny Lewald prägten durch ihren Einsatz für Frauenrechte und ihr geistiges Selbstver-ständnis ein neues Frauenbild. Ein Frauenleben aus der Zeit der Revolution von 1848 zeigt wie grundlegend sich das Selbstver-ständnis von Frauen gewandelt hatte: Louise Aston brach aus der Konvenienzehe aus, verkehrte mit jungen revolutionären Männern, unterstützte die Freischärler und floh mit einem von ihnen nach Russland. Aus ihrer Rechtfertigungsschrift spricht ein gesundes frauliches Selbstbewusstsein „Meine Emanzipati-on, Verweisung und Rechtfertigung: Unser höchstes Recht, uns're höchste Weihe ist das Recht der freien Persönlichkeit, worin uns're Macht und all uns'rer Glauben ruht, das Recht, unser eigenstes Wesen ungestört zu entwickeln …" (Goetzin-ger 1983, S. 61 f.)

Aufgrund der wirtschaftlichen und gesellschaftlichen Verände-rungen blieb die Frauenfrage neben der Arbeiterfrage das prägende Thema in den gesellschaftlichen Auseinandersetzungen. Unter den zahllosen Frauen, die um die Gleichberechtigung von Frauen kämpften, bildeten sich drei große Strömungen, die oft nebeneinander, manchmal sogar gegeneinander und selten miteinander für Frauenrechte kämpften. Das waren das Lager der bürgerlich fortschrittlich radikalen Frauen, welcher eher zur Zusammenarbeit mit den proletarischen Frauen neigte, dasjenige der bürgerlich gemäßigten Frauen, welche die kirchlich organisierten Verbände einband, und die proletarischen Frauen

Die bürgerliche Schriftstellerin, Louise Otto Peters, gilt als eine Begründerin der deutschen Frauenbewegung. Sie erkannte, dass für den Wandel der Frauenrolle neben der Aufklärung der Frauen auch die der Männer notwendig ist. Von daher lautete ihre Forderung: „Die Teilnahme der Frauen an den Interessen des Staates ist nicht nur ein Recht, sondern eine Pflicht." (Leserbrief in den „Sächsischen Vaterlandsblättern" von 1843) Im April 1849 gründete sie eine „Frauen-Zeitung" unter dem Motto: „Dem Reich der Freiheit werbe ich Bürgerinnen". Nach vier Jahren wurde die Publikation Opfer des sächsischen und später des preußischen Pressegesetzes (Lex Otto). In ihren Schriften entwickelte sie programmatische Ideen für eine emanzipatorische Frauenbewegung „alles für die Frauen durch die Frauen". Die Forderungen nach rechtlicher Gleichstellung von Frau und Mann verband sie in erster Linie mit dem notwendigen Zugang der Mädchen und Frauen zu Bildung.

1865 wird Louise Otto-Peters als Mitbegründerin des Leipziger Frauenbildungs-vereines zur ersten Vorsitzenden des Vereins gewählt. Auf der Gesamtdeutschen Frauenkonferenz in Leipzig gründet Otto-Peters zusammen mit Auguste Schmidt und Marie Löper-Houselle den Allgemeinen Deutschen Frauenverein (ADF) und läutet damit den Beginn der organisierten deutschen Frauenbewegung ein. Als Ziele des Vereins sind in erster Reihe die Rechte der Frau auf Bildung und Zugang zum Universitätsstudium, auf Erwerbsarbeit mit gleichem Lohn für gleiche Arbeit sowie Arbeits- und Mutterschutz für Arbeiterinnen und zu nennen. In der Nachfolge des ADF entstanden viele Frauenvereine in der bürgerlichen und proletarischen Richtung. 1920 änderte der Verband seinen Namen in Deutscher Staatsbürgerinnen-Verband.um. 1933 löste sich der Verein selbst auf, um nicht mit nationalsozialistischen Verbänden „gleichgeschaltet" zu werden.

Die bürgerlich gemäßigten Frauen forderten ein Recht auf Bildung, Ausbildung und Berufstätigkeit für Frauen. Ihrer Vorstellung gemäß, sollten sich Frauen das Stimmrecht langfristig „erarbeiten". Sie sahen die Frauen als Kulturträgerin, deren wichtigste biologische und geistige die der Mutter und Lehrerin sei. Frauen sollten im Kind die Welt des Gemüts erwecken, es lehren, die Dinge in ihrem rechten Wert zu erkennen und die edlen Eigenschaften wie Liebe, Sittlichkeit, Gottesfurcht pflegen. Gertrud Bäumer war Mitbegründerin der Magdeburger Lehrerinnenvereinigung und lernte darüber die Führerin der bürgerlichen Frauenbewegung, Helene Lange, kennen. Als eine der markanten Persönlichkeiten der überkonfessionellen Frauenbewegung war Bäumer Vorsitzende des Bundes Deutscher Frauenvereine (BDF), des Dachverbands der bürgerlichen Frauenbewegung, Herausgeberin der Verbandszeitschrift „Die Frau" und erste deutsche Ministerialrätin im Reichsinnenministerium der Weimarer Republik (Leitung des Schulreferats sowie der Jugendwohlfahrt). 1933 löste sich der Bund Deutscher Frauenvereine auf, um der nationalsozialistischen Gleichschaltung zu entgehen. Heute steht der Deutsche Frauenrat als Dachverband der deutschen Frauenverbände, in dem auch unser Frauenverband im BdV Mitglied ist, in der Tradition des BDF.

Hedwig Dohm gilt als brillanteste und radikalste Vordenkerin des radikalen Flügels der historischen Frauenbewegung. Bereits 1873 forderte sie das Stimmrecht für Frauen und kämpfte für deren rechtliche, soziale und ökonomische Gleichstellung.

Als feministische Theoretikerin und Autorin zahlreicher Essays, Romane und Novellen gehört sie zu den wichtigsten Autorinnen der Wende zum 20. Jahrhundert. Mit Humor und Scharfsinn attackierte sie die Unterdrückung der Frauen auf allen Gebieten: Sie widersprach der Idee eines biologistischen Geschlechterdualismus – einerseits die gefühlvollen Frau, andererseits der rationale Mann mit ihrer Vorstellung von Frauen und Männern als sogenannte Ganzmenschen. Sie plädierte für die gleichberechtigte Bildung und Ausbildung von Mädchen sowie für die freie Wahl eines Berufs, der Frauen die ökonomische Selbstständigkeit sicherte. Sie forderte das Recht auf selbstbestimmten Schwangerschaftsabbruch, kritisierte das Eherecht, mit der Mystifizierung der Mutterschaft und der Doppelmoral, sie kämpfte gegen die unzureichende sexuelle Aufklärung junger Mädchen und für die Koedukation in den Schulen.

Weitere rührige Aktivistinnen des bürgerlich-radikalen Flügels der Frauenbewegung waren Anita Augspurg (Lehrerin, Juristin) und Lida Gustava Heymann. Heymann erwarb ein Haus in der Hamburger Innenstadt und gründete ein Frauenzentrum, das neben einer Berufsschule, einem Mittagstisch und einer Rechtsberatung auch eine Berufsorganisation für Bühnenkünstlerinnen unterhält. 1902 gründeten sie den „Deutschen Verband für Frauenstimmrecht", dessen Präsidentin Anita Augspurg wurde. Während des Ersten Weltkrieges war sie Mitinitiatorin des Internationalen Frauenfriedenskongresses in Den Haag. Sozusagen die dritte im radikalen Frauenbunde war Minna Cauer. Sie war Mitglied in der von Bertha von Suttner initiierten Deutschen Friedensgesellschaft, Herausgeberin der Zeitschrift „Die Frauenbewegung", Vorsteherin des „Kaufmännischen Hilfsvereins für weibliche Angestellte" und sie war Vorsitzende im neu gegründeten „Verband fortschrittlicher Frauenvereine", dem Dachverband der radikalen Frauenvereine. Sie befürwortete die Zusammenarbeit der bürgerlichen Frauenvereinigungen mit den sozialdemokratischen und proletarischen

Frauenverbänden. Weil der neu gegründete Dachverband der bürgerlichen Frauenbewegung, der Bund Deutscher Frauenvereine (BDF), keine Vereine der proletarischen Frauenbewegung zulassen wollte, veröffentlichte Cauer in der sozialdemokratischen Zeitung "Vorwärts" eine Protesterklärung. Als der BDF zudem den Internationalen Frauenfriedenskongress in Den Haag boykottierte, gründete sie mit anderen Pazifistinnen das „Internationale Frauenkomitee für dauernden Frieden", die spätere die „Internationale Frauenliga für Frieden und Freiheit".

Entsprechend der konfessionellen Glaubensrichtungen in Deutschland gab es einen evangelischen und einen katholischen Frauenverband. 1899 wurde in Kassel der Deutsch-Evangelische Frauenbund (D.E.F.B.) unter dem Dach des BDF gegründet. Erste Vorsitzende war Paula Müller. Die zumeist bürgerlichen Mitglieder des Deutsch-Evangelischen Frauenbundes forderten den gleichberechtigten Zugang zu Bildung und Beruf für Mädchen und Frauen. Mit praktischer Hilfe versuchten sie die soziale Not zu lindern. Der D.E.F.B. initiierte Projekte für straffällig Gewordene, Alkoholabhängige und deren Familien. Mit der Gründung einer Vermittlungsagentur für Hausangestellte setzte der Verband Standards um der Ausbeutung von jungen Frauen vorzubeugen.

1903 wurde in Köln der „Katholische Frauenbund" (KFB) als „Zusammenschluss katholischer Frauen aller Schichten, Berufe und Altersstufen" unter Hedwig Dransfeld gegründet. Der Verband kooperierte mit dem BDF wurde jedoch nie Mitglied im Dachverband. In dem Geiste der katholischen Frauenbewegung wurden Frauen zum Dienst an Kirche und Volk, insbesondere zur Vertiefung des katholischen Frauenideals in Familie, Beruf und im öffentlichen Leben" erzogen. Der Weg zu diesen Zielen führte über Bildung.

Durch die Weigerung des Bundes Deutscher Frauenvereine keine Arbeiterinnenvereine aufzunehmen kam es zum endgültigen Bruch zwischen den bürgerlichen und den proletarischen Frauen. Die proletarischen Frauen hegten die Vorstellung, dass die Verbesserung der Stellung der Frau nur durch die totale Umwälzung der Gesellschaft, die Beseitigung des Widerspruchs zwischen Arbeit und Kapital zu erreichen sei. Dagegen blieben die Konzepte der bürgerlichen Frauen für die veränderte Rechtstellung und Rolle der Frau dem System verhaftet. Clara Zetkin, geboren 1857 in einem sächsischen Weberdorf, ausgebildete Lehrerin stellte sich an die Spitze der proletarischen Frauenbewegung. 1889 organisierte sie den Internationalen Arbeiterkongress. Ihr Hauptanliegen war die Veränderung der prekären Situation der Arbeiterinnen im Kapitalismus; was aus ihrer Sicht primär nur durch die Brechung der Macht des Kapitals und parallel dazu durch die Frauenbildung, ihre gesellschaftspolitische Teilhabe sowie die Erziehung Arbeiterkinder zu erreichen war. Clara Zetkin redigierte das Presseorgan, „Die Gleichheit", der sozialistischen Frauenbewegung; 1915 leitete sie die Internationale Sozialistische Frauenkonferenz in Bern.

Erwähnen möchte ich noch Emma Ihrer, geboren 1857 im schlesischen Glatz. Ab 1885 war sie aktiv im „Verein zur Vertretung der Interessen der Arbeiterinnen" Berlin, wo sie 1904 ein gewerkschaftliches Frauenkomitee konstituierte.

In der Vorkriegszeit und während des Ersten Weltkrieges vertiefte sich der Graben zwischen den bürgerlichen und den sozialistischen Frauen. Die konträren Einstellungen zum herrschenden/kapitalistischen Gesellschaftssystem und zum vaterländischen/imperialistischen Krieg waren nicht mehr zu überbrücken.

Lily Braun blieb eine unermüdliche, aber erfolglose Vermittlerin zwischen den bürgerlichen und den proletarischen Frauen. Sie war Redakteurin der Zeitschrift „Frauenbewegung".

Die Entbehrungen des Krieges und die enttäuschende Niederlage förderten den Zerfall der Monarchie und die Stärkung der radikalen Linken, die eine Rätediktatur nach russischem Vorbild erzwingen wollte. Im Frühjahr 1919 entschieden die parlamentarischen Kräfte den Kampf für die Demokratie. Die gesellschaftspolitischen Grabenkämpfe erschütterten die Frauenbewegung gleichermaßen. Während sich das bürgerliche und das proletarische Lager unversöhnlich gegenüber standen, fanden proletarische Frauenkämpferinnen Unterstützung bei der Rätediktatur und bei den Sozialdemokraten.

Am 12. November 1918 verkündete der „Rat der Volksbeauftragten" / die provisorische Regierung Deutschlands das allgemeine, gleiche und geheime Wahlrecht für Frauen und Männer ab 20 Jahren. Bei den Wahlen im Januar 1919 war die Beteiligung der Frauen mit 84,4% höher als die der Männer, 310 Frauen kandidierten für die Nationalversammlung, 41 (9,6%, erst 1983 erreichten die Frauen im Parlament erneut diese Quote) wurden gewählt. Die meisten gehörten der SPD-Fraktion an.

Die Aufnahme der Frauenarbeit im Parlament und in den Landtagen war nicht leicht: Die Spielregeln der parlamentarischen Ordnung, die Wirtschaft, die Finanzen, der Staatsapparat, die Parteikassen und der Propagandaapparat der Parteien wurden von Männern beherrscht. Den Frauen fehlten die Erfahrungen und die Bündnispartner. Der motivierte Nachwuchs im eigenen Lager und die Schubkraft der Frauenbewegung aus der Vorkriegszeit blieben aus.

Trotz aller Schwierigkeiten sind die Frauen den langwierigen steinigen Weg konsequent weiter gegangen. Die Errungenschaften der Frauenbewegung bilden das Fundament unserer heutigen demokratischen Gleichstellungspolitik. Langfristig errangen sie die Rechte, politische Vertreterinnen zu wählen, gewählt zu werden, die Öffnung aller Bildungsgänge, freie

Arbeitsaufnahme (1977) / Berufswahl, die Freiheit über Lohn/ Eigentum verfügen zu können sowie die Geschäftsfähigkeit (60er Jahre).

Wir wissen heute, dass die gleichberechtigte Mitwirkung von Frauen am Gemeinwesen sozial abgesichert werden muss: Das Recht auf Arbeit und Arbeitslosenunterstützung, auf soziale Fürsorge, ein Recht auf Bildung und Berufsausbildung, ein Recht auf Gesundheitsfürsorge, auf Wohnung, Erholung und Freizeit sowie ein Recht auf kulturelle Teilhabe ist besonders für alleinstehende Frauen und ihre Kinder überlebenswichtig.

Deswegen bleibt es Aufgabe der Politik heute, die Frauen aktiv zu fördern und Bedingungen für Aufstiegschancen und Kommunikationsstrukturen für Frauen zu schaffen. Das gilt umso mehr, weil die Vertretung der deutschen Frauen im 19. Deutschen Bundestag 30,7% Frauen im Vergleich zum 18. Bundestag um 6% gesunken ist. (Zeitschrift für Parlamentsfragen. Heft 1, Nomos Verlag, 2014)

Die verpflichtende Aufgabe von Frauen heißt, sich nicht auf den Lorbeeren unserer Vorkämpferinnen auszuruhen! Der sinkende Anteil von Frauenvertreterinnen im Bundestag sowie in Leitungsfunktionen im öffentlichen Leben und in der Wirtschaft gebietet uns, mit unseren übergeordneten Dachverbänden, dem Deutschen Frauenring und dem Deutschen Frauenrat aktiv für die Gleichstellung der Frauen zu ringen. Wir müssen aufmerksam registrieren, was im öffentlichen Raum passiert und welche Auswirkungen die Ereignisse auf die gleichberechtigte Teilhabe von Frauen haben. Die MeToo-, die Genderbewegung und die gegnerische Propagierung eines archaischen Frauenbildes müssen aufmerksam wahrgenommen und ihre Auswirkungen auf das Leben von Frauen und Familien analysiert werden. Wir müssen länderübergreifend, insbesondere mit unseren Nachbarinnen zusammenarbeiten, einander zuhören und voneinander lernen.

Literatur

Brehmer, Ilse (Hrsg.): Frauen in der Geschichte. Bd. IV: Wissen heißt Leben."... Beiträge zur Bildungsgeschichte von Frauen im 18. + 19. Jh. Düsseldorf 1983.

Brinker-Gabler, Gisela (Hrsg.): Zur Psychologie der Frau. Frankfurt, 1978.

Brinker-Gabler, Gisela (Hrsg.): Frauenarbeit und Beruf. Frankfurt, 1979.

Brinker-Gabler, Gisela (Hrsg.): frauen gegen den krieg. Frankfurt, 1980.

Brinker-Gabler, Gisela (Hrsg.): Frauen und Sexualmoral. Frankfurt, 1986.

Frederiksen, Elke (Hrsg.): Die Frauenfrage in Deutschland 1865-1915. Texte und Dokumente. Stuttgart, 1981.

Frevert, Ute: Frauen-Geschichte. Zwischen Bürgerlicher Verbesserung und Neuer Weiblichkeit. Frankfurt 1986.

Gerhard, Ute: Verhältnisse und Verhinderungen. Frauenarbeit, Familie und Rechte der Frauen im 19. Jh. Frankfurt, 1978.

Gerhard, Ute: Unerhört. Die Geschichte der deutschen Frauenbewegung. Reinbeck 1990.

Hausen, Karin (Hrsg.): Frauen suchen ihre Geschichte. Historische Studien zum 19. + 20. Jh. München, 1983.

Herve, Florence (Hrsg.): Geschichte der deutschen Frauenbewegung. Köln, 1983.

Honegger, Claudia; Heintz, Bettina (Hrsg.): Listen der Ohnmacht. Zur Sozialgeschichte weiblicher Widerstandsformen. Frankfurt, 1984.

Möhrmann, Renate (Hrsg.): Frauenemanzipation im deutschen Vormärz. Texte und Dokumente. Stuttgart, 1978.

Schenk, Harald: Die feministische Herausforderung. München, 1980.

Schultz, Hans Jürgen (Hrsg.): Frauenportraits aus 2 Jahrhunderten. Stuttgart, 1982/2.

Weiland, Daniela: Geschichte der Frauenemanzipation in Deutschland und Österreich. Düsseldorf, 1983.

Wehler, Hans-Ulrich (Hrsg.): Frauen in der Geschichte des 19.+20. Jh. Göttingen, 1981. II. Frauenbewegung.

Stadelhofer, Carmen: Frauen im Aufbruch, 90er Jahre, Frauenportal der Uni Ulm.

Fanny Lewald – eine ostpreußische Schriftstellerin und Kämpferin für Frauenbildung und Emanzipation

Bärbel Beutner

„Ich ... kann es nicht vergessen, wie vergänglich auch die Menschen sind, die mit mir leben, die das Glück meines Daseins ausmachen; und die eigene Vergänglichkeit tritt mir aus dem Spiegel dieser Blätter, ein stilles „memento mori", entgegen. Da gilt es denn, diesem traurigen Zurufe ein mutiges: „memento vivere!" entgegenzusetzen, zu lieben und zu beglücken, sich zu freuen und zu genießen, solange man kann; und sich mit der Hoffnung zu getrösten, man werde einst den Geliebten eine so freundliche und werte Erinnerung sein, als es uns diejenige ist, welche wir selbst von unseren geschiedenen Lieben im Herzen bewahren."

Diese Worte stehen im 3. Band von Fanny Lewalds Lebenserinnerungen, die 1988 und 1989 von Ulrike Helmer herausgegeben worden sind. (Fanny Lewald, Meine Lebensgeschichte. Band 1: Im Vaterhause. edition Klassikerinnen. Ulrike Helmer Verlag, Frankfurt 1988. Band 2: Leidensjahre. ebd. 1989. Band 3: Befreiung und Wanderleben. ebd. 1989.) 1998 erfolgte eine 2. Auflage. Das Werk der Königsbergerin erregt zunehmend das Interesse der modernen Frauengeneration, denn der außergewöhnliche Lebensweg Fanny Lewalds und ihre modernen Auffassungen zur Mädchenbildung und zum Selbstverständnis der Frau werden heute, zur Zeit der Frauenbewegung und der Gleichstellung, von neuem diskutabel.

Fanny Lewald wird 1811 als erstes Kind des jüdischen Weinhändlers David Markus (1787–1846) und seiner Frau Zipora geb. Assur (1790–1841) in der Vorderen Vorstadt in Königsberg geboren. Erst 1831 wechselt der Vater seinen Namen in

„Lewald" um. Das Judentum, das in der Familie der Mutter noch eine große Rolle spielte, wird in Fannys Elternhaus schon nicht mehr praktiziert, zumal der Vater aus einer liberalen Familie stammt, die das jüdische Gesetz nur so weit beachtete, „als es eben notwendig war", wie Fanny selbst schreibt. Die Religion aber wird für Fanny zeitlebens ein Problem bleiben.

Ein einschneidendes Ereignis ist der Vorstädtische Brand am 14. Juni 1811, der das ganze Speicherviertel in Schutt und Asche legt. Der Vater verliert seine ganze Habe, die Feuerversicherung ist noch nicht fällig, und er muss mit seinem Geschäft von vorn anfangen. Schwere Zeiten brechen über das Land herein: der Durchzug der Napoleonischen Truppen nach Russland 1812. Das bedeutet für die Bevölkerung Bedrängnis und Einquartierung, Teuerung und Not, aber auch Handelsaufschwung und Gewinne der Bankiers.

Nach einiger Zeit in räumlicher Enge beziehen Fannys Eltern ein dreistöckiges Haus in der Brodbänkenstraße, „welche die Hauptstraße des Kneiphofs, die Langgasse, mit dem Rathausplatz verbindet" (Lebensgeschichte, Band 1, S. 20). Dieses Haus wird 1814 gegen das gegenüberliegende eingetauscht, in dem die Familie bis 1820 wohnen bleibt.

„Seit ich mich zu erinnern weiß, hatte ich zwei Brüder", schreibt Fanny Lewald (Lebensgeschichte, Band 1, S. 34); außerdem hat sie fünf Schwestern. Ein dritter Bruder stirbt im Alter von zwei Jahren an Krämpfen, ein schwerer Einbruch in das Leben der Familie, da zur gleichen Zeit die Mutter einen weiteren Jungen zur Welt bringt. Der Schock über den Tod des Kindes wirft die Mutter auf ein langes Krankenlager, das Neugeborene stirbt ebenfalls, und zu dem Eindruck von Tod und Heimsuchung kommen, wenn auch vorübergehend, geschäftliche Schwierigkeiten des Vaters.

Für Fanny aber ist zunächst der Eintritt in die Schule wichtig. Sie wird in der Privatschule Ulrich angemeldet, und ihre Intelligenz und ihre Freude am Lernen machen aus ihr eine begeisterte Schülerin. Ihre Leistungen werden von den Eltern und in der Verwandtschaft anerkannt, aber die Bildungschancen für Mädchen spiegeln sich in den Worten des Konsistorialrats Dinter wider, den Fanny ausführlich und liebevoll beschreibt: „Nu! Dein Kopf hätt' auch besser auf 'nem Jungen gesessen!" (Lebensgeschichte, Band 1, S. 87). Ihre Schulerfolge sind beachtlich. Die erste Klasse, die der höchsten oder der Abschlussklasse entspricht, besucht sie bereits mit elf Jahren, während ihre Mitschülerinnen dreizehn und vierzehn sind. Herr Ulrich fördert sie zusätzlich durch Französisch-Unterricht, und sie soll diese Privatschule bis zu ihrem vierzehnten Jahr besuchen.

So ist es ein harter Schlag für Fanny, als die Schule ein halbes Jahr vor ihrem vierzehnten Geburtstag geschlossen wird. Privatschulen tragen sich nicht mehr; die öffentlichen Schulen, auch für Mädchen, haben sich inzwischen in Königsberg mehr etabliert, und eine gut zahlende Schülerschaft ist auch nicht mehr von der Königsberger Kaufmannsschicht zu erwarten. Fanny nimmt unter Tränen Abschied von „ihrer" Schule, zumal ein weiterer Schulbesuch nicht mehr vorgesehen ist. Sie bleibt nun zu Hause, wie es den heranwachsenden, nicht mehr schulpflichtigen Töchtern der Bürgerfamilien bestimmt ist, um den Haushalt zu erlernen und sich auf die Ehe vorzubereiten. Das Hauswesen ist groß. Außer den acht Kindern gibt es ständige Kostgänger und viele Gäste, oft Geschäftsfreunde des Vaters, im Hause. David Markus hat sich inzwischen ganz auf den Weinhandel spezialisiert. Nach einem zweijährigen Aufenthalt in der Vorstadt ist die Familie auf den Kneiphof gezogen, zu dem Weinhandel eröffnet der Vater eine Weinstube im Souterrain des Vorderhauses. Arbeit gibt es also genug in dem großen Haushalt, aber Fanny fühlt sich überflüssig, denn auch Personal ist hinreichend da. Hinzu kommt, dass sie niemals die geringste Lust zur Hausarbeit hatte. „... was meine Mutter auch tat, mich von der überwiegenden Neigung zum Lernen und von der Unlust zu jeder häuslichen Arbeit, ja von jeder Arbeit, die nicht geistig war, zu heilen, es schlug alles fehl" (Lebensgeschichte, Band 1, S. 116). Fannys Desinteresse an der Hausarbeit führt zu Identifikationsproblemen mit der Mutter. Die Aufgaben der Mutter sind ihr geradezu wesensfremd, während sie mit ihrem Vater jede Beschäftigung gern vornimmt. „... zu allem, was der Vater in seinen wenigen freien Stunden mit mir vornahm, war ich aufgelegt und fröhlich" (ebd. S. 116).

In Fannys Erziehung treten Widersprüche auf, die das Kind spürt und gegen die es sich unbewusst wehrt. Die Lernerfolge der intelligenten Tochter wurden bislang von der Mutter, der jede weitere Bildung verwehrt gewesen war, positiv verstärkt; jetzt, da die Aufgaben einer Hausfrau erlernt werden sollen, erfolgt nicht nur eine Unterbindung des Lernwunsches, sondern geradezu eine Umkehrung der elterlichen Erwartungen. „... und wie die Mutter sonst meine Neigung zum Lernen angefeuert hatte, so zwang der Vater mich jetzt zu bestimmten Verrichtungen im Haushalt, die ich alle nur mit innerem Widerstreben besorgte, weil ich einsah, dass sie im Grunde die Haushälterin ebenso gut ausführen konnte ..." (ebd. S. 116/17).

So lange sie durch den Schulbesuch ihre geregelte Beschäftigung hatte, hielt sich der Konflikt in Grenzen. Nun aber kommt zu den zu erlernenden Haushaltspflichten noch die Notwendigkeit einer Zeiteinteilung, eines Tagewerkes, hinzu. Schließlich erstellt der Vater einen genauen Stundenplan für Fanny, in dem die Handarbeit – Nähen, Stricken, Flicken, Stopfen – den größten Teil der Zeit ausfüllt. Daneben übt sie Klavier, macht Schreibübungen und liest in ihren alten Schulbüchern, die sie schon auswendig kann.

Es ist nicht die minutiöse Zeiteinteilung, die Fanny bedrückt: Es ist die Langeweile. Es fehlt ihr die geistige Nahrung, das Klavierspiel war ihr nie eine Neigung gewesen, Handarbeit ist ihr zwar eine liebe, aber keine vorrangig wichtige Beschäftigung, und sie hat das Gefühl, nichts Rechtes zu tun und im Hause überflüssig zu sein. Berufswünsche wagt sie ihren Eltern gegenüber nicht zur Sprache zu bringen; man hätte darin ihren mangelnden „rechten weiblichen Sinn für die Häuslichkeit und für die Familie" sehen können, und das wäre schlimm gewesen.

Diese Erfahrungen in ihrem eigenen Bildungsgang lassen in Fanny Lewald im Laufe der Jahre die Gedanken über Ausbildung, Berufstätigkeit und Aufgaben der Frauen und Mädchen entstehen, die sie zu einer „Frauenrechtlerin" machen. Zur traditionellen Frauenrolle gehört die Heirat, und zwar als Versorgung und bürgerliche Position für ein Mädchen. Auch Fanny sieht sich beizeiten vor die Notwendigkeit gestellt, durch Heirat ihren Unterhalt und ihren Platz in der Gesellschaft zu sichern. Diese Zusammenhänge sind ihr zuwider. Sie plädiert für die Neigungsehe; eine Eheschließung nur um der Versorgung willen ist in ihren Augen unter der Würde der Frau.

Zudem verläuft ihre Jugend „ungünstig" für derartige Pläne. Sie erlebt eine große Jugendliebe mit dem Theologiestudenten Leopold Bock. Sie lernt ihn im Hause einer Freundin kennen und ist tief beeindruckt von seiner Persönlichkeit und von seiner Liebe zu ihr, die sie sich gar nicht recht erklären kann. Er ist der Sohn eines Pfarrers aus dem Harz und will ebenfalls dort eine Landpfarre übernehmen. Fanny erklärt sich mit diesen Plänen einverstanden und richtet sich auf ihre künftige Rolle als Pfarrersfrau ein, wenn sie sich auch sagen muss, dass sie eigentlich ganz andere Zukunftserwartungen hat. Doch das schiebt sie auch in ihren Erinnerungen noch auf ihre Unreife und gesteht Leopold zu, ihr „einen wahrhaft sittlichen inneren Halt und meinem Gemütsleben die rechte Entfaltung zu geben" (Lebensgeschichte, Band 1, S. 192). Er bestimmt ihre Lektüre, untersagt ihr das Tanzen, und vor allem die Taufe wird nun ein wichtiger Aspekt für sie, denn sie ist die Vorbedingung für die

Verbindung mit Leopold. Doch die Taufe erfolgt erst nach der Trennung von Leopold.

Denn diese Jugendliebe findet ein Ende, dessen Ursachen Fanny niemals erfährt. Es kommt zu kleinen Unstimmigkeiten zwischen Leopold und dem Vater, und eines Tages wird Leopold nicht mehr im Hause empfangen, Fanny muss die von ihm geliehenen Bücher zurückschicken, und sie gehorcht, ohne auf einer Erklärung zu bestehen. Auch als erwachsene Frau wagt sie den Vater nicht zu fragen, so dass sie nur sagen kann: „Damit endet eigentlich die Geschichte dieser Jugendliebe, deren Ausgang mir ein ungelöstes Rätsel geblieben ist" (Lebensgeschichte, Band 1, S. 210). Einen tragischen Beiklang bekommt die Geschichte allerdings dadurch, dass Leopold bald darauf erkrankt und stirbt. Freunde bringen Fanny die Nachricht.

Ein gebrochenes Herz trägt sie allerdings nicht davon. Sie bekommt Religionsunterricht, denn ihre Taufe soll stattfinden. Besonders die Mutter, die dem Judentum immer ablehnender gegenübersteht, begrüßt die Taufe ihrer Kinder; Fannys Brüder sind bereits getauft. Fanny bekommt einen fundierten Religionsunterricht durch den Konsistorialrat Kähler, doch je mehr Kenntnisse sie sich erwirbt, so wird es umso deutlicher, dass sie grundlegende Lehren des Christentums nicht glauben kann. Die Menschwerdung Gottes und die Jungfrauengeburt bleiben ihr ebenso fraglich wie die Auferstehung von den Toten. Zu beiden Religionen, zum Judentum und zum Christentum hat sie ein zwiespältiges Verhältnis, und wie wenig froh und überzeugt sie die Taufe empfangen hat, sagt sie deutlich: „Ich war mir bewusst, einen Entschluss, an den ich mit gutem Glauben, mit Liebe und mit Zuversicht herangetreten war, mit einer mir sonst fremden Heuchelei ausgeführt zu haben, weil mir der Mut gebrach, einen Irrtum einzugestehen und mich mit denen, welche ich am meisten liebte, in offenen Widerspruch zu setzen. ... – Die Bedeutung und der Geist des Christentums als reinste Lehre der Befreiung und der Brüderlichkeit gingen mir aber erst in einer Zeit auf, in welcher die Tage der ersten Jugend schon sehr weit hinter mir lagen" (Lebensgeschichte, Band 1, S. 217).

Politische Ereignisse wie die Revolution 1830 und die nationale Bewegung Polens und ihre Niederschlagung durch die Russen, wodurch polnische Offiziere nach Königsberg emigrieren, nehmen die Gedanken der Menschen gefangen. In Fannys Elternhaus tritt ein anderes Ereignis in den Mittelpunkt: Der Vater entschließt sich, den Namen „Markus" abzulegen und den Namen „Lewald" anzunehmen, den seine Brüder schon seit zwanzig Jahren führen. Die Mutter ist gegen den Namenswechsel, während der Vater nur Vorteile darin sieht, einen jüdisch klingenden Namen ablegen zu können, besonders für die Söhne. Die Herkunft des neuen Namens ist nicht ganz zu klären, aber Fanny vermutet die gelungene Erfindung eines Onkels. „Er hat für uns aber das höchst Angenehme damit erreicht, uns einen Namen vorzubereiten, der uns wenig Namensvettern gab und der uns also das leistete, was ein Name leisten soll – ein positives Kennzeichen zu sein" (Lebensgeschichte, Band 1, S. 244).

Doch für Fanny tritt bald das Hauptproblem ihrer späten Jugendjahre in den Vordergrund: Heirat und Versorgung. Heiratschancen sind nicht in Sicht, ihre fünf Schwestern kommen auch allmählich in das heiratsfähige Alter, sie als Älteste sollte als erste versorgt sein – und so nimmt sie der Vater 1832 mit auf eine Geschäftsreise und zu Verwandten nach Berlin, Süddeutschland und Breslau. Ihre Freude an der Reise wird allerdings in Berlin schon empfindlich gestört, als die Verwandten deutlich zu erkennen geben, dass man allmählich einen Mann für sie finden müsse, dass sie zu diesem Zweck ja auch unterwegs sei und dass sie sich folglich ruhiger, zurückhaltender und weniger klug zeigen müsse.

Erst nach einem Jahr kehrt Fanny in ihre Vaterstadt zurück. Sie besucht mit ihrem Vater Leipzig, Heidelberg, Baden-Baden; sie hört fasziniert den Bruder des Vaters von seiner Begegnung mit Goethe erzählen, lernt einen Bruder Rahels von Varnhagen und Ludwig Börne kennen. Dann reist der Vater allein weiter, während Fanny von den Verwandten mit nach Breslau genommen wird. Dort lernt sie ihren Vetter Heinrich Simon kennen, eine Begegnung, die für ihr weiteres Leben entscheidend sein wird. Er ist Jurist, bereitet sich bei dem Breslauer Oberlandesgericht auf das Assessor-Examen vor und hat bereits ein unglückliches Schicksal hinter sich: Ein Duell brachte ihm eine Zuchthausstrafe ein. Durch ihn kommt Fanny mit den Ideen des Jungen Deutschlands in Berührung. „In Deutschland war ebenfalls ein neues Geschlecht in der Literatur herangereift. Heines Reisebilder und französische Zustände, Börnes Mitteilungen aus Paris vermittelten das französische Leben mit dem deutschen und trugen das Verlangen nach freier Selbstbestimmung in den persönlichen Verhältnissen nur noch lebhafter nach Deutschland hinüber" (Lebensgeschichte, Band 2, S. 65). Mit den Freiheitsgedanken verbunden sind auch die Forderungen nach der Judenemanzipation, wie denn auch viele Vertreter des Jungen Deutschlands jüdischer Herkunft sind. Außer Heinrich Heine soll hier nur Börne genannt werden. 1778 als Löb Baruch im Frankfurter Getto geboren, demokratisch gesinnter Journalist und Kämpfer für die Judenemanzipation, ließ er sich 1818 taufen und starb 1837 in Paris. Auffallend ist der Widerspruch wie auch bei Heinrich Heine: Vorkämpfer der Judenemanzipation legen selbst ihre jüdische Religionszugehörigkeit ab.

Heinrich Simon, der Fanny zum bedeutenden Kameraden wird, gehört später zur Frankfurter Nationalversammlung und ist ein Sprecher der gemäßigten Linken. 1849 wird er Mitglied der Reichsregentschaft, flieht nach Auflösung des Parlaments in die Schweiz und wird 1851 in Abwesenheit zu lebenslänglichem Zuchthaus verurteilt. Er stirbt 1860 im Alter von 55 Jahren.

Es ist eine unglückliche Liebe, unter der Fanny sieben Jahre leidet, bis sie 1843 ihren Frieden mit ihm macht und eine tiefe Freundschaft findet. In seiner Mutter trifft sie zudem auf eine gebildete und einfühlsame Frau, der sie ihre Gedanken und Lebenspläne offenbaren kann: das Verlangen nach Unabhängigkeit, nach Bildung und Erfahrung, ihre Meinung über die Versorgungsehe, die sie als Erniedrigung und Unsittlichkeit ansieht.

Fannys Leben in ihrem Elternhaus ist nicht glücklich, kann es auch gar nicht sein. Die „innersten Elemente unseres Familienlebens" hätten sie unglücklich gemacht, schreibt sie, ohne ihren Angehörigen etwas vorwerfen zu wollen. „Wir litten alle, ich direkt und die Meinen indirekt, von der falschen, auch jetzt noch herrschenden Sitte, welche die Töchter der Mittelstände über die Kindheit und Jugend hinaus zum nutzlosen Hinleben in den Banden der Familie verdammt, auch wenn sie denselben lange entwachsen und in jedem Betrachte für ein selbständiges Leben und Walten reif geworden sind" (Lebensgeschichte, Band 2, S. 233). „Leidensjahre" nennt sie denn auch diese Zeit ihres Lebens.

Der entscheidende Anstoß zu ihrem Beruf als Schriftstellerin kommt dann von einem Verwandten ihres Vaters, August Lewald, der in dem Journal „Europa", das er in Stuttgart herausgibt, anfangs Teile aus Fannys Briefen abdruckt. Dann bittet er sie um einen genauen Bericht über die Huldigungsfeierlichkeiten für König Friedrich Wilhelm IV. am 10. September 1840 in Königsberg. Das grandiose Ereignis schildert Fanny auch in ihren Lebenserinnerungen ausführlich.

Der Bericht gefällt ihrem Onkel außerordentlich, und er schreibt an seinen Vetter David, dass seine Tochter schriftstellerisches Talent habe und dieses auswerten solle. Fanny ist überwältigt, als der Vater ihr den Brief zu lesen gibt, sie hat zwar schon Schreibversuche unternommen, aber wenig Vertrauen in ihre eigenen Fähigkeiten gehabt. Nun eröffnet sich ihr eine Zukunftsperspektive, ein Lebensinhalt, ein Beruf!

„Es war mir ein Blick aus der Wüste in das gelobte Land, es war eine Aussicht auf Befreiung, es war die Verwirklichung eines Gedankens, die Erfüllung eines Wunsches, die ich mir einzugestehen nicht getraut hatte" (Lebensgeschichte, Band 2, S. 276).

(Absatz) „Also eine Schriftstellerin!", sagt der Vater, als das erste Honorar eintrifft. Sie braucht seine Erlaubnis zu diesem neuen Wege, auch mit dreißig Jahren. Die Familienstruktur des Biedermeier verlangt auch von der erwachsenen Tochter unbedingten Gehorsam. „Nur das Eine bedinge ich mir ganz ausdrücklich aus, es darf niemand ... das geringste von Deiner Schriftstellerei erfahren", schreibt der Vater ihr vor, um dann hinzuzufügen: „Gott gebe Dir Glück dazu!" (Lebensgeschichte, Band 2, S. 286/287).

Fannys erste Romane erscheinen anonym. 1843 kommt der Roman „Clementine" bei Brockhaus in Leipzig heraus, in dem sich Fanny leidenschaftlich mit der bürgerlichen Versorgungsehe auseinandersetzt. Sie lässt ihre Heldin ihre eigenen Auffassungen über die Bedeutung der Ehe und ihren Missbrauch mit engagierten Worten darlegen. Sie selbst wehrte sich seinerzeit auch mit flammenden Worten gegen eine Heirat mit einem Landrat, den man für sie ausgesucht hatte. Der Vater stellte ihr die Notwendigkeit ihrer Versorgung vor Augen und die ehrenvolle Stellung als Frau eines Landrates, der zweifellos ein Ehrenmann sei. Sie dagegen sah nur eine unglückliche Ehe auf sich zukommen und wollte sich nicht „für ein gutes Auskommen einem Manne verkaufen". Sie fühlte sich von ihrem geliebten Vater unverstanden und zutiefst verletzt. „Es lebte in mir ein großer, starker Glaube an eine hohe Liebe und an eine idealische Ehe, die mir ein Heiliges war; es lebte in mir das Gefühl von der wahren Menschenwürde, die man erniedrigt, wenn man den Menschen zwingen will, gegen sein eigenstes Wesen zu handeln ... Wer aber unsere sozialen Einrichtungen, unsere geselligen Sitten und unser Familienleben, so wie sie sich jetzt gestaltet haben, zu lobpreisen vermag ..., der hat nicht viel in sich von dem wahren Ehrgefühl und Schamgefühl, ohne die weder Mann noch Frau sich selbst achten oder wahre Achtung verdienen können" (Lebensgeschichte, Band 2, S. 137).

1843 erscheint der zweite Roman „Jenny" – „Clementine" ist bereits 1841 entstanden –, der eine Jüdin zur Heldin hat, die aus Liebe zu einem Kandidaten der Theologie zum Christentum übertritt. Doch fehlt ihr die rechte Glaubensüberzeugung, und die Verlobung findet ein Ende. Fanny Lewald verarbeitet hier wohl ihre Jugendliebe, aber auch ihre lebenslange Auseinandersetzung mit Judentum und Christentum.

Beide Romane sind erfolgreich, aber Fanny bleibt die gehorsame Tochter des Vaters. Er liest jedes Manuskript von ihr, bevor sie es wegschickt, und auch ihre jüngeren Brüder haben ein Urteil darüber zu fällen.

1841 stirbt die Mutter, ein schwerer Einbruch in das Familienleben. Sie war immer leidend und krank und bedurfte einer besonderen Pflege, aber ihr Tod ist auch für Fanny ein schwerer Schlag, trotz mancher Konflikte mit der Mutter.

Fanny löst sich erst nach und nach vom Elternhaus. Im Hochsommer 1843 entschließt sie sich, ihre Vaterstadt Königsberg zu verlassen und nach Berlin zu ziehen, aber eine eigene Wohnung nimmt sie dort noch nicht. Sie braucht eine gewisse Anlaufzeit, bis sie sich in Berlin eine bescheidene Wohnung mietet und sich auf ein selbständiges Leben einrichtet.

Durch ihren beginnenden Ruf als Schriftstellerin und durch Beziehungen bekommt sie Zugang zu den Salons und Kontakt zur zeitgenössischen Avantgarde. Sie trifft Franz Liszt, die Komponistin Fanny Mendelssohn (Vater und Bruder untersagten ihr das Komponieren großer Werke; sie tat es heimlich). Fanny Lewald lernt das Schriftstellerehepaar Theodor und Clara Mundt (Luise Mühlbach) kennen, freundet sich mit der Schriftstellerin Therese von Bacheracht an, unternimmt Reisen, 1845 die große Italienreise, auf der sie den Schriftsteller und Gymnasialprofessor Dr. Adolf Wilhelm Theodor Stahr kennenlernt, den sie 1854 heiratet. Sie lebt mit ihm in Berlin, wo sie ein offenes Haus und einen vielbeachteten Salon führt, in dem sich u. a. Friedrich Spielhagen, Berthold Auerbach, Zacharias Werner und Eduard Hitzig einfinden.

Ihr Beruf als Schriftstellerin bleibt ihre wichtigste Aufgabe. Ihre Aussagen über das Schreiben sind unverändert gültig. Ein Talent muss da sein, aber es entfaltet sich nur durch Disziplin und Sorgfalt. Regeln und Techniken müssen gelernt sein. Das Schreiben verlangt präzise Recherchen und einen verantwortungsbewussten Umgang mit der Sprache. Die Personen müssen in sich stimmen. Ihr Handeln und auch ihr Lebensgeschick müssen sich aus ihrer Persönlichkeitsstruktur und aus ihrer Psyche ergeben und müssen für den Leser durchschaubar sein.

Ihr schriftstellerisches Werk, das heute fast in Vergessenheit geraten ist, ist sehr umfangreich. Nach den Romanen „Clementine" und „Jenny" erscheint der satirische Roman „Eine Lebensfrage", in dem es um Ehescheidung geht. 1849 kommt eine Trilogie „Prinz Louis Ferdinand" heraus, die die Gesellschaft Berlins um die gebildeten Jüdinnen zum Thema hat; Rahel Varnhagen von Ense (1771–1833) und ihrem bedeutenden Salon wird darin ein Denkmal gesetzt. Ebenso arbeitet der Roman „Wandlungen" in vier Bänden ein politisches Thema auf: die demokratische Bewegung von 1848. Reisebeschreibungen gehören ebenfalls zum Werk Fanny Lewalds. „Italienisches Bilderbuch" (1847), „Dünen- und Berggeschichten" (1851), „England und Schottland"(1852).

Die Reihe der Romane und Novellen ist schier unübersehbar und kann hier nicht aufgeführt werden. Nur der letzte dreibändige Roman „Die Familie Darner" soll erwähnt werden. Fanny Lewald führt den Leser in ihre Vaterstadt, in die Jahre 1803 bis 1813, und lässt von der Königin Luise bis zum Königsberger Speicherarbeiter das Schicksal ihrer Heimat unter der französischen Herrschaft lebendig werden.

Nur wenig hat sich von diesem bemerkenswerten literarischen Gesamtwerk ins 20. und 21. Jahrhundert gerettet. Antiquarisch aber ist manches zu bekommen, und das Postulat der Schriftstellerin muss gehört werden: „Alles, was ich für den weiblichen Schriftsteller fordere, ist, daß man ihn ohne Schonung, aber auch ohne Vorurteil behandele .... Und so komme ich denn immer wieder darauf zurück, für die Frauen jene Emanzipation zu verlangen, die ich in diesen Blättern vielfach für uns begehrt: die Emanzipation zu ernster Pflichterfüllung, zu ernster Verantwortung und damit zu Gleichberechtigung und Gleichstellung, welche ernste Arbeit unter ernsten Arbeitern dem Einzelnen erwerben muss" (Lebensgeschichte, Band 3, S. 169).

Eine Kämpferin gegen ...

Fanny Lewald kämpfte mit Papier und Stift, und sie vertrat ihre Ansichten in Romanen, Erzählungen, Zeitschriften-Artikeln und Briefen. Ulrike Helmer gab 1989 einen Band von ihr heraus unter dem Titel „Politische Schriften für und wider die Frauen". Dieser Band enthält zwei Bücher von Fanny Lewald, „Osterbriefe für die Frauen" (1863) und „Für und wider die Frauen (1870). Es sind 24 politische Briefe, die in verschiedenen Zeitschriften, u. a. in den „Westermann'schen Monatsheften", erschienen waren und große Resonanz gefunden hatten.

Diese Texte dokumentieren die frühe bürgerliche Frauenbewegung und ihre Ziele, die auch Louise Otto vertrat. Erwerbstätigkeit und Bildung wurden gefordert, soziale Einrichtungen für Frauen und Mädchen und eine rechtliche Gleichstellung mit den Männern. Wahlrecht und akademisches Studium standen auch für Fanny Lewald noch nicht direkt zur Debatte. Die Ehe auf der Grundlage von Neigung, Respekt und Gleichberechtigung bleibt für sie die höchste Erfüllung der Frau.

Wogegen kämpfte Fanny Lewald? Es sollen einige Punkte aufgeführt werden, zu denen nur sie selbst zu Wort kommen soll.

- Die Situation der Mädchen aus den unteren Schichten: „... es ist zum Erstaunen und zu beklagen, wie wenig die Töchter der Armen in der Regel von ihrem Unterricht in das Leben mitbringen.
  Ich habe seit den fünfzehn Jahren, die ich in Berlin haushalte, jetzt das fünfte Mädchen in unserem Hause, drei von ihnen haben Stadtschulen, zwei Landschulen besucht. Alle klagten, dass sie ihre Schulzeit nicht genug benutzt, dass die Eltern „nicht genug auf die Schule gegeben" hätten, und ich habe in meinem ganzen Bekanntenkreise unter den Dienstmädchen, welche jetzt etwa zwanzig bis achtundzwanzig Jahre alt sind, nur ein einziges Mädchen gefunden, das geläufig und orthographisch schreiben konnte.
  Schon geläufiges Lesen, ein Lesen, das ihnen selbst Vergnügen macht, ist nicht gewöhnlich unter ihnen. Es ist möglich, dass sie mancherlei wissen, dass sie geläufig genug lesen, wenn sie die Schule und den Konfirmanden-Unterricht eben erst genossen haben; aber für diejenigen Mädchen, und ihre Zahl ist sehr groß, welche mit fünfzehn Jahren in Dienste getan werden, hört plötzlich jede Gelegenheit, jede Anleitung, jeder Antrieb zum Lernen und zum Lesen auf. Sie kommen kaum an ein Buch heran ..." (Dritter Brief, S. 33/34)
- Die Versorgungsehe in bürgerlichen Kreisen: Zu ihrem Vater sagt Fanny: „Mir sei eine Dirne, die sich für Geld verkaufe, wenn sie nichts gelernt habe und ihre Familie arm sei,

nicht halb so verächtlich als ein Mädchen, das genug gelernt habe, um sich zu ernähren, und sich für Haus und Hof verkaufe" (Lebensgeschichte, Band 2, S. 135). Und die Heldin ihres ersten Romans „Clementine" sagt: „... was hat man aus der Ehe gemacht? Ein Ding, bei dem wohlerzogene Mädchen die Augen niederschlagen, über das Männer witzeln und Frauen sich heimlich lächelnd ansehen. Die Ehen, die ich täglich vor meinen Augen schließen sehe, sind schlimmer als Prostitution."

- Die Situation der unverheirateten Mädchen/Frauen: „... was es mit dem kläglichen Dasein eines untätigen, unnützen Mädchens auf sich hat, dem in den meisten Fällen die Überzeugung nicht erspart bleiben kann, dass es zu niemandes rechter Freude auf der Welt ist" (Lebensgeschichte, Band 2, S. 139).
- Die Unterdrückung der Talente und Fähigkeiten der Frauen: „Es lag und liegt hier in Bezug auf die Behandlung der Frauen eine schreiende Ungerechtigkeit vor, nämlich die Beschränkung des freien Gebrauchs der angeborenen Fähigkeiten zu eigener Förderung ... Man weinte über Onkel Tom in seiner Hütte und sagte seiner Tochter, die vielleicht ein medizinisches Genie oder ein großes kaufmännisches Talent war: Du strickst Strümpfe, du lernst den Haushalt führen; du bekommst Unterricht, der so weit langt, dass du einsehen kannst, was für dich wünschenswert und zu erreichen wäre, wenn man es dir möglich machte, deine Fähigkeiten zu entwickeln, aber entwickeln darfst du sie nicht – denn du bist ein Weib." (2. Brief für und wider die Frauen, S. 109)
- Verbot der Erwerbstätigkeit der Frauen in bürgerlichen Kreisen: „Aber ich habe innerhalb meines Vaterhauses, innerhalb einer mich liebenden und von mir geliebten, jedoch nicht reichen Familie, Jahre voll so trüber Sorgen vor der uns drohenden Zukunft verlebt, dass ich noch nicht ohne Herzbeklemmung daran zurückdenken kann. Und das alles

nur – weil es sich für uns sechs Schwestern, da wir Töchter eines geachteten Kaufmanns und Stadtrats waren, „nicht schicken" sollte, uns fröhlich unser Brot zu verdienen, unserem Vater, dessen liebes Haar in dem Hinblick auf die sechs unversorgten Töchter viel zu früh ergraute, das Leben zu erleichtern." (2. Brief für und wider die Frauen, S. 110/111)

- Das Mädchen als Sexualobjekt: „Ich habe Männer, welche eine Liebelei ihrer Töchter oder Schwestern mit einem Manne, den zu heiraten sie nicht bestimmt sind, als einen Schimpf und eine Schande ansehen, Männer, welche die Verführung der ihnen durch Verwandtschaftsbande angehörenden Frauenzimmer als einen nicht zu sühnenden Frevel betrachten, mit unerschüttertem Gleichmut von der Verführung eines Dienst- oder Nähmädchens sprechen hören ... in den Töchtern der Armen vor allen Dingen nichts weiter zu sehen als ein Material für die Befriedigung ihrer Wollust? ... Ist man es ja sogar gewohnt, die Folgen derselben den armen, unerzogenen, ohne rechten Sitten- und Ehrbegriff, ohne Aufsicht und ohne Anhalt aufgewachsenen Frauenzimmern aufzuladen! – Mögen sie sehen, wie sie mit ihrem Kinde, mit ihrer Not, mit ihrer Verzweiflung fertig werden! ... Aber das ist's, was sie vergessen, die Männer, durch alle Stände vergessen, dass sie selber Töchter und Schwestern haben, das ist's, was auch wir Frauen zu unserer Schande bis auf diesen Tag meist vergessen haben, dass es Töchter und künftige Frauen und Mütter sind, so gut wie wir, denen wir versäumt haben ein Bewußtsein ihrer Würde und ihrer Erniedrigung beizubringen, und das ist's, was sich an uns rächt und immer furchtbarer rächen wird, wenn wir nicht die sittliche Gemeinschaft zwischen uns und den Frauen der Armen so viel wie möglich herzustellen suchen." (Der zehnte Osterbrief, S. 94/95)

Eine Kämpferin für ...

Fanny Lewald ist Praktikerin. Für den ersten und den sechsten Punkt führt sie gleich praktische Vorschläge auf, um die schlechte Bildung und Ausbeutung der Mädchen aus den unteren Schichten einzudämmen. „Ans Werk also! Jeder in seinem Hause, jeder in seiner Kraft und alle zusammen! Wir brauchen für die Töchter der Armen: Lehre und Fortbildung, Speisehäuser und Herbergen, Kranken- und Altersversorgungskassen, Vereine zur Unterhaltung für die Sonntage, die von gesitteten Personen geleitet und überwacht werden; und allen diesen Notwendigkeiten kann entsprochen werden, wenn es uns gelingt, durch das Vertrauen, welches wir den in unseren Häusern dienenden Mädchen einflößen, auch das Vertrauen ihrer Eltern zu gewinnen." (Der zehnte Osterbrief, S. 95)

- Gleichstellung und Gleichberechtigung in der Ehe: „... dass die Ehe nur dann in ihr wahres Recht eingesetzt, nur dann zu der idealen Schönheit erhoben werden kann, die freierwählte, freigeschlossene Verbindung gleichberechtigter Gatten zu sein, wenn sie aufhört, für die Frauen den einzig möglichen Weg zu materieller Versorgung und zur Begründung ihrer gesellschaftlichen Geltung darzubieten" (Lebensgeschichte, Band 2, S. 142/43).
- Berufstätigkeit/Erwerbstätigkeit der Frauen: Fanny, allein in Berlin, schreibt: „Die wiederkehrenden Kräfte, der befreite Sinn, die Unabhängigkeit, deren ich mir mehr und mehr bewusst zu werden begann, ließen mich alles in einem freundlichen Lichte erblicken. Jedes Paar Handschuhe, das ich mir kaufte, jedes Glas Limonade, das ich bezahlte, gefielen und schmeckten mir, wie nie zuvor, denn ich kaufte und bezahlte es mit meinem eigenen, selbstverdienten Gelde" (Lebensgeschichte, Band 3, S. 212).
- Recht auf Bildung, besonders für Ehefrauen und Mütter: „Man nimmt keinen Dienstboten in sein Haus, ohne zu wissen, ob er die nötige Vorbereitung erhalten habe, man ver-

langt von jedem Lehrling ... eine mehrjährige Studienzeit, ... man vertraut keinem Lehrer, keinem Baumeister, keinem Tischler und keinem Professor oder Rat ein Amt an, ohne sich von seiner Tauglichkeit überzeugt zu haben, und man überantwortet die höchste Aufgabe des Lebens, die Gründung und Leitung der Familie, die Erziehung des Menschen, in der Regel den jungen, unerfahrenen Geschöpfen, denen man grundsätzlich die Möglichkeit verweigert hat, sich für Ihren Beruf gebührend vorzubereiten" (Lebensgeschichte, Band 2, S. 67).

Weibliche Stimmen in der deutschmährischen Literatur

Ingeborg Fiala-Fürst

Wie alles andere ist/war scheinbar auch die Schriftstellerei bis zu einem gewissen Zeitpunkt ein männlicher Beruf: In den drei Bänden unseres Lexikons deutschmährischer Autoren[1] fand ich (von insgesamt ca. 250 Einträgen) genau 27 Frauen, was 10% ist.[2]

Die älteste von den eingetragenen Damen ist **Therese Krones**, die 1801 im nordmährischen Freudenthal geboren wurde und 1830 (viel zu jung und vom großen Publikum aufrichtig beweint) in Wien gestorben ist. Sie war nämlich eine der bedeutendsten Schauspielerinnen des komischen Fachs auf österreichischen Bühnen; sie steht stellvertretend für die glanzvollste Zeit des Theaters in der Wiener Leopoldstadt, das in den ersten Jahrzehnten des 19. Jahrhunderts europäischen Ruf genoss. Ferdinand Raimund schrieb ihr Stücke „auf den Leib", der große österreichische Literaturkritiker Moritz Gottlieb Saphir war begeistert von ihr. Bereits kurz nach ihrem frühen Tod ist Krones zum Mythos geworden; Romane, Theaterstücke und Filme bearbeiteten (in allerdings meist recht verzerrender Weise) das kurze Leben des Publikumslieblings und auch heute ist ihr Name noch nicht zur Gänze vergessen. Dass Krones auch als Theaterautorin tätig gewesen sein soll, ist bis heute ungeklärt: die Forschung kann die Frage nicht beantworten (und wird es wohl nie können), wer jene drei Stücke verfasste, die unter dem

---

[1]   LDA, 3 Bände, Universitätsverlag Olomouc, 2003, 2006, 2015.

[2]   Die elektronische Datenbank erhält freilich mehr Einträge zu weiblichen Autoren, doch sind die meisten noch nicht vollkommen bearbeitet. Vgl.: www.limam.upol.cz

Namen Therese Krones' aufgeführt wurden. Wahrscheinlich war es ihr Bruder Josef (ebenfalls Schauspieler).

Von den Autorinnen des späten 19. Jahrhunderts ist freilich die bedeutendste, größte und berühmteste **Marie Freifrau Ebner von Eschenbach**, Gräfin Dubsky aus Zdislawitz bei Kremsier, die die gleichen Lebensdaten aufweist wie Kaiser Franz Josef (1830–1916) und die zweifelsohne zu den bedeutendsten österreichischen Schriftstellern des 19. Jahrhunderts insgesamt gehörte. Sie stammte aus der Grafenfamilie Dubsky; als Kind kam sie zuerst in Berührung mit dem Tschechischen, weil sie von tschechischen Dienstmädchen erzogen wurde. Ihr Leben verbrachte sie teils in Wien, teils in Mähren, woher ihre Kenntnis der dörfischen Volksschichten und der bedeutende Teil der Thematik ihrer Werke kommen. So war sie früher jedem österreichischen und tschechischen Gelehrten und Leser bekannt. Man sprach über ihre spezifische Stellung innerhalb des österreichischen Realismus, über ihre engagierte sozialkritische Tendenz, über die humanistische Denkweise, über ihren teils sehr bissigen spottenden Humor, über ihr zartes, meisterhaftes Formieren des literarischen Stoffes, vor allem in Kurzgeschichten und Novellen. Der Ruhm ihres umfangreichen Werkes, das früher viel gelesen wurde (in Österreich war noch vor kurzem ihr *Krambambuli* Schullektüre), schien jedoch mit der Zeit zu verblassen: Zu bestimmten Zeiten galt ihre Art des Schreibens als überwunden. In der letzten Zeit setzt sich allerdings die Meinung durch, dass Ebner-Eschenbachs Werk große künstlerische Kraft hat, dass es nicht veraltet ist und dass es zu unrecht gering geschätzt wurde. Marie Ebner-Eschenbach versuchte am Anfang ihrer schriftstellerischen Tätigkeit, sich als Dramatikerin durchzusetzen – ihre mehr als zehn Dramen blieben aber erfolglos. Ihre Prosa dagegen fand schnell Anerkennung – z. B. die Kurzgeschichten *Die Großmutter* (1875), der Roman *Božena* (1876), später dann eine Reihe ihrer Novellen (z. B. *Die Freiherren von Gemperlein* 1881, *Dorf- und Schlossgeschich-*

ten 1883, *Krambambuli* 1882, *Glaubenslos?* 1908 usw.) Zu ihren bedeutendsten Werken gehört der Roman *Das Gemeindekind* (1887), der in Zdislawitz spielt.

Neben Ebner-Eschenbach sind freilich alle weiteren Autorinnen der deutschmährischen Literatur des 19. Jahrhunderts weniger bedeutend, verdienen aber zumindest erwähnt zu werden.

So **Karoline Bruch-Sinn** (1853–1911) aus Olmütz, die Mitarbeiterin vieler österreichischer, mährischer auch deutscher Kulturblätter war, für sie Heimat- und Naturlyrik und auch kurze Prosastücke schrieb. **Ella Hruschka** (1851–1912) aus Trebitsch wird als eine „gefühlsstarke Lyrikerin" bezeichnet. In ihrer Zeit war sie eine bekannte Persönlichkeit der Wiener Künstlergesellschaft, schrieb Gedichte und Dramen, aber auch Schriften über Frauenemanzipation und Kinderfürsorge – gehörte sicher zu den ersten Frauen, die diese Fragen thematisierten. **Marie Knitschke** (1857–1940) aus Mährisch Schönberg war Klavier- und Gesangslehrerin und Schriftstellerin. Sie engagierte sich im kulturellen Leben der Stadt Mährisch Schönberg und war auch als Heimatforscherin tätig. Sie unterhielt eine „Wohnung der offenen Tür", wo gelegentlich sogar ein Zimmertheater eingerichtet wurde. Knitschke führte Briefwechsel mit bedeutenden Künstlern (u. a. mit Gerhart Hauptmann, Leo Slezak, Edvard Grieg). Sie verfasste Gedichte, Erzählungen (auch in der Mundart), Feuilletons, Märchen und mancherlei Bühnenstücke, vorwiegend Schwänke für Laiengruppen, die häufig aufgeführt wurden. Die Hauptrollen waren zumeist für Frauen bestimmt. Neben heiteren Motiven aus der Gegenwart befasste sich Knitschke intensiv mit der Zeit der Hexenprozesse in Nordmähren gegen Ende des 17. Jahrhunderts. **Fanny Neuda** (1819–1894), Tochter eines Rabbiners und Ehefrau eines Rabbiners, gab 1855 ein überaus populäres Buch heraus, nämlich eine Gebetsammlung auf Deutsch für jüdische Frauen, *Stunden der Andacht*. Das Werk – das angeblich die Seele und die Sorgen und Freuden einer frommen Frau viel besser ausdrückte als jegliche Gebetbücher aus Männerhand – wurde bis 1918 30 mal neu aufgelegt, übersetzt und wird bis heute in Israel benutzt.

Von den Autorinnen der Vorkriegsjahrzehnte des 20. Jahrhunderts sind die zwei spannendsten sicher Mechtilde Lichnowsky und Elizabeth Janstein.

Mechtilde Lichnowsky geb. Gräfin von Arco-Zinnenberg (1879–1958) heiratete 1904 in die kunstbeflissene Familie Lichnowski aus Gräz bei Troppau ein. Die Adelsfamilie der Lichnowskis spielte das ganze 18. und 19. Jahrhundert eine große Rolle als Mäzene der Kunst und kunstliebende Freunde wichtiger Dichter und Musiker. In dieser Tradition machte Mechtilde Lichnowski weiter: Sie ist sowohl durch ihr eigenes literarisches Schaffen als auch durch viele Kontakte zu den Schriftstellern der deutschen und englischen Literatur bekannt (Rainer Maria Rilke, Johannes R. Becher, Hugo von Hofmannsthal, Carl Sternheim, A. Kolb, Geroge Bernard Shaw, Rudyard Kipling). 1917 wurde ihr erster Roman *Der Stimmer* veröffentlicht. In Kurt Wolffs Verlag erschien dann das untypische Reisebuch *Götter, Tiere und Könige in Ägypten.* Die Thematik der Sprache und des Gesprächs dominiert im Werk *Der Kampf mit dem Fachmann,* in dem die Autorin auf die beschränkten Möglichkeiten der menschlichen Kommunikation hinweist. Die Problematik der Sprache und deren Missbrauch zur Zeit des Dritten Reiches spielen eine wichtige Rolle im Werk *Worte über Wörter.* Im Laufe des Zweiten Weltkrieges entstand die Tragödie *Gespräche in Sybaris* (1941), in der die Geschichte vom Untergang einer Stadt als Allegorie auf den Verfall menschlicher Werte ausgearbeitet ist. Autobiographisch motiviert sind der Roman *Kindheit* (1954) und die Erinnerungen *Heute und Vorgestern.*

Elisabeth Janstein (1893–1944) kam bereits vor dem Ersten Weltkrieg nach Wien, wo sie sich im Kreis um die Reformpädagogin Eugenie Schwarzwald bewegte. Ihre Gedichte begann sie in den Zeitschriften *Der Friede* und *Die Aktion* zu veröffentlichen. Ihr Erstlingswerk war die sehr positiv aufgenommene Sammlung *Gebete um Wirklichkeit*, ein Jahr darauf kurze Prosatexte *Die Kurve;* ihre letzte Sammlung *Die Landung* erschien 1923. Zur selben Zeit wechselte Janstein ihren Beruf – sie wurde Journalistin, Mitarbeiterin der *Neuen Freien Presse*, für welche sie als Korrespondentin in den 30er Jahren in Paris und Brüssel wirkte. Nach dem Beginn des Zweiten Weltkrieges flüchtete sie nach England, wo sie bewusst vereinsamt und abgekapselt von anderen Emigranten starb. Literaturhistorisch wird Jansteins Werk, wohl auch aufgrund der von ihr gewählten Publikationsorgane, zum Expressionismus gezählt, obwohl ihr Stil nicht besonders expressionistisch ist.

Die nachfolgende Literaturströmung der neuen Sachlichkeit bereicherte mit ihren Gedichten und Kurzerzählungen die Olmützerin **Lilli Recht** (1900–?), die nach ihren in Olmütz verbrachten Jugendjahren ihre literarische Reife in Prag erlebte und am Anfang der Okkupation der Tschechischen Republik in Italien verschwand, wo sich ihre Spur verliert.

Emmy Freundlich (1878–1948) war organisatorisch in der sozialdemokratischen Partei tätig und schrieb Aufsätze für die Regionalpresse im Geiste der sozialistischen Bewegung und der Frauenemanzipation. 1911 ging sie aus Mährisch Schönberg nach Wien, wo sie weiter politisch tätig war, auch als Ministerialbeamtin und Abgeordnete. Sie blieb dauernd publizistisch aktiv, auch als Herausgeberin genossenschaftlicher Zeitschriften. In den zwanziger Jahren wurde sie – und blieb es bis zu ihrem Tode – Vorsitzende des „International Co-operation Women's Guild". Im Zusammenhang mit dem Aufstand des österreichischen Schutzbundes wurde sie 1934 verhaftet, bald entlassen, konnte aber in das politische Leben im Lande nicht mehr zurückkehren. 1939 emigrierte sie nach Großbritannien, nahm ihre Funktion als Leiterin der Genossenschaften wieder auf und ging 1947 im Dienste der UNESCO nach New York.

Es gibt weiter eine relativ große Gruppe von deutschmährischen Schriftstellerinnen, die Opfer des Holocausts geworden sind. Durch Theresienstadt (das eine Ausnahmestellung innerhalb der Maschinerie der nazistischen Konzentrationslager hatte) geschleust wurde **Ilse Weber** (1903–1944), die vor dem Krieg Märchen und Gedichte für Kinder und für den Ostrauer Rundfunk schrieb. Das Erlebnis der Internierung in Theresienstadt brachte ihrem Werk eine künstlerische und gedankliche Reife. Viele von ihren volksliedhaften Gedichten (die teilweise vertont sind) waren im Ghetto in einem ziemlich großen Kreis verbreitet, wobei die Autorin anonym blieb – die Leute verstanden die Gedichte als eine gewisse „Theresienstädter Folklore". Der erhaltene Teil ihres Werkes wurde erst im Jahre 1978 unter dem Titel *Theresienstadt* veröffentlicht. In Theresienstadt schrieb ihre intellektuell ausgereiften Verse auch **Gertrud Groag** (1889–1979). Ihre Gedichte, die bereits im Jahre 1942 in einer kleinen Anzahl von Kopien im Ghetto kursierten und mit Zeichnungen ihres Sohns illustriert waren, erlebten später mehrere Ausgaben in Israel, wohin sie nach dem Ende des Zweiten Weltkriegs auswanderte, und zwar unter dem Titel *Lieder einer Krankenschwester.* **Ruth Elias** (1922–2008) bearbeitete ihre Erlebnisse aus Theresienstadt, Auschwitz, Ravensbrück in ihrem Buch *Die Hoffnung erhielt mich am ben. - Mein Weg von Theresienstadt und Auschwitz nach Israel.* **Hilde Huppert** (1910–2000), der es gelungen ist, sich und sogar ihren Sohn Tommy zu retten, schilderte ihren Weg im Büchlein *Hand in Hand mit Tommy.* Dieses wurde bald nach dem Krieg, nämlich 1951, von Arnold Zweig unter dem Titel *Die Fahrt zum Acheron* bearbeitet und herausgegeben. Im KZ Maly Trostinec umgebracht wurde die Olmützerin **Annie Engelmann** (1897–1942), Zeichnerin und Autorin von Kinderbüchern, die Schwester der beiden (berühmteren) Brüder Paul und

Peter Engelmann, die in den 10er und 20er Jahren führende Persönlichkeiten des Olmützer Intellektuellen-Kreises waren.

Die sicher berühmteste Autorin der zweiten Hälfte des 20. Jahrhunderts, die mit Mähren verbunden ist, ist **Erica Pedretti.** Im Jahre 1930 in Sternberg geboren, wurde sie 1945 mit ihrer ganzen Familie vertrieben und siedelte sich in der Schweiz an, wo sie sich vor allem der bildenden Kunst widmete. In einem Teil ihres literarischen Werks (das hochgeschätzt und preisgekrönt wird) kehrt sie in ihre nordmährische Heimat zurück – so in den beiden teilweise autobiographischen Büchern, *Harmloses, bitte* und *Engste Heimat.* Neben Peter Härtling schuf sie so ziemlich das Beste, das über die Zeit des Protektorats und über die Vertreibung geschrieben worden ist. Erica Pedretti besuchte in den 90er Jahren häufig Olmütz, hat sich mit der Übersetzerin ihres Werkes, Lucy Topolská, angefreundet, gab Lesungen, machte Ausstellungen in Olmütz und in Sternberg. Dank der „Arbeitsstelle für deutschmährische Literatur" ist sie 2004 zur Ehrenbürgerin der Stadt Sternberg geworden.

Freilich gibt es in der zweiten Hälfte des 20. Jahrhunderts viele weitere Autorinnen, die mit Mähren verbunden sind, heute in Deutschland oder Österreich leben und in ihrem Werk hin und wieder die mährische Heimat thematisieren (Gertrud Hanke-Mainwald, Lieselotte Klopp-Salinger, Ilse Tielsch, Marianne Wintersteiner, Ursula Haas u. a. m.).

Das wissen wir und das können wir: Wir wissen von der Existenz einiger deutsch schreibender Frauen aus Mähren, kennen ihre Lebensläufe, wissen, was sie geschrieben haben, lesen ihr Werk, schreiben über manche sogar wissenschaftliche Studien, studentische Abschlussarbeiten

Was uns fehlt und was ein Desiderat der Forschung ist, ist die Einbettung der mährischen Schriftstellerinnen in den historischen, soziologischen, literaturhistorischen Kontext, also in den Kontext etwa der österreichischen Frauenbewegung (wo manche der vorgestellten Frauen – Ella Hruschka, Elisabeth Janstein, Emmy Freundlich – eine Rolle spielten) oder zumindest in den Diskurs Frau/in den weiblichen Diskurs der betreffenden Zeit. Wir müssten fähig sein, Schriftstellerinnen zu orten, die dezidiert „weiblich" schrieben oder „für Frauen" schrieben – wie Fanny Neuda oder auch Marie Knitschke.[3] Man könnte auch die Frauenfiguren im Werk untersuchen und dann nach bestimmten Kriterien klassifizieren (was im Böhmischen eine Tradition hat: das Büchlein vom Prager Übersetzer und großen Kenner der deutschböhmischen und tschechischen Literatur, Paul Eisner *Milenky / Die böhmische Geliebte* hatte seinerzeit große Popularität; methodologisch könnte sich eine solche Studie auf die in der „Arbeitsstelle für deutschmährische Literatur" geleistete Vorarbeit stützen, nämlich auf die ausgezeichnete Dissertation von Jan Budňák, *Das Bild des Tschechen in der deutschböhmischen und deutschmährischen Literatur* von 2010).

Auf diesem Feld ist also noch viel Arbeit zu leisten, und ich freue mich über jeden Studenten / jede Studentin, die sich auf diesem Forschungsfeld bewegen will.

---

[3] Hier wartet beispielsweise ein ganzes, großes, unenthülltes Feld der Frauen-Zeitschriften des späten 19. und des 20. Jahrhunderts auf die Forscher.

Die Visite von Marie von Ebner-Eschenbach und Unerwartet von Helene Migerka als Beispiele für Selbstreflexionen in Texten deutschmährischer Autorinnen um 1900

Ingeborg Fiala-Fürst und Claudia Merz

Dass der Literaturbetrieb um 1900 nicht gerade aufgeschlossen mit Schriftstellerinnen umging, ist keine Neuigkeit. Schreibende Frauen fanden bis auf wenige Ausnahmen nicht den Weg in den Kanon. Marie von Ebner-Eschenbach stellt eine dieser Ausnahmen dar; trotzdem blieb sie vor misogyner Kritik nicht verschont. Ebenso wurde die zeitgenössische Literaturkritik nicht müde, ihren Ausnahmestatus immer wieder zu betonen und sie als Ausnahme von der Regel anzusehen[4]. Helene Migerkas Texte blieben einem größeren Publikum verschlossen; eine spannende Autorin war sie aber allemal. Was diese beiden Autorinnen verbindet, ist ihre mährische Herkunft, weshalb sie neben vielen anderen Schriftstellern und Schriftstellerinnen auch in der *Arbeitsstelle für deutschmährische Literatur* am Lehrstuhl für Germanistik der Palacký-Universität Olmütz erforscht werden.

Wie schreibende Frauen mit Kritik an ihrer schriftstellerischen Tätigkeit umgingen und diese literarisch reflektieren, soll anhand von zwei kurzen Erzählungen der bereits erwähnten Autorinnen in diesem Beitrag gezeigt werden. Es handelt sich um den Text *Die Visite* von Ebner-Eschenbach, der 1901 in der Erzählsammlung *Aus Spätherbsttagen* erschien und die Erzählung *Unerwartet* von Migerka in *Das Glück der Häßlichen und andere Skizzen und Satiren* aus dem Jahr 1913.

---

[4] Vgl. Tebben, Karin: Soziokulturelle Bedingungen weiblicher Schreibkultur im 18. und 19. Jahrhundert, S. 34.

Zentral für die Erzählung *Die Visite* ist das Aufeinandertreffen zweier Schriftstellerinnen, Charlotte Henriette Göthekleist und Cäsarine Denker, die unterschiedliche Positionen vertreten und an denen Ebner-Eschenbach auf ironische Weise zahlreiche Schwierigkeiten von Schriftstellerinnen um 1900 darstellt. Unter einem witzigen Deckmantel und in übertriebenem Ton werden Hürden für schreibende Frauen beschrieben.

Die sprechenden Namen der Hauptfiguren Charlotte Henriette Göthekleist und Cäsarine Denker stechen sofort ins Auge. Erstere wird in die Nähe bedeutender deutscher Autoren gestellt (Charlotte Buff, Charlotte von Stein und Henriette Vogel als Frauen, die an der Seite von Johann Wolfgang von Goethe bzw. Heinrich von Kleist waren) und zweitere wird als die kaiserliche und reflektierte Autorin präsentiert. Die Namen weisen auf die Bedeutung der Schriftstellerinnen hin, zeigen aber gleichzeitig, woran Erfolg gemessen wird – an Männern, denn diesen gilt es nachzueifern und sie zu erreichen. Die übertriebene Künstlichkeit dieser Namen erinnert auch an die problematische Praktik von Schriftstellerinnen, die im 19. Jahrhundert gang und gebe war – die oft notwendige Aneignung eines (männlichen) Pseudonyms, um überhaupt publiziert zu werden und ein Lesepublikum erreichen zu können.[5]

Zu Beginn liest Denker zwei Rezensionen über ihren letzten Roman, die selbstredend von männlichen Literaturkritikern verfasst wurden. Die Rezensionen werden durch ihre Augen vermittelt und beide scheinen dem Roman auf den ersten Blick wohlgewollt zu sein, weisen aber bei genauerem Hinsehen auf zentrale Schwierigkeiten für Schriftstellerinnen hin. In der ersten Rezension[6] stellt der Mann den Maßstab dar, die lobenden

---

[5]   Vgl. Kord, Susanne: Sich einen Namen machen. Anonymität und weibliche Autorschaft 1700–1900, S. 6.

[6]   „Wenn aber auch noch keine Frau in der Literatur etwas Hervorragendes geleistet habe, die Denker bilde jene Ausnahme, die zur Bestätigung der

Worte für die Schriftstellerin werden schnell wieder relativiert und es scheint, dass man sich schon fast entschuldigen muss, wenn man etwas Positives über eine schreibende Frau sagt. In der zweiten Rezension[7] wird das Verfassen eines Romans mit der Hausarbeit in Zusammenhang gebracht. Hier bleibt die Autorin in der weiblichen Sphäre gefangen, ihr Werk eignet sich nur für Frauen und für diese nur als Ferienlektüre. Mit den Verweisen auf *Fleiß*, *Anfertigungen von Stickereien* und *sauber ausgeführter Handarbeit* wird die Frau dem Bereich des Haushalts zugeordnet, der ihren natürlichen Platz in der Gesellschaft darstellen soll. In dem vermeintlichen Lob verstecken sich viele Vorurteile gegenüber Schriftstellerinnen, die zeigen, dass die Texte der Schriftstellerinnen keinesfalls aus einer neutralen Position heraus rezensiert werden, sondern durch eine geschlechtskulturelle Brille.

Derartige Kritiken scheinen aus dem Leben von Ebner-Eschenbach gegriffen zu sein und spiegeln die zeitgenössische Literaturkritik wider. So notierte die Schriftstellerin beispielsweise den Aphorismus: „Die Kritik ist von geringer Qualität, die meint, ein Kunstwerk nur dann richtig beurteilen zu kön-

---

Regel durchaus notwendig erschiene. Ihr Buch sei, abgesehen von der ergötzlich naiven Rolle, die der Zufall darin spiele und von mehreren Unmöglichkeiten, beinahe so gut, wie wenn ein Mann es geschrieben hätte. Übrigens rügte der Beurteiler die Wahl des heiklen Stoffes und den Mangel an Ernst und Fleiß, der sich in der ziemlich saloppen Ausführung des an Erfindung beinahe zu reichen Romanes unangenehm fühlbar mache." In: Ebner-Eschenbach, Marie von: Die Visite, S. 97.

[7] „Die Erfindungsgabe der Frauen ist bekanntlich keine Potenz, mit der man zu rechnen braucht, doch besitzen sie fast durchwegs Talent zu minutiösem Fleiße, und hat sich dasselbe von alters her in der Anfertigung von feinen Stickereien, Klöppeleien usw. bekundet. Das jüngste „Denkersche Buch" sei eine solche recht sauber ausgeführte weibliche Handarbeit, und verdiene wohl der in ihr herrschenden sittlichen Strenge wegen, der „höheren Tochter" zur Ferienlektüre empfohlen zu werden." In Ebner-Eschenbach, Marie von: Die Visite, S. 97.

nen, wenn sie die Verhältnisse kennt, unter denen es entstanden ist."[8] Ebner-Eschenbach plädiert für eine neutrale Literaturkritik, die sich stärker auf das Werk als auf die private Person des/r Schriftstellers/in konzentrieren sollte.

Indem Ebner-Eschenbach diese beiden Rezensionen im Text direkt aneinander anschließt, wird deren Absurdität noch stärker veranschaulicht. Während in der ersten Kritik der Schriftstellerin der Fleiß abgesprochen wird, ist es gerade dieser, der in der zweiten wohlwollend hervorgehoben wird. Auch wird in der ersten Rezension der Roman als zu reich an Erfindungen kritisiert, während Erfindungsgabe in der zweiten gerade den Frauen streitig gemacht wird. Die Beanstandungen stehen widersprüchlich zueinander, nur im Resultat herrscht Einigkeit, wodurch ihr inhaltliches Gewicht in Frage gestellt wird.

Darüber hinaus werden die Kritiken nur indirekt durch die Augen Denkers präsentiert, womit eine Distanz zu ihnen geschaffen wird. Bei ihrer Wiedergabe wird die indirekte Rede verwendet, die ihre Gültigkeit fragwürdig erscheinen lässt und ihre Wirkung einschränkt. Auf diese Weise kreiert Ebner-Eschenbach einen ironischen Unterton, der sich durch die gesamte Erzählung zieht, wie auch bei Gabriel zu lesen ist.[9]

Als nächstes werden Denkers Gedanken zu den Rezensionen in der Ich-Form formuliert, was die Selbstbestimmtheit der Figur hervorhebt, denn es bleibt ihre Wahl, wie sie auf die Kritiken reagiert.

Kurz darauf überreicht Mathäus Denker einen Brief, der die Handlung in Gang setzt. Es handelt sich um eine Mitteilung

---

[8] Ebner-Eschenbach, Marie von: Gesammelte Schriften. Bd. 1. Aphorismen, Parabeln, Märchen und Gedichte. Berlin: Paetel 1893, S. 68.

[9] Vgl. Gabriel, Norbert: Autorrolle. Schreibbedingungen und Selbstverständnis von Schriftstellerinnen in der österreichischen Literatur am Beispiel Marie von Ebner-Eschenbachs, S. 721–723.

von Göthekleist, die auf der Rückreise aus Italien ihrer Kollegin überraschend einen Besuch abstatten möchte. Die beiden Schriftstellerinnen sind sich bisher noch nicht begegnet, stecken aber voller Lob für die jeweils andere. Dann fällt Denker ein, dass sie noch gar kein Werk der Kollegin gelesen hat, sondern deren Bedeutung nur indirekt durch Rezensionen ihrer Werke kennt. Peinlich berührt bestellt sie noch schnell die Werke der Kollegin, weiß jedoch, dass sie bis zu Göthekleists Erscheinen nicht mehr genug Zeit haben wird, um die Texte zu lesen. Ebner-Eschenbach weist hier auf eine Schwierigkeit aus ihrem beruflichen Alltag hin. Schriftsteller/innen brauchen eine Leserschaft, um ihre Existenz zu sichern; im 19. Jahrhundert schreckten aber viele davor zurück, einen Text zu lesen, der von einer Frau verfasst wurde und vielleicht nicht den durch den männlich dominierten Kanon geprägten Erwartungshaltungen entsprach.[10]

Göthekleists Auftritt ist spektakulär, ihre exzentrische Garderobe sowie ihre extrovertierte Art und Ausdrucksweise stechen hervor. Sie trägt einen großen Hut, der von zwei Kolibris geschmückt wird, ähnlich übertrieben ist auch ihre Begrüßung, in der sie Denker als „die Krone des Geschlechts" von der „jedes Wort eine Perle"[11] sei, bezeichnet. Auf den ersten Blick wird Göthekleist als eher unsympathische Figur dargestellt und verkörpert die Rolle eines zeitgenössischen Blaustrumpfes[12]. Es handelt sich aber keineswegs um eine eindimensionale Figur, denn ihr Verhalten zeigt auch Gutmütigkeit und ehrliche Freude gegenüber ihrer Kollegin und im Gegensatz zu den gemeinhin geltenden Vorstellungen eines Blaustrumpfes ist Göthe-

---

[10] Vgl. Kord, Susanne: Sich einen Namen machen. Anonymität und weibliche Autorschaft 1700–1900, S. 13.

[11] Ebner-Eschenbach, Marie von: Die Visite, S. 102.

[12] Zur Definition des Begriffes *Blaustrumpf* s. Travers, Eva: Die Blaustrümpfe, S. 163–166.

kleist auch Mutter. Ebenso wird ihre Bildung durch ihre Erwähnungen des Nibelungenhorts oder das Wissen über Affen betont.

In einem Zitat aus einer literarischen Zeitung wird Göthekleist als „der weibliche deutsche Walter Scott"[13] beschrieben. Aufgrund des Vergleichs mit dem männlichen Kollegen hat sich auch Denker ihre Vorstellung der Kollegin gebildet. Bei der ersten Begegnung steht ihr allerdings eine kleine, magere Frau gegenüber, was so gar nicht dem imaginären Bild Denkers entspricht. Mit dieser Szene wird darauf verwiesen, wie derartige Vergleiche unsere Vorstellungen prägen und für Fehlinterpretationen sorgen können. Auch Schriftstellerinnen sind nicht davor gefeit, Klischees oder Stereotype über ihre Kolleginnen zu übernehmen, wodurch deren Gefährlichkeit akzentuiert wird.

Deutlich steht die exzentrische Schriftstellerin der zurückhaltenden Denker nicht nur optisch gegenüber. In ihrem Gehabe verkörpert Göthekleist die Künstlerfigur, die dem angebotenen Tee ein Glas Bier vorzieht, einen ganzen Affenstaat zu Hause hat und ohne Punkt und Komma spricht. Im Gegensatz dazu ist Denker, ganz ihrem Nachnamen entsprechend, überlegter und zurückhaltender. Zusammen mit ihrem alten Diener Mathäus lebt sie ein beschauliches, aber einsames Leben. Die beiden Schriftstellerinnen werden durch ihre charakterliche Schilderung als Gegenfiguren inszeniert, die aber gleichzeitig durch ihre Schwierigkeiten als Schriftstellerinnen in einer männlich dominierten Domäne verbunden werden, was die große Reichweite dieser Schwierigkeiten betont. Hier trifft die häusliche und bescheidene Schriftstellerin auf die extrovertierte Künstlerfigur, womit zwei Typen der Schriftstellerin um 1900 aufeinander treffen, die trotz ihrer Verschiedenheiten versuchen, zusammenzuhalten und sich gegenseitig zu stärken.

---

[13] Ebner-Eschenbach, Marie von: Die Visite, S. 99.

Die Begegnung der zwei unterschiedlichen Autorinnen bietet die Möglichkeit, einander besser kennenzulernen. Dies wird allerdings durch eine absurde Einlage von Göthekleist und ihrem Affen, den sie aus Italien mitgebracht hat, unterbrochen, als dieser aus dem Käfig entwischt. Göthekleist versucht ihn mittels Hypnose wieder einzufangen, was ihr jedoch nicht gelingt. Der Affe scheint aber eine besonders Beziehung zu Mathäus zu verspüren und kann daher von ihm wieder eingefangen werden. In dieser Szene werden zwei verbreitete Diskurse der Zeit aufgegriffen, die Evolutionslehre sowie Hypnose. Deuten lässt sich dies auf unterschiedliche Weise. Einerseits wird der Affe in die Nähe von Mathäus gerückt. Göthekleist mutmaßt, die beiden könnten durch „eine Erinnerung aus früheren Existenzen"[14] verbunden sein, wobei sie kurz darauf ihre Affen als „zurückgesetzte Geschwister"[15] bezeichnet. Dies könnte als Verweis auf die Inferiorität des männlichen Geschlechts gedeutet werden, das sich noch auf einer Stufe mit dem Affen befindet. Andererseits steht hier wohl die Figur der Göthekleist am deutlichsten in der Kritik, die als Tierhalterin nicht mit ihren Tieren umgehen kann und fragwürdige Methoden wie Hypnose anwenden möchte. Daher ist es durchaus plausibel, dies auch als Kritik an fanatischen Tierliebhabern zu lesen. Strigl weist in ihrer Biografie über Ebner-Eschenbach darauf hin, dass die Figur der Göthekleist wohl auf einer realen Bekannten basierte, die elf Katzen besaß und sich nicht dafür schämte, keine Werke der Schriftstellerin gelesen zu haben.[16]

Um ihre Unkenntnis der Werke ihres Gegenübers nicht zum Vorschein kommen zu lassen, versucht die verlegene Denkerin im Gespräch, das Thema der Literatur zu umschiffen. Dies geht

---

[14]   Ebner-Eschenbach, Marie von: Die Visite, S. 103.

[15]   Ebner-Eschenbach, Marie von: Die Visite, S. 104.

[16]   Vgl. Strigl, Daniela: Berühmt sein ist nichts. Marie von Ebner-Eschenbach. Eine Biographie, S. 319.

erwartungsgemäß schief und Denker muss – aufgrund ihres Charakters nicht in der Lage, eine Ausrede zu erfinden – beschämt bekennen, dass sie keines der Werke Göthkleists gelesen hat. Anstatt wütend oder entrüstet zu reagieren, ist Göthekleist ob der Situation allerdings amüsiert und gibt ohne Umschweife zu, auch selbst keines der Werke ihrer Kollegin gelesen haben, sondern deren Bedeutung nur vom Hörensagen zu kennen.

Im Anschluss an das Gespräch verabschieden sich die beiden Autorinnen freundschaftlich voneinander, am Ende bleibt für Denker die Erkenntnis: „Es war doch eine schöne Stunde, und – wie lehrreich!"[17] Das Ende wirkt optimistisch und wie bereits zu Beginn der Erzählung bei Denkers Lektüre der Rezensionen bleibt ihr die Wahl, wie sie die Geschehnisse bewertet und was sie daraus für sich mitnimmt. Denker verkörpert damit eine selbstbestimmte Schriftstellerin, die sich keinesfalls in einer Opferrolle sieht, sondern ihr Leben selbst im Griff hat und Verantwortung für ihre Situation übernimmt. Dieses Verhalten passt vermutlich auch zu Ebner-Eschenbachs Verständnis von Emanzipation, die wie Denker sich aufgrund ihrer finanziellen Umstände in einer privilegierten Situation befand, aber nichtsdestotrotz als Schriftstellerin im Literaturbetrieb nicht frei agieren konnte.

Obwohl am Ende der Erzählung keine der beiden Schriftstellerinnen böse auf die andere ist, bleibt doch ein bitterer Nachgeschmack, dass nicht einmal die Kolleginnen die Werke lesen und getrieben von falscher Solidarität ihr Gegenüber in den Himmel loben, ohne Kenntnisse derer Texte zu haben. Diese falsche Solidarität kann Schriftstellerinnen leicht zum Verhängnis werden und bestätigt einen häufig gemachten Vorwurf, dass Frauen andere Frauen nicht aufgrund ihrer Leistungen unterstützen würden, sondern aufgrund ihrer Geschlechtszuge-

---

[17] Ebner-Eschenbach, Marie von: Die Visite, S. 107.

hörigkeit, womit sie angreifbar für Kritik werden. Ebner-Eschenbach spricht hier von eigenen Erfahrungen; als einflussreiche Schriftstellerin, zu der viele junge Autorinnen aufschauten und Rat bei ihr suchten, war sie stets darauf bedacht, nicht ihre Glaubwürdigkeit durch falsches Lob zu verlieren, wie ein Tagebucheintrag zu einer zu positiven Rezension von einer jüngeren Kollegin aus dem Jahr 1881 belegt: „Die *Neue Zürcher Zeitung* bringt Helene D[ruskowitz]'s Beurtheilung meiner *Erzählungen*. Beurtheilung? – kaum. Es ist ein Hymnus des Lobes. Möge man uns nicht auslachen, meinen nachsichtigen Kritiker und mich."[18] Gleichzeitig ist der Austausch und Zusammenhalt unter Kolleginnen für Schriftstellerinnen sehr wichtig, vor allem wenn sie mit Rezensionen, wie zu Beginn des Textes, konfrontiert werden."

Eine Schriftstellerin als Hauptfigur hat auch die kurze Erzählung *Unerwartet* (1913) von Helene Migerka. Im Gegensatz zu Ebner-Eschenbach handelt es sich bei Migerka um eine heute weitestgehend unbekannte deutschmährische Schriftstellerin, die 1867 in Brünn geboren wurde und 1928 in Graz freiwillig aus dem Leben schied. Ihre satirischen Gesellschaftsskizzen bieten eine spannende Lektüre und interessante Einblicke in ihre Gedanken.

Die Hauptfigur Lara Stellberg legt viel Wert auf ihre Selbstinszenierung als schreibende Frau; ihren blassen, dünnen Körper inszeniert sie als grüblerische Seele, die gerne in halbdunklen Räumen sitzt und sich an halbverwelkten Chrysanthemen erfreut. Passend dazu hat sie auch ihren eigentlichen Vornamen Klara um das *k* erleichtert, um ungewöhnlicher zu klingen. Stellberg inszeniert sich bewusst als außerhalb der Gesellschaft stehend, um ihre literarische Kreativität zu fördern und sich einen eigenen Handlungsraum zu schaffen.

---

[18] Ebner-Eschenbach, Marie von: Tagebücher III. 1879–1889 am 03.07.1881, S. 131.

Auch in dieser Erzählung steht ein ungewöhnlicher Besuch im Mittelpunkt, und zwar wird Stellberg von einem Kollegen, dem Autor Peter Linsted, aufgesucht. Die Schriftstellerin ist voller Vorfreude, hofft sie doch, in ihm eine verwandte Seele zu finden. Anlass des Besuchs ist eine von ihm verfasste positive Rezension zu ihrer Broschüre *Liebe und Kinder*. Obwohl der Text eigentlich nicht dem Wesen der Schriftstellerin entspricht, hofft sie, eine gleichgesinnte Seele sowie „bleiche, vergeistigte Dichtergestalt" in ihm zu finden, hatte er sich doch in früheren Gedichten als „schlank und bleich, an Qualen reich"[19] beschrieben. Der erste Eindruck fällt für die Schriftstellerin allerdings ernüchternd aus; rein äußerlich erinnert sie der Autor eher an einen Bauer, er ist kräftig, untersetzt und sieht ganz gesund aus. Schlimmer wird es noch, als er die ihm angebotenen Zigaretten und den Likör ablehnt und erklärt, dass er abstinent sei und offenbar nicht dem exzentrischen Künstlertypus entsprechen will.

Gesteigert wird die Enttäuschung Stellbergs noch, als Peter Linsted seine früheren Dichtungen als „Kinderkrankheiten"[20] abtut, die man überwindet, um zu einem vernünftigen Menschen zu werden. Damit steht er in Opposition zu der Schriftstellerin, die der Fantasie gegenüber der Rationalität den Vorzug gibt, was sich auch durch ihre Namensänderung, von Klara zu Lara, ausdrückt. Migerka dreht hier die Vorurteile um, die sonst häufig schreibenden Frauen entgegenschlagen und gibt sie dadurch der Lächerlichkeit preis. Keiner der beiden kann für die Haltung des jeweils anderen Verständnis aufbringen, eine Annäherung bleibt ausgeschlossen, damit wird ein resignierendes Bild der Gesellschaft gezeigt.

---

[19]   Migerka, Helene: Unerwartet, S. 77.
[20]   Migerka, Helene: Unerwartet, S. 78.

Noch unglücklicher wird die Situation, als Laras wenig geliebte Cousine Sylvia unerwartet zu Besuch kommt und mit ihrer fröhlichen Art die Aufmerksamkeit des Autors auf sich zieht. Indem sie nur als Cousine Sylvia bezeichnet wird, wird sie als wenig eigenständige Figur gezeichnet, interessanterweise ist es aber gerade das Radfahren, über das sich Linsted und Sylvia miteinander unterhalten und das sich als gemeinsames Hobby herausstellt. Das Fahrrad hat als Mittel der Emanzipation eine lange Tradition, wodurch Sylvia keinesfalls nur als einfaches „Frauenzimmer" oder eindimensionale Frauenfigur gekennzeichnet wird.

Nach dem kurzen Auftritt der Cousine ergibt sich endlich Zeit, damit Linsted der Schriftstellerin den eigentlichen Grund seines Besuches darlegen kann. Er hofft auf die Unterstützung eines von ihm mitbegründeten Kinderwaisenvereins und war durch die Broschüre von Stellberg veranlasst worden, sie um ihre Beteiligung zu bitten. Stellberg empfindet diese Bitte als absolutes No-Go, spiegelt doch diese Broschüre nicht ihre persönlichen Überzeugungen wider und verweist damit auch auf die Tendenz, besonders bei Schriftstellerinnen von ihren Texten auf biographische Vorlieben zu schließen, wodurch ihnen eine abstrahierende Fähigkeit abgesprochen wird. Nicht die Bewunderung für ihr Können hat den Kollegen zu ihr geführt, sondern seine Suche nach Unterstützung für sein karitatives Projekt. Die Autorin reagiert verärgert und erklärt, ihr Leben stehe allein im Dienste der Literatur, was zu einer raschen Abkühlung der Stimmung und der Verabschiedung des Besuchs führt.

Beim Verlassen des Hauses streift Linsted aus Versehen die bereits im Verwelken begriffenen Chrysanthemen in der Vase, die zu Boden rieseln und als Sinnbild für die enttäuschte Schriftstellerin fungieren. Die Autorin bleibt in ihrer selbstgewählten Rolle als gesellschaftliche Außenseiterin verhaftet, ihre Strenge mit sich selbst und anderen kann als Reaktion auf die schwierigen Bedingungen für Schriftstellerinnen interpretiert werden und wird so zur Kritik am Literaturbetrieb.

In beiden kurzen Erzählungen gibt es strukturelle Ähnlichkeiten, denn es werden Alltagsmomente aus dem Leben von Schriftstellerinnen geschildert, die in literarisch überspitzter Form auf tatsächliche Schwierigkeiten dieser hinweisen. Gemeinsam ist den Hauptfiguren, dass sie viel Wert darauf legen, wie sie sich selbst präsentieren, auch wenn dies aufgesetzt oder übertrieben wirken kann. Hintergrund ist die Problematik für Frauen eine eigene Position für sich zu behaupten, da diese nicht nur durch reale politische oder sozialhistorische Veränderungen geprägt wird, sondern auch über das Bild von Frauen, das durch Diskurse, Literatur etc. vermittelt wird. Silvia Bovenschen schreibt: „Der Begriff des Weiblichen erschöpft sich nicht in den sozialen Existenzformen der Frauen, sondern er gewinnt seine Substanz aus der Wirklichkeit der Imaginationen. ... Die Grenzen zwischen Fremddefinition und eigener Interpretation sind nicht mehr auszumachen."[21] Ein Versuch sich dieser Definition durch andere zu entziehen, liegt in der Selbstinszenierung und erklärt, warum diese oftmals so exzessiv exerziert wird wie bei den Figuren Göthekleist oder Stellberg.

Der sarkastische Unterton stellt ein weiteres Merkmal dar, das beide Erzählungen gemeinsam haben, im Mittelpunkt des Spottes stehen die Schriftstellerinnenfiguren selbst, womit Ebner-Eschenbach und Migerka ihre Fähigkeit zur Selbstreflexion schriftlich belegen. Es scheint fast, als müssten sich Autorinnen über sich selbst lustig machen, um ihre Ernsthaftigkeit und neutrale Position unter Beweis zu stellen. Komisches Schreiben aus Frauenhand gilt jedoch auch als Bedrohung, da der Ort des

---

[21] Bovenschen, Silvia: Die imaginierte Weiblichkeit. Exemplarische Untersuchungen zu kulturgeschichtlichen und literarischen Präsentationsformen des Weiblichen, S. 40–41.

Lachenden, der Person, die sich über jemanden lustig macht bzw. jemanden ins Lächerliche zieht, mit Macht verbunden ist.[22] Insofern kann argumentiert werden, dass diese Strategie des Schreibens „einem Befreiungsakt gleichkommt"[23]; trotzdem muss kritisch reflektiert werden, dass Schriftstellerinnen Frauenfiguren verlachen, die versuchen, sich beruflich zu verwirklichen.

Auffällig ist auch, dass diese eher untypischen Texte aus Frauenhand kaum literarisches Echo hervorriefen und nur wenig Beachtung in der Forschung erhielten. *Die Visite* passte kaum in das lang tradierte Image von Ebner-Eschenbach als konservative Schriftstellerin, das erst in der jüngeren Forschung – besonders dank der Biografie von Strigl[24], die besonders die Modernität und Vielschichtigkeit der Autorin hervorhebt, – in Frage gestellt wurde.

Ein Freiraum als Schriftstellerin ist gewöhnlich mit einer zuvor erfolgten Anpassung an das System verbunden, was auch in den Texten thematisiert wird. Literatur ist ein Ort, der gesellschaftliche Entwicklungen widerspiegelt, aber Literatur kann auch als Katalysator und Möglichkeit fungieren, die Raum bietet, um verschiedene Selbstverwirklichungsentwürfe auszuprobieren und zu überprüfen. Ebner-Eschenbach und Migerka reflektieren in ihren Erzählungen Wege, wie Schriftstellerinnen ihre Position behaupten sowie ihren eigenen Weg gehen können, um trotz der ihnen häufig entgegengebrachten Skepsis im Literaturbetrieb zu bestehen. Die in den Texten explizit als auch implizit geübte Kritik trifft sowohl die Hauptfiguren als

---

[22] Vgl. Spreitzer, Brigitte: Texturen. Die österreichische Moderne der Frauen, S. 145.

[23] Strauß, Barbara: Schauriges Lachen. Komische Schreibweisen bei Christa Reinig, Irmtraud Morgner und Elfriede Jelinek, S. 13.

[24] Strigl, Daniela: Berühmt sein ist nichts. Marie von Ebner-Eschenbach. Eine Biographie.

auch den zeitgenössischen Literaturbetrieb und zeigt eine Möglichkeit, wie durch Literatur ein Raum geschaffen werden kann, um auf Missstände hinzudeuten und Handlungsspielräume zu eröffnen.

Literatur

Bovenschen, Silvia: Die imaginierte Weiblichkeit. Exemplarische Untersuchungen zu kulturgeschichtlichen und literarischen Präsentationsformen des Weiblichen. Frankfurt a. M.: Suhrkamp 1979.

Ebner-Eschenbach, Marie von: Gesammelte Schriften. Bd. 1. Aphorismen, Parabeln, Märchen und Gedichte. Berlin: Paetel 1893.

Ebner-Eschenbach, Marie von: Tagebücher III. 1879-1889. Kritisch herausgegeben und kommentiert von Karl Konrad Polheim und Norbert Gabriel unter Mitwirkung von Markus Jagsch und Claus Pias. Tübingen: Niemeyer 1993.

Ebner-Eschenbach, Marie von: Die Visite. In: Polt-Heinzl, Evelyne, Strigl, Daniela u. Tanzer, Ulrike (Hrsg.): Leseausgabe in vier Bänden. Bd. 4. Erzählungen und Aphorismen. Salzburg u. a.: Residenz Verlag 2015, S. 97–107.

Gabriel, Norbert: Autorrolle. Schreibbedingungen und Selbstverständnis von Schriftstellerinnen in der österreichischen Literatur am Beispiel Marie von Ebner-Eschenbachs. In: Amann, Klaus, Lengauer, Hubert u. Wagner, Karl (Hrsg.): Literarisches Leben in Österreich 1848–1890. Wien u. a.: Böhlau 2000, S. 705–729.

Kord, Susanne: Sich einen Namen machen. Anonymität und weibliche Autorschaft 1700-1900. Stuttgart: Metzler 1996.

Migerka, Helene: Unerwartet. In: Sudhoff, Dieter (Hrsg.): Holunderblüten. Erzählungen deutscher Schriftstellerinnen aus Böhmen und Mähren. Wuppertal: Arco 2005, S. 76–82.

Spreitzer, Brigitte: Texturen. Die österreichische Moderne der Frauen. Wien: Passagen Verlag, 1999.

Strauß, Barbara: Schauriges Lachen. Komische Schreibweisen bei Christa Reinig, Irmtraud Morgner und Elfriede Jelinek. Königstein im Taunus: Helmer 2009.

Strigl, Daniela: Berühmt sein ist nichts. Marie von Ebner-Eschenbach. Eine Biographie. Salzburg, Wien: Residenz Verlag 2016.

Tebben, Karin: Soziokulturelle Bedingungen weiblicher Schreibkultur im 18. und 19. Jahrhundert. In: Tebben, Karin (Hrsg.): Beruf: Schriftstellerin. Schreibende Frauen im 18. und 19. Jahrhundert. Göttingen: Vandenhoeck & Ruprecht 1998, S. 10–46.

Travers, Eva: Die Blaustrümpfe. In: Stein, Gerd (Hrsg.): Kulturfiguren und Sozialcharaktere des 19. und 20. Jahrhunderts. Bd. 3. Frankfurt a. M.: Fischer 1985, S. 163–166.

100 Jahre Frauen in der Politik: Fördernde und behindernde Bedingungen im historischen und aktuellen Kontext

Hannelore Buls

Ich bin, wie wohl alle hier, eine Nachfahrin von Auslandsdeutschen, und zwar aus Bessarabien. Weil diese Familiengeschichte bei mir, wie auch vermutlich bei vielen von Ihnen, immer wieder zu einem doppelten Blick auf die Welt beiträgt, möchte ich meinen Vortrag zur Historie der Frauenpolitik in Deutschland mit einigen Anmerkungen zu Bessarabien verbinden. Wenn wir also in dieser Veranstaltung beim Erreichen des Wahlrechts für Frauen im Deutschen Reich 1918 und 1919 ansetzen, so ist beispielsweise aus der Historie der Deutschen in Bessarabien zu berichten, dass diese zum selben Zeitpunkt der ersten Deportationswelle durch die neue Sowjetregierung entkamen, weil die Region Bessarabien während des Ersten Weltkriegs dem rumänischen Königreich zugeschlagen wurde. Anzumerken ist gleichfalls, dass die bessarabische Bevölkerung in der Zeit der Not der zwanziger Jahre in Deutschland nicht Hunger litt. Zu sagen ist aber auch, dass der Assimilationsdruck, den der rumänische Staat später ausübte, unter anderem zur Förderung der volksdeutschen Bewegung führte. Die Auseinandersetzung mit der deutschen Geschichte, die in den letzten Jahren erfreulicherweise offener geworden ist, hat mir den Blick dafür geöffnet, dass menschliche Geschichte überall irgendwie gleich ist. Allerdings finden vergleichbare Ereignisse auf der Welt zu unterschiedlichen Zeiten statt. Ich wurde 1952 schon in Deutschland geboren und lebe gern hier. Meine Generation hatte das Glück, hier von Verfolgung verschont geblieben zu sein. In meinem Bekanntenkreis wird oft gesagt, dass wir seit 80 Jahren keinen Krieg mehr in Europa hatten. Aber bei genauem Hinsehen stimmt das natürlich nur für einen

Teil unserer westeuropäischen Heimat, weswegen wir hier sinnvollerweise ja auch grenzüberschreitend zusammenkommen.

Was ich mit dieser Einleitung gern sagen möchte: Wenn wir uns heute mit Rechten und Pflichten von Frauen in Deutschland befassen, dürfen wir nicht vergessen, dass beispielsweise Frauen in Saudi-Arabien erst seit letztem Jahr selbst Auto fahren dürfen, in der Türkei und in den USA autoritäre Präsidenten ins Amt gewählt worden sind und bewährte demokratische Strukturen in Frage stellen und ähnliches mehr. Der Blick auf die Welt bleibt wichtig, insbesondere mit den Lehren, die Frauen aus unserer Vertriebenengeschichte für die Friedenssicherung ziehen können.

Mit zunehmendem Alter ist mir bewusster geworden, was es für unsere Eltern bedeutete, ihre alte Heimat im Jahr 1940 verlassen zu müssen. Damit sind wir auch bei der Hauptfrage für meinen Vortrag: Ihre, das heißt unsere Geschichten – also tatsächlich im Sinne von unseren eigenen volkstümlichen Erzählungen, aber auch von politischen Deutungen – spielen eine wichtige Rolle dabei, welche Welt- und Rollenbilder für uns, auch für uns Frauen, als die richtigen angesehen werden. Wir hätten meinen Beitrag demnach auch nennen können: „Frauenbilder – und welche Folgen diese für uns Frauen haben können." Frau Dr. Werthan hat die zugehörige Frage in ihrer Einführung mehr wissenschaftlich formuliert:

Welche Setzungen prägten das Leben der Frauen?

Dazu gehören die Bilder, die wir selbst als Bürgerinnen vom Leben haben sowie deren gesetzliche und ökonomische Bedingungen, die sich ebenfalls an bestimmten Gesellschaftsbildern orientieren. Wenn ich noch einmal zurück gehe zur bessarabischen Geschichte, dann sieht das Bild der Frau oberflächlich gesehen sehr traditionell aus. Die Rolle der Hausfrau und Mutter war mit wenigen Ausnahmen unumgänglich, zumal die dortige deutsche Gesellschaft auch entstanden war, weil viele der deutschen Auswanderer aus religiösen Gründen ausgewandert waren, so dass Ehe und Familie einer der Grundpfeiler dieser Gesellschaft waren. Aber auch politisch war darüber bei der Einwanderung schon entschieden worden. Männer durften nur dann siedeln, wenn sie eine Frau mitbrachten, und wenn sie am besten beide über berufliche Qualifikationen verfügten. Eine ganz klassische, ökonomisch ausgerichtete Einwanderungspolitik also, die Zar Peter und Zarin Katharina vertraten und umsetzen ließen.

Trotz der pietistischen Weltsicht waren die Frauen eigentlich alle erwerbstätig und trugen zum Lebensunterhalt der Familien bei, die meisten als Bäuerin oder als mittätige Ehefrau von Handwerkern oder Kaufleuten. Es war selbstverständlich, dass die reale Ernährung der Familien, also das was auf den Tisch kam, durch die Frauen gesichert wurde, durch Selbstversorgung, Handelstätigkeiten oder Dienstleistungen. Meine Großmutter beispielsweise verkaufte Milch aus der eigenen Landwirtschaft, meine Mutter später nähte, handarbeitete und schrieb für andere, als die Familie den Bauernhof verloren hatte. Frauen leisteten unter anderem Dienste als Lehrerin, sozial tätige Pastorengattin, Hebamme oder Schwester, auch wenn sie verheiratet waren. Zu hören ist von bessarabischen Nachkommen bis heute oft der Ausspruch: „Meine Großmutter konnte alles." Eine Beschränkung, dass Frauen als „Nur-Hausfrau" ausschließlich unentgeltlich für die eigene Familie tätig sein sollten, wurde erst später als erstrebenswert dargestellt, als sich die nationalsozialistische Bewegung mehr Raum verschaffte.

Auch in Bessarabien hatte die volksdeutsche Bewegung ihre Anhänger und erzielte Wirkung, insbesondere bei den jungen Frauen und Männern, und wurde auch zum Kampf zwischen den Generationen. Der Assimilationsdruck hatte zum kulturellen Stillstand in den deutschen Dörfern beigetragen. Die traditionellen Formen des Deutschtums und ein bibeltreues Verhalten wurden von den Alten intensiv verteidigt, während die gesellschaftliche Entwicklung anderswo, auch im Deutschen Reich, weiter gegangen war. Das „neue" Deutschtum war deshalb auch eine Antwort auf die zwanzig Jahre unter rumänischen Bedingungen. Die Deutschen in Bessarabien verloren ihre Privilegien der Steuer- und Militärfreiheit, die ihnen Zarin Katharina gewährt hatte. Die Selbstverwaltung, das Recht auf eigene Schulen und Lehrerbildung standen unter ständigem Druck. Nur die Religionsfreiheit blieb uneingeschränkt. Die neue Grenzziehung bedeutete den Verlust der wirtschaftlichen Absatzgebiete für die bessarabischen Waren in den russischen Metropolen. Und das patriarchale rumänische Erbrecht sorgte mit der Parzellierung von Bauern- und Handwerkswirtschaften für Kleinteiligkeit von Besitz und damit für die Verarmung der dortigen deutschen Bevölkerung. Besitzteilung wurde immer häufiger, auch weil die Siedlungsgebiete im Norden unzugänglich wurden und das Aussiedeln für die Jungen nicht mehr möglich war. Diese Entwicklungen mit Hinwendung zum Deutschen Reich spielten dann auch während und nach ihrer Umsiedlung nach Deutschland eine große Rolle. Die Umsiedlung der fast 100.000 Bessaraber 1940 in das bereits im Krieg befindliche Deutsche Reich erfolgte formal gesehen freiwillig. Auf der anderen Seite gilt (und daran sollten wir in Anbetracht aktueller Flüchtlingspolitik gelegentlich denken): Welche Wahl hat man schon, wenn die Alternative die Deportation nach Sibirien ist. Die russischen Soldaten standen bereits im Land. Das ist jedoch eine lange Geschichte, die ich an dieser Stelle abbrechen muss. Wer das nachlesen möchte: Es gibt umfangreiche Literatur dazu.

100 Jahre Frauenpolitik in Deutschland

Ich möchte in meinem Beitrag unter der Überschrift der „Setzungen" für das Leben der Frauen von heute gern einige

Sprünge machen und unter anderem auf unsere Gleich- stellungsberichte der Bundesregierung eingehen, in denen beides bearbeitet wurde, die gesellschaftlich relevanten Rollenbilder und die Rahmenbedingungen. Da der Bezug zu dieser Tagung die Einführung des Wahlrechts für Frauen in Deutschland ist, so ist hier zunächst festzustellen, dass es mehr als 90 Jahre seitdem gebraucht hat, bis eine Bundesregierung 2011 die Gleichstellung von Frauen und Männern zum Thema von Regierungsberichten gemacht hat. Und bis heute sind noch nicht alle Gesetze erneuert worden, von denen die Frauen- und Gleichstellungspolitik sagt, dass sie diskriminierend seien. Insbesondere gilt das für die ehezentrierten und die Sozialgesetze.

Marie Juchacz – die Reformerin der ersten Stunde

Ich sollte deshalb an dieser Stelle vielleicht noch einmal an den Anfang mit Marie Juchacz erinnern, die 1919 als erste gewählte Frau im Deutschen Reichstag sprach. Sie ging noch davon aus, dass es, nachdem das Wahlrecht nun erreicht war, nur noch wenige Jahre brauchen würde, bis Frauen in allen gesellschaftlichen Bereichen gleiche Rechte und Pflichten wie Männer haben würden. Sie war aber auch der Meinung, dass die Frauen in der Politik in Kürze dafür sorgen würden und sorgen könnten, dass es der Bevölkerung, insbesondere den Kindern, besser gehen würde. Marie Juchacz war der traditionellen Aufgabe der Frauen, an erster Stelle für die Familie zu sorgen, unverbrüchlich verbunden, auch wenn sie als Gründerin der Arbeiterwohlfahrt (AWO) dies inzwischen als eine öffentliche Aufgabe definierte. Wie sehr sie mit ihrem Rollenbild auch dafür sorgte, dass Frauen in ihren traditionellen Weltbildern verhaftet blieben, war ihr vermutlich nicht bewusst. Viel zu sehr dachte man in Deutschland über Jahrzehnte in den klassischen Rollenzuschreibungen für Frauen und Männer, wobei diese mit zahlreichen Diskriminierungen der Frauen verbunden waren. Und diese waren immer auch mit gesetzlichen Vorschriften hinterlegt, so dass die Frauenrolle nicht auf freiwilliger Basis so war, wie sie war.

Womit die Sozialdemokratin und AWO-Gründerin dabei anscheinend auch nicht gerechnet hatte, war die immer noch zutiefst antidemokratische Haltung entscheidender Politiker in der Weimarer Republik. Als Reformerin glaubte sie daran, dass Änderungen über den demokratischen Weg erfolgreich sind. Und sie hatte wie viele andere politisch engagierte Frauen wohl kaum damit gerechnet, dass Kapitalismus, freie Marktwirtschaft in den zwanziger Jahren und die Nachwirkungen des ersten Weltkriegs so weitreichende negative Folgen für die Bevölkerung in Deutschland bringen würden, dass am Ende die liberale gesellschaftliche Entwicklung durch die Herrschaft der Nationalsozialisten ersetzt wurde, mit der alles, was an Frauenrechten damals in Sicht war und auch praktiziert wurde, beendet und in sein Gegenteil verkehrt wurde. Es muss hier auch erwähnt werden, dass die sogenannte Machtergreifung durch Hitler nicht durch eine Wahlentscheidung erfolgte, wie oft nachträglich gesagt wurde. Im Gegenteil beschreiben die Historiker Barth und Friedrichs in ihrem letzten Buch, dass bei einer Neuwahl sehr wahrscheinlich erneut keine Konstellation zustande gekommen wäre, mit der die Partei die Regierung hätte bilden können. Es war auch keine Machtergreifung durch Hitler selbst, dazu hatte er nicht die Macht, sondern Politikversagen in der autoritären Reichsführung. Barth und Friedrichs beschreiben die Kapitulation des greisen Reichspräsidenen Hindenburg vor den intriganten Einflüssen von Banken, Industriellen und von Seiten seines Sohnes und dessen Verbündeten. Als alter Mann wollte er einfach seine Ruhe haben. Und er war selbst korrupt. Anstatt beispielsweise staatliche Gelder, wie bereits vorgesehen, für die Arbeitsbeschaffung einzusetzen, um das Elend der Bevölkerung zu beenden, hatte Hindenburg zugestimmt, diese in die sogenannte Osthilfe umzuleiten, mit der die Güter im Osten finanziell gestützt wurden, unter anderem sein eigenes.

Die Zeiten damals und heute sind zum Teil sogar vergleichbar, wenn man betrachtet, dass der politische und ökonomische Missbrauch auch immer mit der Diskreditierung von Bevölkerungsschichten, anderen Völkern oder Gruppen einhergeht – eine Entwicklung, die gerade für unseren Kreis der Auslandsdeutschen so bedeutsam war, weil dies am Ende zu Vertreibung und Flucht führte. So wie damals auf das sogenannte Weltjudentum fangen heute rechtsgerichtete Politiker in Deutschland wieder an, auf Ausländer und Flüchtlinge zu schimpfen und sie für die tatsächlichen oder vermeintlichen Miseren im eigenen Land zum Sündenbock zu erklären. Wir dürfen uns keinesfalls täuschen lassen: Es geht ihnen um die eigene Vorherrschaft. Dass die Frauen zu den unterzuordnenden Kreisen in einer solchen Vorherrschaft gehören, dürfte uns allen klar sein. Für Marie Juchacz bedeutete diese politische Entwicklung, dass sie verfolgt wurde und Deutschland verlassen musste. Erst 1949 kehrte sie in die neue Bundesrepublik zurück.

Modernes Grundgesetz, aber rückständige Einzelgesetze

Unter der Überschrift der „Setzungen" für das Leben von Frauen muss, wie schon gesagt, auch betrachtet werden, was zu den jeweiligen Zeiten von Frauen erwartet wurde und wird. Wenn ich an meine schulische und berufliche Erziehung in den fünfziger und sechziger Jahren zurückdenke, so wurde uns höheren Schülerinnen nur noch unterschwellig vermittelt, dass die traditionelle Rolle der Frauen die der Hausfrau und Mutter sei – jedenfalls wenn man aufgrund der familiären Verhältnisse die Möglichkeiten hatte. In Deutschland gilt leider immer noch, dass die familiäre soziale Lage über die soziale Zukunft der Kinder bestimmt. Das ist eine der Hürden, die wir bis heute nicht überwunden haben.

Ich durfte als eines von wenigen Kindern meiner Klasse in die Realschule gehen. Dort ging es ganz selbstverständlich auch um den Beruf, den Mädchen ergreifen sollten, zum einen wegen der gesellschaftlich sinnvollen Tätigkeit, die wir erbringen sollten, aber auch um zum Familieneinkommen beitragen zu können. Mein Weltbild bestand bereits in der Gleichberechtigung von Frau und Mann, wie es das Grundgesetz festschreibt. Dass es dazu auch Variations- und Manipulationsmöglichkeiten in den untergeordneten Gesetzen gibt, wurde uns nicht vermittelt.

Was uns auch nicht gesagt wurde, war, dass wir in eine Zeit hineinwuchsen, in der Arbeitskräftemangel bevorstand. Wir Mädchen wurden also von vornherein als Manipulationsmasse für die Wirtschaft erzogen und ausgebildet. Die Bilder von der Frau, die ohne Berufstätigkeit und als „Nur-Hausfrau" weniger wert sei, kamen uns im Westen aus allen Zeitschriften schon entgegen. Davon, dass wir mit der sogenannten ureigensten Aufgabe der Frau und Mutter im Anschluss allein gelassen sein würden, weil Familie als Privatsache behandelt wurde, das sagte man uns Mädchen aber nicht. Was uns der Unterricht über das Grundgesetz nämlich vorenthielt, war, dass das Bürgerliche Gesetzbuch, das seit der Weimarer Zeit das tägliche Leben weitgehend regelte, dem neuen Grundgesetz nicht wie vorgesehen bis 1953 angepasst worden war und dass so die individuellen Rechte für Frauen ein Wunschtraum auf Papier blieben. Der Mann konnte bis in die siebziger Jahre hinein über Arbeit und Leben der Ehefrau bestimmen, den Aufenthaltsort der Familie regeln und sogar den Arbeitsplatz der Ehefrau ohne ihre Zustimmung kündigen. Das Kriterium dafür war immer noch, ob sie ihre häuslichen Pflichten ordnungsgemäß erfüllt hatte. Frauen bekamen ohne seine Zustimmung kein eigenes Bankkonto, geschweige denn einen Kredit. Diese Teile des Gesetzes wurden erst im Jahr 1977 gestrichen. Bis dahin waren verheiratete Frauen in Westdeutschland nicht eigenständig geschäftsfähig, obwohl die Praxis inzwischen teilweise anders war. Die Bundesrepublik wird bis heute international kritisiert, weil der Gesetzgeber bei der Gleichberechtigung immer erst dann aktiv wird, wenn das Volk schon sozusagen mit den Füßen abgestimmt hat. Das wird dann mit „gesellschaftliche Entwicklung" umschrieben, die zuerst zu erfolgen habe, bevor eine Regelung verbindlich gesetzlich geregelt wird. Diese Politik ist nicht ziel- und richtungweisend und auch nicht erfolgreich, wie die zahlreichen freiwilligen Vereinbarungen der Bundesregierung mit Verantwortlichen aus Wirtschaft und Gesellschaft bewiesen haben.

Deutschland Ost und West – mit unterschiedlichen Setzungen

Und damit sind wir schon wieder bei einer der Setzungen angekommen. Denn dies galt und gilt natürlich nur für die Bundesrepublik. In der DDR hatten Mädchen und Frauen andere Bedingungen. Während in Westdeutschland die Gastarbeiter eingeladen wurden, wurden die Frauen in der DDR viel mehr auf die Erwerbstätigkeit ausgerichtet als wir, und der Staat tat auch einiges dafür, damit Frauen diese Anforderungen erfüllen konnten. Unter anderem gab es die flächendeckende Versorgung mit Kindergärten oder die betriebliche Anbindung von Dienstleistungen, Warenversorgung oder Urlaubszugang.

Wir hatten in Deutschland also zwei grundsätzlich verschiedene Frauenbilder mit oder ohne Vorrang für die häuslichen Aufgaben, die sich bis heute auswirken, beispielsweise in der Höhe der heutigen Renten oder in der Verteilung Arbeitszeiten. Und wenn man wie ich in einem Teil Deutschlands lebte, war es, solange die Grenze bestand, schwer bis unmöglich, die andere Ausrichtung der Frauenrolle nachzuvollziehen. Die Erklärungen waren jedenfalls für unsere westdeutsche Sicht sehr mit politisch-ideologischen Bildern hinterlegt. So wurde uns beispielsweise immer erklärt, dass Frauen in der DDR einem Arbeitszwang unterlagen und sich deshalb nicht für ihre Familie entscheiden dürften. Was damals aus der westlichen Sicht angeblich falsch war, wurde dann jedoch einige Jahre später mit den sogenannten Hartz-Gesetzen für alle gültig und das angeblich richtige Weltbild. So ändern sich die Zeiten.

Dass ich als Frau im Westen schon damals im Prinzip aus ökonomischen Gründen in der gleichen Lage war, einem faktischen Arbeitszwang zu unterstehen, erklärte mir zudem ebenfalls niemand. Denn in vielen Familien mit geringen Einkommen, bei den mittellosen Flüchtlingen, in den Ballungsräumen sowieso, reichte das Einkommen des Mannes nicht, und die Frauen mussten erwerbstätig sein, wenn auch unter vergleichbar viel schlechteren Bedingungen. Dennoch hatten wir im Westen dafür stets den Ehemann als Familienernährer im Hinterkopf zu haben. Es ging bei der Kritik an diesem Weltbild immer um das persönliche Versagen von Menschen, wenn diese Aufgabenteilung nicht erfüllt werden konnte. So gab es über viele Jahrzehnte einen Ausspruch, der dies wie kein anderer kennzeichnete: „Meine Frau muss nicht arbeiten." Womit selbstverständlich die bezahlte Erwerbstätigkeit gemeint war, nicht die unbezahlte Hausarbeit, Kindererziehung und Pflege, die die westdeutschen Frauen fast immer allein zu bewältigen hatten, auch wenn sie erwerbstätig waren.

Die Systemfrage zu stellen, ob oder warum die Rollenverteilung so zu sein hatte, blieb immer ein wenig gefährlich für Frauen, die ihre Rechte einforderten. Es ist also kaum verwunderlich, dass emanzipatorisch aktive Frauen meist diffamiert wurden, denn sie passten nicht in dieses System. Eine Feministin oder Emanze zu sein, galt lange als Schimpfwort. Aber um es auch zu sagen: Nicht nur im Westen. Auch in der DDR galt die Frau vor allem per Definition als gleichberechtigt. Es dauerte, so habe ich es erlebt, viele Jahre, bis mir bekannte Kolleginnen aus dem Osten zugeben konnten, dass auch sie diskriminiert worden waren, wenn auch an anderen Stellen als wir Westfrauen.

Indikatoren für ungleiche Verwirklichungschancen sind identifiziert. Sie machen die Herausforderungen für die Zukunft deutlich.

Eine der Arbeitsfragen für diese Tagung lautet: Welches sind die Themen, die uns heute auf den Nägeln brennen? Wie ich schon eingangs sagte, möchte ich diese Berichterstattung gern mit einem Blick in die Gleichstellungsberichte fortsetzen.

Der erste Gleichstellungsbericht setzte sich mit eben diesen Rollenbildern auseinander, die bis heute die Grundlage für viele Gesetze bilden. Das Gutachten erarbeitete ein neues gesellschaftspolitisches Leitbild für Frauen und Männer. Es orientiert sich an den Verwirklichungschancen. Frauen und Männer müssen ihr Leben so führen können, wie sie es persönlich möchten. Staat und Politik müssen aktiv für diese Verwirklichungschancen sorgen. Der erste Gleichstellungsbericht identifizierte die Lücken unserer aktuellen Gesetze, die das verhindern. Er kritisierte insbesondere, dass ein Großteil unserer Gesetze, die über Arbeit und Leben bestimmen, sich immer noch am alten Bild der verheirateten und durch den Ehemann versorgten Gattin und Mutter orientieren, dass aber die Nachwirkung dieser ehezentrierten Sichtweise inzwischen abgeschafft worden war. Insbesondere die Übergänge zwischen verschiedenen Lebensentwürfen sind deshalb in den Blick zu nehmen.

Beispielsweise bedeutet diese gespaltene Betrachtung von Frauenleben, dass eine Frau in der Bedarfsgemeinschaft der Sozialgesetzgebung auf die Versorgung durch den Mann verwiesen wird, sogar wenn keine gesetzliche Ehe besteht, dass sie aber andererseits nach einer Scheidung nach sehr kurzer Zeit für sich und für ihre Kinder selbst sorgen muss. Die Sozialgesetze sind formal neutral formuliert und gelten in gleicher Weise für Männer. Sie rufen aber dennoch die Kritik hervor, mittelbar diskriminierend für Frauen zu wirken. Die Arbeitsmarktchancen von Frauen leiden in der Bestandszeit der Ehe, weil Ehefrauen über Jahre nicht die gleiche Arbeitsmarktförderung erhielten wie Alleinstehende und so die sogenannte stille Reserve vergrößerten. Auch die Personalkonzepte in den Branchen mit hohem Frauenanteil orientieren sich am Zuverdienstmodell. Das müsste jetzt noch genauer beschrieben werden, wofür wir aber leider nicht die Zeit haben, denn dies wäre ein weiterer Vortrag.

Der zweite Gleichstellungsbericht hat dann im Jahr 2017 genauer die Indikatoren für die ungleichen Verwirklichungschancen von Frauen und Männern beschrieben und ausgearbeitet, mit welchen Gesetzes- und Politikänderungen sie erfüllt werden könnten. Diese sind für eine ökonomisch basierte Betrachtung unserer Frage nach den Setzungen hilfreich.

Eigenständige Existenzsicherung entscheidet über das ganze Leben

Einkommen und eigenständige Existenzsicherung entscheiden praktisch über das ganze Leben. Der wichtigste Indikator, die Lohnlücke von 21 Prozent, muss deshalb immer wieder benannt werden. Auch wenn mit der Definition der sogenannten bereinigten Lohnlücke, die bei aktuell sechs Prozent liegt, Erklärungen gesucht wurden, heißt das nicht, dass die „weg"-erklärten 15 Prozent Unterschiede diskriminierungsfrei sind. Beispielsweise leiden Frauen stärker als Männer unter den Folgen von Teilzeit, weil diese grundsätzlich, auch bei gleichem Arbeitsinhalt, meist schlechter bezahlt wird, vielfach nur mit dem Mindestlohn. Die aktuellen prekären Beschäftigungsbedingungen sind vor allem auf die Deregulierung der letzten Jahre zurückzuführen. Das heißt, in Zukunft müssen die Incentives für Zugang zum und Verbleib im Arbeitsmarkt anders gesetzt werden als in der Vergangenheit. Der schlechtere Frauenlohn hat zudem eine strukturelle Komponente. In den ostdeutschen Bundesländern ist die Lohndifferenz zwar kleiner als im Westen. Das bedeutet aber nicht, dass Frauen dort besser verdienen als im Westen, sondern nur, dass Männer weniger verdienen. Letzteres ist überwiegend auf die Wirtschaftsstruktur mit erheblich geringeren Industrieanteilen zurückzuführen. Die grundgesetzlich vorgeschriebene Angleichung der Lebensverhältnisse zwischen den Bundesländern ist damit weiterhin gefährdet.

Das Ernährermodell basiert bis heute auf der industriellen Produktion

Das Problem: Schon heute ist klar, dass das Ernährermodell ausläuft, zum Teil weil die jungen Menschen das für ihr Familienleben so wollen, aber vor allem aufgrund der Veränderungen in der industriellen Produktion und in verwandten Branchen. Das insbesondere dort mögliche männliche Erwerbsmodell mit dem hohen Familienlohn zur Mitversorgung einer nicht erwerbstätigen Ehefrau ermöglichte in Deutschland das Ernährermodell erst und stützt es immer noch. Absehbar ist aber, dass die Digitalisierung insbesondere an diesen Arbeitsplätzen große Lücken in Beschäftigungs- und Einkommensmöglichkeiten reißen wird, weil der Automatisierungsgrad und die potentielle Ersatzrate sehr hoch sind. Wenn in Zukunft beispielsweise 70 Prozent der LKW-Fahrer mit technischen Lösungen ersetzt werden können, wo sollen diese dann erwerbstätig werden und mit welchen Qualifikationen? Es wird zudem klar, dass Jungen für die Zukunft andere Kompetenzen erwerben müssen als in der Vergangenheit. Die reine Technikorientierung wird für ihre Zukunftssicherung nicht mehr ausreichen. Gender Care-Gap illustriert ungleiche Verantwortungen und Leistungen.

Die ungleiche Verteilung von Sorgearbeit (Care Work) in den Familien begründet einen Teil der ungleichen Arbeitsmarktchancen von Frauen. Der erheblich höhere Zeitaufwand, körperliche und psychische Belastungen binden Zeit und Kraft in der Familienarbeit. In Paarbeziehungen gehen der Erwerbstätigkeit deshalb Bildungskapazitäten verloren, weil sie in Beziehungs- und Familienarbeit genutzt werden müssen, solange eine Entlastung durch Infrastrukturleistungen nicht vorhanden ist, also professionelle Erziehung und Pflege nicht ausreichend ausgebaut sind. Die Aufgabe für die Politik lautet deshalb, die Bedingungen so zu gestalten, dass künftig die vorhandenen Potentiale der Frauen nutzbar sind. Das ist unter anderem eine Aufgabe für die Kommunen, einerseits als Verantwortliche für die Infrastruktur, andererseits müssen kommunale Arbeitgeber die Vorbildfunktion übernehmen.

Die Mobilitätswegeketten machen Überlastung von Frauen deutlich

Dass die Aufgaben anders verteilt werden müssen, wird an einem einfachen Bild der Mobilitätsketten klar. Während die täglichen Wege eines durchschnittlichen Mannes mit Familie mit einer einfachen Verbindung zwischen Familienwohnort und Arbeitsplatz hin und zurück abgebildet werden, sind die täglichen Wege von Frauen mit Familie vielgestaltig. Sie führen mehrfach zwischen Familienwohnort, Kita, Arbeitsplatz, Sportstätte, Einkaufsstätte, wieder Kita usw. hin und her und rundherum. Allein dieser zeitliche und logistische Aufwand stellt eine Belastung dar und bindet Kapazitäten. Oft kommt hinzu, dass öffentlicher Nahverkehr ersetzt werden muss, insbesondere im ländlichen Raum. Die Untersuchungen zeigen: Wenn Männer Elternzeit genommen haben, und sei sie noch so kurz, haben sie dies später mit im Blick, wenn sie wieder am Arbeitsplatz sind und ggf. gegenüber Kolleginnen agieren oder als Vorgesetzte betriebliche Entscheidungen treffen.

Teufelskreis „Niedriger Verdienst – gesamte Sorgearbeit"

Zu fehlender Infrastruktur, den beschriebenen Belastungen und der Wirkung der gesetzlich verbundenen Leben in Deutschland kommt das ebenfalls gesetzlich verankerte Angebot der geringfügig entlohnten Beschäftigung (Minijob) hinzu. Dieser gesetzlich privilegierte Geringverdienst stellt für Frauen eine kaum zu überwindende Verdienst-Obergrenze von derzeit 450 Euro auf. Etwa achtzehn Prozent der Erwerbstätigen haben einen Minijob, in der Mehrheit Frauen, insbesondere verheiratete, konzentriert in den Branchen mit hohem Frauenanteil. Die Statistik zeigt zudem, dass der Minijob-Verdienst im Durchschnitt zuletzt nur bei 183 Euro im Monat lag, die Frauen mit Minijob als einziger Beschäftigung also nur einen noch niedrigeren Anteil zum Haushaltseinkommen beitragen können, als der Durchschnitt von 22,6%. Schon das Minijob-Gutachten von Professor Wippermann im Auftrag des Bundesministeriums für Familie, Senioren, Frauen und Jugend im Jahre 2011 machte deutlich, dass Frauen mit Minijob als einziger Beschäftigung alle Haus- und Sorge-Arbeit in der Familie allein erbringen. Auch sozialversicherte Teilzeitbeschäftigte erbringen einen weit höheren Anteil an Haus- und Sorgearbeit als die männlichen Partner. Die vermeintlichen Lösungen des Vereinbarkeitsproblems mit Hilfe von Teilzeitarbeit sind zu kurzsichtig und eher selbst ein Teil des Problems.

Was folgt auf das Ernährermodell?

Wenn das Ernährermodell durch den bevorstehenden Strukturwandel mit Digitalisierung sicher ausläuft, was kommt dann? Zu erwarten ist, dass viele ehemalige Industriearbeiter eine neue Beschäftigung im sozialen Sektor finden müssen. Die Frage entsteht, wie professionelle Sorgearbeit gestaltet werden kann, um die Lücken für das Familieneinkommen und den Arbeitsmarktzugang auch für Männer auszufüllen. Problematisch ist dabei auch, dass das Bild der verbundenen Leben von Mann und Frau („linked lives") in Deutschland als langjähriges Modell gesetzlich verankert ist. Seine Wirkung führt dazu, dass sich das Ernährermodell immer wieder in Paarbeziehungen einschleicht, auch wenn diese das gar nicht wollen. Hinzu kommt die unzureichende Infrastruktur für die interpersonelle Versorgung, so dass diese Aufgaben immer wieder bei den Familien selbst abgeladen werden, wie beispielsweise in der Pflege. Stellschrauben zur Veränderung sind also neue Ressourcenverteilung, aber auch Gewöhnung und Einübung der Beteiligten in den Familien, beispielsweise mit mehr Elternurlaub für Väter.

Wie soll das Erwerbs- und Sorge-Modell ausgestaltet werden?

Die Schlussfolgerung aus diesen Betrachtungen ist die Entwicklung des Erwerbs- und Sorge- Modells im zweiten Gleichstellungsbericht, mit dem eine gleichmäßige Verteilung von bezahlter und unbezahlter Arbeit hergestellt werden soll. Die Frage dazu lautet: Wie soll dieses Modell ausgestaltet werden? Auch die erwerbsförmige Sorgearbeit ist, wie wir wissen, ganz überwiegend weiblich zugeordnet. Beispielsweise sind 87 Prozent der Beschäftigten in den ambulanten Pflegediensten Frauen und 85 Prozent in den Heimen. Geht man nochmals zu der Erkenntnis zurück, dass die Industrieproduktion wegen der Digitalisierung viele Beschäftigte freisetzen wird und überlegt man die Frage, wo diese Arbeitsuchenden untergebracht werden sollen, so tritt der gesamte Care-Bereich in den Vordergrund. Viele der Tätigkeiten hier werden trotz anderslautender Ankündigungen nicht digitalisierbar sein. Der Bedarf an Personal steigt wegen der demografischen Entwicklung und damit in Zusammenhang wegen des Fachkräftebedarfs. Es ist also schon heute klar, dass der Männeranteil sich erhöhen wird. Es ist auch klar, dass diese Berufe für Frauen und Männer existenzsichernd sein müssen, um das Familieneinkommen weiter zu sichern.

SAHGE-Berufe zu Lebensberufen aufwerten

Es war in der Vergangenheit sehr wohl eine gute Idee, mit Maßnahmen wie dem Girls Day dafür zu werben, dass Mädchen auch MINT-Berufe (Mathematik, Informatik, Naturwissenschaft und Technik) ergreifen. Die sinnvollere Maßnahme ist heute, die SAHGE-Berufe aufzuwerten. SAHGE steht für Soziale Arbeit, haushaltsnahe Dienste, Gesundheitsberufe. Enthalten sind im Grunde alle Tätigkeiten, mit denen die Infrastruktur für Familien jenseits von „Beton und Breitband" ausgestattet, qualitativ verbessert und zugänglich gemacht werden muss. MINT-Berufe sind aus dieser Perspektive gesellschaftlich gesehen keine Alternative mehr zu den SAHGE-Berufen. Die Digitalisierung wird auch bei vielen der Industrieberufe zu verringerten Verdiensten führen, so dass auch deshalb das noch vorherrschende Ernährermodell zwingend durch ein Zweiverdiener-Modell ersetzt werden muss. Dabei entsteht notgedrungen die Frage, wie das tägliche Leben dann organisiert werden kann, wer es leistet, wer es bezahlen kann und ob die benötigten Leistungen überhaupt verfügbar sind.

Schon heute macht der Bereich nur der sozialen Arbeit 18 Prozent des gesamten Arbeitsmarktes aus, fast ebenso viel wie der Beschäftigtenanteil der Industrie. Der Anteil aller SAHGE-Berufe wird sich bei steigendem Bedarf entsprechend erhöhen, zumal die haushaltsnahen Dienste noch überhaupt nicht marktgerecht ausgebaut und geregelt sind. Aufwertung bedeutet deshalb einerseits, dass die Löhne und Gehälter steigen müssen, um Qualifikation, Leistung und Belastung gerecht zu honorieren.

Wichtig ist ebenso, die SAHGE-Berufe zu Lebensberufen weiterzuentwickeln. Heute sind sie teilweise so gestaltet, dass damit nur ein Teil des Berufslebens bestritten werden kann. Es fehlen Durchlässigkeit, Möglichkeiten zum Aufstieg oder Querwechsel und existenzsichernde Beschäftigungen. Von den Aufgaben her sind Berufe teilweise auch sehr belastend strukturiert, so dass die Verweildauer an einem Arbeitsplatz auf wenige Jahre beschränkt ist. Es war früher ein durchgängig vorhandenes Beschäftigungsmuster, für insbesondere junge Frauen Arbeitsplätze zu schaffen, mit denen sie bis zur Heirat gesundheitlich und ausbildungsmäßig zurechtkamen, um dann mit der Heirat ohnehin aus dem Erwerbsleben auszuscheiden. Einige Berufe wurden von vornherein als Zuverdienstberufe konzipiert. Deren Verdienstmöglichkeiten waren grundsätzlich nicht existenzsichernd und ermöglichten keine eigenständige Altersvorsorge. Arbeitgeber wenden solche Personalkonzepte, die auf das Zuverdienstmodell ausgerichtet sind, heute in fast allen Branchen an, die mehrheitlich von Frauen besetzt sind. Dazu gehört unter anderem heute die flächendeckende Anwendung der Minijobregeln in Frauenbranchen. Wenn die SAHGE-Berufe künftig als Auffangbecken für freigesetzte Industriebeschäftigte dienen sollen, müssen diese Berufe auch aus diesem Grund zu Lebensberufen ausgebaut werden. Sie müssen existenzsichernd, karrierefördernd und dauerhaft gesundheitlich erträglich ausgestaltet werden.

Berufsbildung modernisieren und finanziell angleichen

Aus der traditionellen Einstufung weiblich konnotierter Berufe als vorübergehende Beschäftigung resultierte damals auch die Ausnahme vieler Berufe aus dem Berufsbildungsgesetz. Sehr viele Ausbildungen im SAHGE-Bereich waren bisher schulische Ausbildungen ohne Ausbildungsvergütung und eigene soziale Sicherung. Oft musste sogar zusätzlich noch Schulgeld für die Ausbildung entrichtet werden. Eine schwerwiegende Benachteiligung ist zusätzlich in der Rentenreform von 2002 vorgenommen worden, wo die Anrechnung der schulischen

Berufsausbildungen aus der Anerkennung in der gesetzlichen Rentenversicherung ausgenommen wurde. Viele Frauen erlitten dadurch einen herben Verlust an Versicherungszeiten und späterer Rentenhöhe. Junge Frauen in Ausbildung sind also von Anfang an finanziell und in der sozialen Sicherung schlechter gestellt als junge Männer, es sei denn, sie verfolgen ein männlich geprägtes Berufsbild. Eine erste Forderung ist deshalb die nach der Ausbildungsvergütung, dem Einschluss in die soziale Sicherung und die Aufhebung von Schulgeld und belastenden Gebühren. Für die Gesundheits- und Pflegeberufe ist das jetzt auf dem Weg. Die 19. Bundesregierung hat dafür Gesetzentwürfe vorgelegt und zum Teil auch verabschiedet.

Geringere Vollzeit und Wahlarbeitszeit ermöglichen

Das Ernährermodell ist traditionell mit langen Regelarbeitszeiten, meist etwa 40 Stunden, sowie mit zahlreichen Überstunden, bezahlten und unbezahlten, verknüpft. Aus vielen Untersuchungen ist bekannt, dass Männer dieses Arbeitszeitregime verlassen und etwas weniger arbeiten möchten. Von Frauen in Teilzeitbeschäftigung ist bekannt, dass sie ihre Arbeitszeit erhöhen wollen. So kristallisiert sich eine Wunscharbeitszeit zwischen 30 und 35 Stunden heraus. Andere europäische Länder haben das bereits als Vollzeitarbeitszeit verwirklicht. Beschäftigte im öffentlichen Dienst in Skandinavien arbeiten bei Vollzeit beispielsweise 32 Stunden. Wenn das die Basis ist, kann eine Doppel-Verdiener-Partnerschaft, bei der beide in Vollzeit arbeiten, schon viel leichter gedacht werden, als es bei uns in Deutschland der Fall ist. Wir brauchen also dringlich eine Debatte über die Neugestaltung von Vollzeitarbeit sowie auch die Möglichkeit für alle Beschäftigten, sich ihre Wahlarbeitszeit wählen zu können, je nachdem in welchem Abschnitt ihres Lebensverlaufs sie sich befinden.

Entgeltgleichheit fördern und Personalbemessung erhöhen, um Altersarmut zu vermeiden

Wenn der SAHGE-Bereich die im Industriebereich freiwerdenden Arbeitskräfte aufnehmen soll, müssen hier erhebliche Verbesserungen erfolgen. Die wichtigste Forderung ist die nach finanzieller Aufwertung. Dafür gibt es bereits gute Nachweisinstrumente, die nicht mehr Industrielastig in ihrer Bewertung sind. In der Schweiz hat man dazu beispielsweise den Comparable-Work-Index entwickelt, in Deutschland gibt es das eg-check-Verfahren. Es sind beides Instrumente, mit denen Qualifikation, Leistung und Belastung von gleichwertiger Arbeit verglichen werden kann. In Deutschland hieß es dazu bisher immer, dass Berufe nicht vergleichbar seien. Das ist auf jeden Fall widerlegt. Die Entgeltgleichheit kann damit verfolgt werden. Leider ist das im Entgelttransparenz-Gesetz aber nicht vorgesehen.

Der zweite Teil der Aufwertung besteht in der verbesserten Personalbemessung. Festzustellen ist beispielsweise, dass Deutschland mit dem Verhältnis von 13 Patienten auf eine Pflegekraft am Ende der Skala in Europa steht, sogar schlechter als die USA, die nicht für ihre soziale Sicherung bekannt sind. Verglichen wurden 12 europäische Länder und die USA.

Frauenberufe – nicht länger als Weg in die persönliche Armut konzipieren

Wir müssen uns deshalb nicht wundern, dass auch aus der täglichen Belastung heraus Gesundheitsberufe keine Lebensberufe sein können. Man hält sie unter dieser Bedingung nicht lange durch. Es wundert deshalb auch nicht, dass diese typischen Frauenberufe oft der Weg in die persönliche Armut sind. Um das Armutsrisiko in Deutschland zu umgehen, muss der durchschnittliche Verdienst lebenslang (nach heutigem Stand) über 2.000 Euro liegen. Wir wissen, dass viele Frauen in den SAH-

GE-Berufen erheblich weniger verdienen, sogar in Vollzeit. Wenn dann eben wegen der hohen Belastung noch Teilzeitbeschäftigung gewählt wird und Erwerbsunterbrechung oder Abbruch hinzukommen, ist die Altersarmut dieser Beschäftigten programmiert. Untersuchungen haben gezeigt, dass etwa 80 Prozent der Ausgebildeten in der Pflege den Beruf nach fünf Jahren aus diesen Gründen wieder verlassen haben.

Abhilfe kann mit der Allgemeinverbindlich-Erklärung (AVE) von Tarifverträgen geschaffen werden, mit verbesserten Arbeitsbedingungen und Personalschlüsseln und grundsätzlich bei der Arbeitsbewertung, die sich in höherer Bezahlung auswirken muss.

Der Markt der SAHGE-Berufe ist, abgesehen vom umfangreichen Schwarzmarkt bei den haushaltsnahen Diensten, ein staatlich regulierter Markt, abhängig von der Bildungs- und Gesundheitspolitik. Die Pflegeausgaben in Deutschland sind beispielsweise, verglichen mit den europäischen Nachbarn, durchgängig niedrig. Auch sie basieren auf den Niedriglöhnen in diesen Bereichen, die an Frauen gezahlt werden. Der Anteil der öffentlichen Finanzierung der Pflegeberufe muss massiv erhöht werden. In der Pflege ist der Vorrang von „ambulant vor stationär" aufzuheben, da dieser immer wieder die informelle Pflege fördert und so Frauen entsprechend belastet. Die Forschung spricht in diesem Bereich inzwischen von „pathologischem Lernen". Man weiß, dass informelle Pflege die Pflegenden krank macht, zu Altersarmut bei Pflegebedürftigen und Pflegepersonen führt und den Fachkräftemangel mit verursacht. Dennoch wird bisher kaum etwas geändert.

Dienstleistungen – Markt der Zukunft mit hohem Wachstumspotential

Bei allen Dienstleistungen, auch bei den SAHGE-Berufen, ist das Substituierungspotential, verglichen mit der Industrieproduktion, geringer. Im Arbeitsmarkt der typischen Frauenberufe ist allerdings auch der Bereich der Bürotätigkeiten stark von Abbau gefährdet. Es müssen Zukunftsbeschäftigungen ausgebaut und existenzsichernd ausgestaltet werden, die digitalisierungsresistenter sind. Dazu gehören alle Pflege- und Therapieberufe, die Pädagogik, Haushaltswirtschaft. Allerdings wird es auch in diesen Berufen massive Veränderungen geben, denken wir nur an die sogenannten Pflegeroboter oder die blinzelnde Plüschrobbe zur „Betreuung" von Demenzkranken. Das politische Handeln muss deshalb dringlich die qualitativ hochwertige Dienstleistung mit sozialer Sicherung für die Beschäftigten und einem Verdienst im Blick haben, der existenzsichernd ist und eigenständige Altersvorsorge sichert. Dass solche Lösungen möglich sind, sieht man beispielsweise in Belgien. Dort gibt es seit Jahren ein gut angenommenes Gutschein-Modell für haushaltsnahe Dienste.

Rahmenbedingungen verbessern

Auch in Zukunft muss die Weiterbildung nach Familienpausen gefördert werden, damit der Wiedereinstieg gelingt. Um die Erwerbstätigkeit von Frauen zu fördern, muss das Ehegattensplitting auf Individualbesteuerung umgestellt werden. Als erstes ist die Steuerklasse fünf zu streichen. Und die Familien-Mitversicherung muss auf familienbedingte Tatbestände eingeschränkt und befristet werden. Die steuerliche Privilegierung und die Ausnahme aus der Sozialversicherung für den Minijob ist zu beenden.

In der Bundespolitik ist ein Aktionsplan zur Gleichstellung erforderlich. Gender-Budgeting muss eingeführt werden. Ebenso entsprechende Gesetzesfolgenabschätzung. Für Frauen und Männer, die von Digitalisierung betroffen sein werden, müssen Beratung und Transfereinrichtungen zur Verfügung gestellt werden.

Die Ausbildungen für den SAHGE-Bereich müssen sich stärker an der Zukunft ausrichten. Beispielsweise wird geschätzt, dass bis 2025 etwa 300.000 Erzieher/innen benötigt werden, um den steigenden Bedarf an pädagogischen Leistungen erfüllen zu können. Dafür hätten die Weichen bereits gestellt werden müssen. Das heißt, es ist jetzt schon klar, dass der Bedarf nicht erfüllt werden kann. Die Zukunftsschätzung geht deshalb dahin, dass die Bundesländer den entstehenden Bedarf mit Helferinnen ausfüllen werden. Das ist aber angesichts des hohen Bedarfs an Bildungsstand des Nachwuchses kontraproduktiv und wird die deutschen Wettbewerbschancen in einem von Bildung geprägten globalisierten technisch ausgerichteten Weltmarkt massiv verschlechtern.

Eine besondere Problematik ist zudem für den ländlichen Raum festzustellen. Wenn man Durchschnittswerte für Deutschland betrachtet, muss immer mitgedacht werden, dass Versorgung und Infrastruktur, Mobilität usw. im ländlichen Bereich immer noch einmal um etliche Prozent schlechter ausfallen. Dass das anders gelöst werden könnte, leben uns wieder einmal die skandinavischen Länder vor. Allerdings erfordert dies höhere Staatseinnahmen und Ausgaben – ein ungeliebtes Thema.

Ausblick: Herausforderungen der Digitalisierung politisch annehmen

Die bereits erkennbaren künftigen Herausforderungen der Digitalisierung müssen angenommen werden. Der zweite Gleichstellungsbericht hat dazu bereits einige Fragen formuliert. Es wäre wünschenswert, wenn der dritte Gleichstellungsbericht sich diesem Thema widmete. Einige Stichworte können genannt werden: Die Digitalisierung wird die Trennung von Mensch und Arbeit ermöglichen. Dafür ist die Beschäftigung der ganzen Person nicht mehr erforderlich. Die zunehmende Plattformökonomie wird zur Aushöhlung unserer Sozialsysteme und zur Umgehung nationaler Steuersysteme führen. Die Entgrenzung von Arbeit und Privatleben wird in Verbindung mit flexibler Arbeit dazu führen, dass die Arbeitsverdichtung zunimmt. Arbeitsleistung ist dann neu zu bewerten. Die digitale Steuerung in den Händen weniger Oligopole lässt ökonomische und politische Herrschaftsverhältnisse erwarten. Der Gesetzgeber muss Möglichkeiten eröffnen, wie dennoch die Bevölkerung sozial und demokratisch gesichert werden kann. Frauenpolitik wird dazu ihre Forderungen stellen.

Quellen

Gutachten der Sachverständigenkommission zur Erstellung des Ersten Gleichstellungsberichtes der Bundesregierung: „Neue Wege – gleiche Chancen. Gleichstellung von Frauen und Männern im Lebensverlauf". Berlin, 2011.

Sachverständigenkommission zum Zweiten Gleichstellungsbericht der Bundesregierung (2017): „Erwerbs- und Sorgearbeit gemeinsam neu gestalten. Gutachten für den Zweiten Gleichstellungsbericht der Bundesregierung". Berlin. www.gleichstellungsbericht.de

Mitschrift von Hannelore Buls des Vortrags von Prof. Dr. Uta Meier-Gräwe „Zweiter Gleichstellungsbericht: Impulse für die kommunale Praxis" in der gleichnamigen Veranstaltung des Deutschen Vereins für öffentliche und private Fürsorge e. V., in Berlin am 30.11.2017.

Mitschrift von Hannelore Buls des Vortrags von Prof. Dr. Esther Lehnert, Salomon- Hochschule Berlin zur „AFD und ihren politischen Arbeitsformen" in der ver.di- Landesfrauenkonferenz Niedersachsen, Hannover, 12. Jan. 2019.

Hrsg. PD Dr. Ute Schmidt und D.Min. Arnulf Baumann im Auftrag der Historischen Kommission des Bessarabiendeutschen Vereins e. V. Stuttgart: „75 Jahre Umsiedlung – 70 Jahre Kriegsende", Dokumentation der gleichnamigen Konferenz am 14. Juni 2015 in Berlin.

Stefanie Wolter: „NS-Einfluss auf die Deutschen in Bessarabien, eine Pressedokumentation", Schriften des Heimatmuseums der Deutschen in Bessarabien Nr. 46, Stuttgart 2013.

„Erste Rede einer Frau im Reichstag am 19. Februar 1919". www.bundestag.de

Rüdiger Barth und Hauke Friedrichs: „Die Totengräber. Der letzte Winter der Weimarer Republik", Frankfurt M., 2018.

Gretchen Dutschke: „1968. Worauf wir stolz sein dürfen", Kursbuch-Edition, 2018.

... sowie meine langjährige berufliche Erfahrung auf dem Gebiet der Arbeitsmarkt- und Sozialpolitik für Frauen.

Ungarndeutsche Frauenschicksale nach 1944. Zum Andenken von Theresia Lunczer (1943–2011)

Kathi Gajdos-Frank

„Niemand kann aus der Geschichte des Volkes,
in das er hineingeboren wird, aussteigen."
(Helmut Kohl)

Budaörser Mädchen in den 1930er Jahren (Jakob Bleyer Heimatmuseum)

Einführung

Frau Theresia Lunczer war eine hervorragende ungarndeutsche Lehrerin. Ihr lag die Erhaltung der Identität und Tradition des Ungarndeutschtums immer am Herzen. Hunderte von dankbaren Schülern und Schülerinnen – darunter auch die Referentin – behalten sie in guter Erinnerung. Zum Andenken an Frau Lunczer habe ich in meinem Vortrag über das Schicksal ungarndeutscher Frauen erzählt.

Theresia Lunczer (1943–2011) ist in Tarján in einer schwäbischen Familie geboren. Sie studierte Deutsch und Geschichte auf Lehramt; ihren Studienabschluss machte sie an der Eötvös-Lorand-Universität im Jahre 1967. Ihre Lehrerlaufbahn begann am Vörösmarty-Mihály-Gymnasium in Érd. Dann wechselte sie zum Budapester Kossuth-Lajos-Gymnasium, wo sie in dem neu gegründeten deutschen Klassenzug Deutsch sowie Geschichte und Volkskunde unterrichtete. Seit 1986 war sie stellvertretende Schulleiterin, dann übernahm sie die gleiche Aufgabe am inzwischen selbständig gewordenen Budapester Deutschen Nationalitätengymnasium, wo sie bis zum Ruhestand 1997 arbeitete. Frau Theresia Lunczer war eine hervorragende ungarndeutsche Persönlichkeit. Als Mitglied zahlreicher Nationalitätenvereine und Organisationen und in ihrer Lehrertätigkeit engagierte sie sich für die Ungarndeutschen.

Forschungsthema

Mein Forschungsthema ist die deutsche Minderheit in Ungarn im 20. Jahrhundert; Kernstück meiner Dissertation[25] bildete die

---

[25] Dissertation „Die Sowjetisierung Ungarns. Die Überwachung der Ungarndeutschen durch die Staatssicherheitsdienste zwischen 1945 und 1956", eingereicht: November 2012, verteidigt: März 2013 in der Interdisziplinären Doktorschule der Andrássy Gyula Deutschsprachigen Universität (Leiterin der Doktorschule und des Doktorenrates: Prof. Dr. Ellen Bos, Professur für Politikwissenschaft), Doktorvater: Prof. Dr. habil

in der Nachkriegszeit gegenüber der deutschen Volksgruppe geführte Politik. Es war für mich wichtig, die Komplexität dieses Themas darzustellen und für das Publikum die Sowjetisierung Ungarns (1944-48) und ihre Auswirkungen auf die nicht vertriebenen, noch in Ungarn lebenden Deutschen am Beispiel einzelner ungarndeutscher Frauenschicksale zu zeigen. Die analysierten Dokumente über die Geschichte der Ungarndeutschen, die Maßnahmen der politischen Verfolgung nach 1948, machten deutlich, dass die Diskriminierung der deutschen Minderheit in Ungarn das gesamte Jahrzehnt hindurch andauerte. Die bedeutendsten Fragen waren die folgenden: Welche Setzungen prägten das Leben der ungarndeutschen Frauen vor und nach 1944? Welche Hindernisse mussten auf dem Weg zur gesellschaftlichen und politischen Teilhabe beseitigt werden? Welche Frauen haben die berechtigten Anliegen formuliert, durchgesetzt? Welches sind die Themen, die uns heute unter den Nägeln brennen?

In meinem Vortrag versuchte ich, diese Fragen am Beispiel einzelner ungarndeutscher Frauenschicksale zu beantworten.

1. Das Leben ungarndeutscher Frauen vor und nach 1944

Im ersten Teil des Vortrages ging es um das Leben der ungarndeutschen Frauen vor und nach 1944: um ihre Rolle, ihre Arbeit, die mit Hilfe von zahlreichen Fotos dargestellt wurden. Die Hindernisse auf dem Weg zur gesellschaftlichen und politischen Teilhabe wurden einzeln aufgezählt: die Tabuthemen, die politischen Umstände – die Sowjetisierung Ungarns –, die

---

Georg Kastner, die Opponenten waren: Prof. Dr. Andreas Oplatka und Prof. Dr. Gerhard Seewann, der Vorsitzende der Disputationskommission war Prof. Dr. András Masát (Andrássy Universität), die Mitglieder waren Dr. Gábor Kerekes (ELTE), Prof. Dr. Nelu Bradean-Ebinger (CorvinusUniversität) und Dr. Zoltán Tibor Pállinger (Andrássy Universität).

Stationen der Diskriminierung der ungarndeutschen Frauen. Die Forschungen über die Verfolgung, Diskriminierung der Ungarndeutschen nach dem Zweiten Weltkrieg galt bis Anfang der 80er Jahre als ein Tabuthema. Erst in Westdeutschland erschienen Memoiren, Heimatbücher der nach Deutschland Vertriebenen, die von den in Ungarn üblichen Interpretationen abwichen. Die Erlebnisgeneration – darunter auch die ungarndeutschen Frauen – versuchte aus Angst die Nachkriegsjahre zu vergessen und zu verdrängen, was ihr auch über lange Jahre, Jahrzehnte gelungen ist. Meine Großeltern gehörten noch zu dieser Erlebnisgeneration; sie haben nur zu Hause über diese Jahre gesprochen.

Auf dem Bild links sieht man meine Urgroßmutter, Maria Michelberger (rechts) mit Freundin in Budaörser Tracht (1936), auf dem Bild rechts sehen wir zwei Budaörser Hausfrauen aus den 1930-er Jahren, mit dem sog. „Hutschapingl" (Kindstuch), indem sie Kind oder Obst (Budaörser Pfirsich) getragen haben (Jakob Bleyer Heimatmuseum)[26]

Die Jahre des Sozialismus versuchte ich in dem Vortrag mit Hilfe der Ergebnisse meiner Forschungsarbeit zu zeigen: unter dem Titel „Aktenkundig" wurde über Methoden und Kategorien der Staatssicherheitsdienste in Bezug auf die Ungarndeutschen am Beispiel ungarndeutscher Frauen berichtet. Die ungarndeutschen Frauen waren ein besonderes Opfer von Internierung, Vertreibung und Enteignung während der Sowjetisierung des Landes. Denn Ungarns Innenpolitik veränderte sich ab 1945 nach sowjetischen Vorstellungen. Diese Veränderungen geschahen jedoch nicht vor den Augen der Öffentlichkeit, sondern eher schleichend, und zerstörten die sich nach dem Zweiten Weltkrieg langsam herausbildende gesellschaftlich-politische Ordnung radikal. Nach meinen Forschungen im Historischen Archiv der Staatssicherheitsdienste wurden viele Deutsche – darunter auch viele ungarndeutsche Frauen – in Ungarn aktenkundig, weil sie im Sowjet-System – aus politischer, wirtschaftlicher oder kultureller Sicht – Fremdkörper der homogenen ungarischen Gesellschaft waren. Ihre Diskriminierung begann im Winter 1944/45.

Die Mehrheit der ungarndeutschen Frauen wurden im Winter 1944/45 von russischen Soldaten zum „Malenkij Robot" (= kleine Arbeit) gebracht. Sie mussten den Weg zum Sammellager zu Fuß zurücklegen. Ihre Gefangennahme und Einwaggonierung erfolgte dann auch schnell und unerwartet; sie wurden von den Männern getrennt einwaggoniert. Ungefähr 50 Menschen wurden in einen ungeheizten Waggon gepfercht, und bewaffnete Soldaten begleiteten sie ununterbrochen. Die Reise war mehr als unmenschlich, die Lebensmittel waren knapp und von schlechter Qualität. Nach der Ankunft wurden

---

[26] Quelle: Jakob Bleyer Heimatmuseum Budaörs, Ungarn. www.heimatmuseum.hu

die deportierten ungarndeutschen Frauen desinfiniziert und nackt untersucht. Im Lager in der Sowjetunion hatten sie dann fast keinen Kontakt zu der örtlichen Bevölkerung. Sie durften auch keine Briefe schreiben oder bekommen. Wer sich versteckt hatte und versuchte zu fliehen, wurde streng bestraft, durfte nicht einmal auf die Toilette gehen. Bei schwangeren Frauen waren die Soldaten genauso streng, und man fand leider auch gestorbene Säuglinge draußen auf der sog. „Brett-Toilette". Und – wie viele Überlebende davon berichtet hatten – die Bewacher, die sowjetischen Soldaten, waren oft betrunken. Das Wetter war auch unerträglich: es war enorm kalt, 1.200 Personen wurden in einem Raum untergebracht, in dem es nur einen einzigen Ofen gab. Aufgrund der Erzählungen der Zeitzeugen wurden die Frauen ihren Fähigkeiten nach in Kompanien unterteilt. Sie mussten vorwiegend in Bergwerken Arbeit verrichten.

Die Mehrheit dieser ungarndeutschen Frauen wurde 1944/45 in die Sowjetunion deportiert und konnte erst in den Jahren 1947-1949 nach Ungarn zurückkommen. Inzwischen wurden jedoch ihre in Ungarn lebenden Familienmitglieder – zwischen 1946 und 1948 – nach Deutschland vertrieben: *Die erfolgreiche und schnelle Lösung ist nichts anderes als die Vertreibung der Schwaben*[27], sagte der ungarische Innenminister Ferenc Erdei. Im Potsdamer Abkommen wurden die betroffenen Länder zur Aussiedlung der Deutschen nicht gezwungen, es bot sich jedoch zur Individualbestrafung oder zur kollektiven Beurteilung die Möglichkeit, und Ungarn entschied sich für die Kollektivbestrafung: am 29. Dezember 1945 wurde die Verordnung über

---

[27] Ágnes TÓTH, Bibó István memorandumai a magyarországi német lakosság kitelepítésével kapcsolatban. (S. 345.) in: Tibor IVÁNYOSI-SZABÓ (Red.), Bács-Kiskun megye múltjából XI., Kecskemét 1992 (S. 330–383).

die Vertreibung der Ungarndeutschen verabschiedet.[28] Mit der Verordnung[29] wurden die Deutschen nicht nur vertrieben, sondern entrechtet und enteignet.

Die sogenannte „Schwabenfrage" war aber nach 1945 auch eine Frage der Staatssicherheit: In den Meldungen der politischen Abteilungen der Polizeidirektionen an den Westgrenzen Ungarns findet man schon im Jahre 1946 viele Hinweise auf Personen schwäbischer Herkunft [30], die durch ihre illegale Rückkehr die demokratische Staatsordnung und die öffentliche Ordnung gefährdet hätten. Das Ziel der Behörden war, diese ungarndeutschen Flüchtlinge entweder von der Grenze zurückzuschicken oder zu internieren. In dem von Ungarn und den Siegermächten unterzeichneten Waffenstillstandsabkommen vom 20. Januar 1945 wurde die Internierung der Deutschen verkündet. Ab Herbst 1946 wurde die Internierung zentralisiert. Als Sammellager brachte man die Internierten zuerst nach Kistarcsa; von hier lieferten die Behörden die Personen nach Recsk, Kazincbarcika oder nach Tiszalök. Anfang des Jahres 1953 waren mehr als 40.000 Personen in Ungarn verhaftet oder interniert. Nach dem Tod Stalins am 5. März 1953 wurden mehrere tausend Verhaftete aus den Gefängnissen und Arbeitslagern befreit. Die ungarndeutschen Kriegsgefangenen mit aus-

---

[28] Verordnung über die Vertreibung der Ungarndeutschen 12 330/1945. M. E.

[29] Verordnung 12.330/1945. M. E.

[30] „Nach der Vertreibung der Schwaben kehrten in den vergangenen Monaten in die Gemeinden um Sopron viele Vertriebene illegal zurück, die dann verhaftet und interniert wurden." MOL XIX-B-1-r 331/1946., Sopron, 1946. június 11-i jelentés. In: Ágnes TÓTH, Hazatértek. A németországi kitelepítésből visszatért magyarországi németek megpróbáltatásainak emlékezete. Gondolat Budapest, 2008 (S. 24).

ländischer Staatsbürgerschaft konnten jedoch erst auf westlichen Druck im Dezember 1953 entlassen werden.[31]

Nach der Auflösung der Internierungslager entstand eine Zusammenfassung am 17. September 1953, wo wir über die Kategorien der Bestrafung lesen können:[32] Spionage, Kriegsverbrecher, Antidemokratische Tätigkeit, Antidemokratische Aussagen, Illegale Grenzüberschreitung, Attentat, andere Verbrechen u. a. Zu welchen Kategorien man die aktenkundig gewordenen Ungarndeutschen rechnen kann und wie sie während und nach der Sowjetisierung Ungarns bestraft wurden, das zeigen die folgenden Beispiele. Im Archiv der Staatssicherheitsdienste habe ich zahlreiche Dossiers gefunden, in denen Deutsche aus Ungarn wegen ihrer *antidemokratischen* Aussagen[33] verfolgt wurden, wie Frau H., die nur wegen Verweigerung eines wichtigen Anrufs aktenkundig wurde. Oder eine junge ungarndeutsche Frau, R. T., später im Dossier R. K.[34], die sich vor einer Kaserne Notizen machte und deshalb der amerikanischen Spionage verdächtigt wurde. Frau K. führte man nach dem Verhör zur Budapester Zentralen Militärischen Staatsanwaltschaft und ‚hinter geschlossenen Türen‘ wurde ihre Gerichtsverhandlung zu Ende geführt. Ihre Adressänderungen hatten die Sicherheitsdienste auch noch in den 1960er Jahren in ihrem Dossier vermerkt; sie war wegen der Spionagevorwürfe als gefährlich eingestuft worden. Interessant war auch das Beobachtungsdossier[35] über I. G.[36], in dem man eine Beschreibung der beobachteten Person lesen kann. Aufgrund dieser Erkenntnisse war es

---

[31] Josef RINGHOFFER, Bilddokumentation eines Leidensweges: Tiszalök. Stuttgart, 1993.

[32] ÁBTL, 4.1. A-505.

[33] V-7221 H. J. szabotázs, 1950–52.

[34] ÁBTL, V-5661, „R. K.", 1948–1957.

[35] Überwachungsdossier.

[36] ÁBTL, K- 631, „I. G.", 1948–1951.

für die Agenten der Staatssicherheitsdienste hilfreich zu wissen, ob und wie diese Person – mit Geld oder durch Erpressung – ins Agentennetz eingegliedert werden konnte. I. G. arbeitete gemäß Dossier im Dienste der Staatssicherheit nur einige Monate, sie erledigte nur zwei Aufgaben. Es wurden auch viele ungarndeutsche Flüchtlinge aktenkundig: Es ging hier vor allem um Personen, die entweder zu ihrer vertriebenen Familie nach Deutschland oder vor der Internierung geflüchtet sind.

Die Agenten beobachteten auch die Familien der Flüchtlinge, und diese Beobachtungsarbeit war oft so ‚erfolgreich‘, dass auch Familienmitglieder aktenkundig wurden. Die Staatssicherheitsdienste hatten auch die Briefe der Familien gelesen. Da diese Briefe in schwäbischem Dialekt geschrieben waren, mussten die Behörden sie übersetzen. Die unverständliche Übersetzung beweist, dass in den Reihen des Staatssicherheitsdienstes zu dieser Zeit noch nicht viele Ungarndeutsche angestellt waren. Und es sind mehrere Dossiers zu finden, in denen es eindeutig um die Beobachtung und Überwachung der Ungarndeutschen ging, die der neuen kommunistischen Ordnung gegenüber wirtschaftlich oder politisch kritisch eingestellt waren. Frau E. J. [37] gehörte als Ordensschwester zu den unerwünschten Personen der „demokratischen Ordnung" und wurde überwacht, später nach Kistarcsa interniert. Sie konnte erst 1951 freigelassen werden.

Die Ungarndeutschen – auch ungarndeutsche Frauen – waren also ein besonderes Opfer von Internierung, Vertreibung und Enteignung während der Sowjetisierung des Landes. In den 1960er Jahren war die Atmosphäre liberaler geworden, dennoch blieb die kommunistische Nationalitätenpolitik nicht minderheitenfreundlich.

---

[37] V-058 E. J., 1950–51.

2. Aktive ungarndeutsche Frauenpersönlichkeiten

Im zweiten Teil des Vortrages habe ich aktive ungarndeutsche Frauenpersönlichkeiten vorgestellt, die seit der Wende für das Ungarndeutschtum viel getan haben. Neben Frau Theresia Lunczer, die sich als Mitglied zahlreicher Nationalitätenvereine und -organisationen und in ihrer Lehrertätigkeit für die Ungarndeutschen engagierte, kämpfen heute viele ihre ehemaligen Schüler und Schülerinnen für die Bewahrung und Pflege der ungarndeutschen Kultur.

Zu den ungarndeutschen „Kämpferinnen" der vergangenen Jahre gehören auch die Vorsitzende Eleonóra Matkovits-Kretz und Projektleiterin Ilona Rozsnyai (Nationalitätenverein der Ungarndeutschen in Fünfkirchen-Branau). Diese ungarndeutschen Frauenpersönlichkeiten beteiligen sich aktiv an der Arbeit des Deutschen Kreises in Fünfkirchen, sind Regisseurinnen, Redakteurinnen zahlreicher Dokumentarfilme über Malenkij Robot, organisierten mit anderen Mitgliedern eine Forschungsreise ins Kaukasusgebiet und haben das Projekt „Die reisende Ausstellung „Lágerjárat"/Lagerlinie" ins Leben gerufen. Die ungarische Regierung erklärte nämlich das Jahr 2015 zum Gedenkjahr der in die Sowjetunion verschleppten politischen Gefangenen und Zwangsarbeiter und verlängerte es bis zum 25. Februar 2017. Der Nationalitätenverein der Ungarndeutschen in Fünfkirchen-Branau ehrte die unschuldig Verschleppten mit einer reisenden Waggonausstellung. Die Ausstellung *Lágerjárat* konnte man zuerst auf dem Budapester Westbahnhof sehen. Nach der Vorstellung in der Hauptstadt fuhr die Waggonausstellung auf jene Bahnhöfe in Ungarn, wo – Ende 1944 und Anfang 1945 – die Deportationszüge in die Sowjetunion losgefahren sind. Die das Land bereisende Waggonausstellung hatte als Ziel, diesen bislang unwürdig verschwiegenen historischen Fakt dem Publikum und vor allem der Jugend bekannt zu machen. Im Waggon bestand die Möglichkeit für Unterrichtsprogramme, Führungen und besondere Geschichtsstunden.

Der Nationalitätenverein der Ungarndeutschen in Fünfkirchen-Branau (Deutscher Kreis) organisierte im August 2016 auch eine Forschungsreise ins Kaukasusgebiet. Historiker und Betroffene bereisten Orte in Tschetschenien, Aserbaidschan und Georgien, wohin auch unzählige Ungarndeutsche zwischen 1944-49 zum Malenkij Robot verschleppt wurden. Sie besuchten solche Arbeitslager, Hospitäler und Friedhöfe, wo die Zwangsarbeiter und Internierten litten beziehungsweise viele ihre letze Ruhe fanden.

3. Tabuthemen

Im dritten Teil des Vortrages erläuterte ich die Themen, die uns heute unter den Nägeln brennen. Neben der lückenhaften Aufarbeitung der Verschleppung (1944/45) und Vertreibung (1946/48) der Ungarndeutschen gibt es noch ein Tabuthema, worüber keiner sprechen will ... Unter dem Titel „*Als die Soldaten der Roten Armee kamen.*" versuchte ich über das Schicksal der ungarischen und ungarndeutschen Frauen – Missbrauch, Vergewaltigung – während der sowjetischen Besetzung zu berichten.

Die Soldaten der Roten Armee waren 40 Jahre lang die „Befreier" des Landes, nur Helden – es war ein „antidemokratischer" Akt, über sie negativ zu erzählen. Die Opfer – viele Frauen – wurden von der Gesellschaft moralisch gesehen nicht verstanden; sie konnten darüber nicht reden und es fehlten die entsprechenden Behörden, Institutionen. Die politischen Instrumente, das Verständnis der damaligen Gesellschaft, die sprachlichen Hilfen (wie soll ich darüber erzählen) beziehungsweise die Beweise – Fotos, Dokumente – fehlten auch. Ich bin der Meinung, dass obwohl bis zur Wende die Männer – in der Politik die sowjetischen Soldaten, im Alltag die im Krieg kämpfenden Brüder, Väter, Ehemänner – als Helden gezeigt wurden, die Frauen – darunter auch die ungarndeutschen Frauen – ebenfalls „Heldinnen" dieser Jahre waren. Heute würde man aber nach Missbrauch, Vergewaltigung so vieler Frauen während der sowjetischen Besatzung die Frage aufstellen: Warum erzählt(e) man nicht darüber? Es gibt dafür viele Gründe: Es ist ein intimes Thema, sowohl die Täter als auch die Opfer möchten nicht darüber reden, und es wurden viele der Opfer getötet. Wegen der Front gab es keine Institution, wo man davon hätte berichten können, und die Möglichkeiten waren auch begrenzt (wo/wie/wem kann ich das sagen?). Deshalb sind die sogenannten Historia Domus-Schriften[38] hier von großer Bedeutung, denn viele schwangere Frauen baten die Kirche um Hilfe. Der ungarische Bischof Vilmos Apor wurde im März 1945 auch deshalb ermordet; er wollte den geflüchteten Frauen Zuflucht geben.

Die russischen Soldaten waren in Ungarn 40 Jahre lang die „Befreier" des Landes, also „Helden" – es war ein „antidemokratischer" Akt, über sie negativ zu erzählen, und wenn jemand das trotzdem getan hatte, wurde er gleich aktenkundig. Über die Folgen durfte man Jahrzehnte lang nicht reden; die Opfer mussten 40 Jahre lang schweigen: Sie waren traumatisiert, bekamen Krankheiten, wurden schwanger und haben ein Kind bekommen, litten unter Depression, bekamen oft physische und innere Verletzungen oder haben diese negativen Erinnerungsbilder in sich verdrängt. Einige (wenige) Opfer erzählten nach der Wende ihre Geschichten – aber nicht in einer Ich-Form, sondern als ob dies alles mit einer anderen Frau passiert wäre. Sie, die Opfer, hat man moralisch nicht immer verstanden. Beispielsweise wurde auch die ungarische Schriftstellerin Alaine Polcz von russischen Soldaten missbraucht und vergewaltigt:

---

[38] Andrea Pető, Elmondani az elmondhatatlant – A nemi erőszak Magyarországon a II. világháború alatt, Jaffa Kiadó Budapest, 2018.

In ihrem Buch[39] beschreibt sie das und auch die Reaktion ihrer Mutter: *„solche Witze solltest du nicht erzählen, die Anderen glauben, dass es wirklich so war ...* " Das war damals ein Tabu, ein moralisches Problem für die bürgerliche Familie. Und die Beweise fehlten: es wurden damals keine Fotos darüber geschossen, nur die „Helden", die sowjetischen Soldaten gezeigt.

Sowjetische Soldaten werden fotografiert (fortepan, 1947).

Das Gedenken an den Zweiten Weltkrieg und an die Jahre danach konzentrierte sich fast überall auf die Männer; die Denkmäler berichteten auch vor allem von Männern, es war (ist) also fast ausschließlich männliches Gedenken. Der Leidensweg der verschleppten, vertriebenen, internierten, missbrauchten ungarndeutschen Frauen ist demnach im ungarischen Bewusstsein leider kaum präsent. Ihrer Opfer zu gedenken und die Erinnerung wach zu halten ist unsere Aufgabe! Mit einem Gedicht der ungarndeutschen Dichterin Valeria Koch (1949-1998) bedankte ich mich für die Aufmerksamkeit:

---

[39] Alaine Polcz, Asszony a fronton, Jelenkor Kiadó Budapest, 1991.

Valeria Koch

Gedenkzeilen über die Vertreibung

Man hat uns betrogen, vertrieben,
wir wollen vergeben den Trieben
belogener Freunde und Feinde:
Vertrauen bestrahlt die Gemeinde.

Wir feiern mit leisen, versöhnenden Tönen,
gedenken des Schicksals von Vätern und Söhnen,
von mißbrauchten Kindern, die wir damals waren,
wir wollen der Zukunft jeden Haß ersparen.

Nie wieder verirren im Dschungel der Gewalt,
vergebet dem Nächsten, der Unheil gestiftet,
stoppt schon den kleinsten Haß und sagt rechtzeitig Halt,
lebt friedlich; bei Gott wird der Feind streng gerichtet.

Februar 1996

Mit den letzten Zeilen von Valeria Koch, die man auch an dem im Jahre 2006 errichteten und eingeweihten „Landesdenkmal der Vertreibung der Ungarndeutschen" im Budaörser Alten Friedhof lesen kann, schloss ich meinen Vortrag: „Stoppt schon den kleinsten Haß und sagt rechtzeitig Halt!"

„Freiheit ist unteilbar"[40]

Godula Kosack

Robert Blum, der Kämpfer für eine republikanische Verfassung des deutschen Nationalstaates, stellte im Jahre 1843 in den Sächsischen Vaterlandsblättern die Frage: „Ist es das Recht der Frauen, am Staatsleben teilzunehmen?" Die junge Louise Otto-Peters antwortete als „sächsisches Mädchen" darauf mit dem berühmten Ausspruch: „Die Teilnahme der Frau an den Interessen des Staates ist nicht ein Recht, sondern eine Pflicht." Das war der Auftakt der ersten Frauenbewegung in Deutschland, die in der zweiten Hälfte des 19. Jahrhunderts gegen Versammlungsverbote, Publikationsverbote und Verbot der Erwerbstätigkeit anging. Letzteres betraf allerdings nur die bürgerlichen Frauen: Frauen in Fabriken, als Dienstmädchen oder Waschfrauen trugen längst die Bürde der Doppelbelastung von für sie überlebensnotwendiger Erwerbstätigkeit und Familienarbeit. Diese Frauenbewegung kulminierte schließlich in der Durchsetzung des Wahlrechts für Frauen, dessen hundertjähriges Jubiläum wir in diesem Jahr zelebrieren.

Das selbstverständliche Auftreten der Frauen in der Öffentlichkeit ist eine Errungenschaft der Frauenbewegung. Louise Otto-Peters, die es wagte, als junge Frau unbegleitet in der Postkutsche von Sachsen nach Thüringen zu reisen, sah sich Demütigungen aller Art ausgesetzt, deren mildeste noch die Frage war: „Und wo ist Monsieur?" Sich frei in der Öffentlichkeit zu bewegen war den Prostituierten vorbehalten. Frauen, die dies trotz aller Vorbehalte dennoch taten, galten schnell als Prostituierte.

---

[40] Louise Otto-Peters (1819–1895), deutsche Schriftstellerin, Journalistin und Frauenrechtlerin, Mitbegründerin der deutschen Frauenbewegung in der „Frauen-Zeitung", Leipzig 1849-50. Die Freiheit ist unteilbar, 1849

Inzwischen haben Frauen alleine die Welt umreist, haben praktisch jede Domäne des öffentlichen Lebens erobert, für die nur Männer befähigt zu sein schienen, Frauen kämpfen um gleichberechtigte Teilhabe in allen politischen und wirtschaftlichen Gremien – und gewinnen immer mehr Terrain.

Wir können uns glücklich schätzen, denn uns, den Frauen des 21. Jahrhunderts, steht die Welt offen!

Stimmt das uneingeschränkt? Musste Louise Otto-Peters noch im 19. Jahrhundert fordern, dass Mädchen sich im Wasser tummeln dürfen wie Jungen, so stellte sich im 20. Jahrhundert die Frage, wo die Gewässer außerhalb von chlorverpesteten Schwimmbädern sind, in denen wir uns unbedenklich bewegen können. Mittlerweile sind durch eine Reihe Gesetze und Vorschriften Flüsse und Seen wieder einigermaßen sauber geworden. Die Orte, wo große Tanker und Frachter ihr Gift und Öl in die Meere ablassen, meiden wir.

Immer schwieriger wird es mit der Reisefreiheit, die die DDR-Bevölkerung im Jahre 1989 so bejubelte. Auf der Website des Auswärtigen Amtes finden wir eine stets wachsende Liste von Ländern, für die die höchste Stufe der Reisewarnungen gilt.

Die Globalisierung hat also ihre Grenzen. Immer wieder erschüttern uns Berichte von entführten und ermordeten Mitarbeitern und Mitarbeiterinnen humanitärer Hilfsorganisationen, Journalisten und auch Touristen. Allerdings könnten wir uns in unserer Welt einrichten: im Erzgebirge wandern oder mit einer ordentlichen Reiseversicherung versehen als gesichert geltende Reiseziele aufsuchen; wir könnten uns durchaus unseres relativen Wohlstandes erfreuen.

Wenn da nicht die Flüchtlinge und Wirtschaftsmigranten, die Opfer des Frauenhandels und so fort wären, die mit all ihren Problemen zu uns gekommen sind. Sie haben traumatische Kriegserfahrungen, lebensgefährliche Fluchtrouten, bitterste

Armut, Verfolgung und Gewalt, oft genug auch Vergewaltigungen hinter sich. Sie suchen hier einen sicheren Ort. Die Willkommenskultur in Deutschland, die uns sogar bei der Auschwitz-Überlebenden Ruth Klüger Anerkennung einbrachte, währte nur kurze Zeit. Inzwischen ist unser Land gespalten: Die einen wollen den sog. Flüchtlingsstrom, der mittlerweile durch Grenzbefestigungen und Gesetze weitgehend eingedämmt ist, ganz versiegen lassen, während die anderen weiterhin alle Grenzen für alle offenhalten wollen. Fürchten die einen, dass unser Land von andersartigen Kultureinflüssen überfremdet werden könnte, preisen die anderen die kulturelle Vielfalt als eine Chance für ein weltoffenes Deutschland. Realität ist in Deutschland allerdings beklagenswerter Weise die Existenz von Parallelgesellschaften, deren Trennungslinie weitgehend entlang der Glaubensgemeinschaften Christen-Muslime zu verlaufen scheint.

Aber hier müssen wir genauer hinschauen: Sind es tatsächlich unterschiedliche Glaubensvorstellungen, die den Riss in die Gesellschaft bringen? Mittlerweile richtet sich der Vorwurf des „islamischen Rassismus" gegen alle, die in der Vollverschleierung, dem Kopftuch und dem Burkini etwas anderes als eine unterschiedliche Kleidermode sehen. Jedoch muss doch die Frage gestellt werden, wofür diese Kleidungsstücke stehen.

Die Migrantinnen aus den Kriegsgebieten Vorderasiens und Afrikas bringen nämlich noch etwas mit: ihre streng patriarchale Sozialisation. Sie kommen aus Ländern, in denen Frauen nicht die vollen Bürgerrechte genießen, in denen sie lebenslänglich einem männlichen Vormund unterstellt sind, in denen sie darauf reduziert sind, den Männern zu dienen, ihnen mit Leib und Seele verfügbar zu sein, in denen ihre Domäne das Haus und der Haushalt, ihre Aufgabe Kinder zu gebären und großzuziehen ist, ja, in denen ihnen kein Recht auf Selbstbestimmung zugestanden wird. Diese Geschlechter-Apartheid, die auch und zwar mit aller Macht in den Köpfen existiert, ist nicht aufgehoben mit dem Grenzübertritt in ein Land, das sich der vollständigen Gleichstellung von Frauen und Männern verpflichtet hat.

Welche Weltsicht bringen die aus den islamischen Ländern kommenden Flüchtlinge mit? Der orthodoxe Islam, wie er in den Kriegsländern vorherrscht, ist ein theokratischer. Ich zitiere die Islamwissenschaftlerin Prof. Dr. Christine Schirrmacher von der Website der Internationalen Gesellschaft für Menschenrechte (IGFM):

„Mit wenigen Ausnahmen ist die Scharia heute in allen islamischen Ländern, aber auch in Teilen Afrikas und Südostasiens eine wesentliche oder sogar die einzige Grundlage des Personenstandsrechts. Die islamische Theologie betrachtet die **Scharia** als **vollkommene Ordnung göttlicher Autorität,** die jeder Gesellschaft Frieden bringt, von Gott selbst geschaffen und deshalb nicht veränderbar. Eine säkulare, von religiösen Normen abgekoppelte Rechtsprechung in Ehe- und Familienangelegenheiten existiert nicht. ... Aufgrund der Tatsache, dass in den islamischen Kernländern keine Aufklärung im europäischen Sinn stattgefunden hat und keine von religiösen oder staatlichen Lehrinstitutionen formulierte Religionskritik existiert, werden im Hinblick auf die Scharia im wesentlichen Auslegungsfragen diskutiert, aber nicht die Gültigkeit dieses nach muslimischer Auffassung ewigen, göttlichen Gesetzes an sich hinterfragt. Im Gegenteil, in der Gegenwart, in der in vielen Ländern eine voranschreitende Islamisierung zu beobachten ist, werden bestehende Gesetze wieder vermehrt an der Scharia ausgerichtet."

In vielen Moscheen in Deutschland und anderswo in Europa werden die Gläubigen von Imamen, die häufig von dem ultrakonservativen Regime in Saudi-Arabien bezahlt und gesteuert werden, angewiesen, das göttliche Gesetz über jedes weltliche zu stellen. Das ist eine Missachtung der demokratischen

Grundordnung, die es unbedingt abzuwehren gilt. In Großbritannien existieren bereits 85 Scharia-Gerichte, so z. B. in den pakistanischen Communities, die nach diesem theokratischen Weltbild Familien(un)recht sprechen.

Die Koran-Sure 4,34 wird von muslimischen Theologen folgendermaßen gedeutet – ich zitiere noch einmal Schirrmacher: "Nach diesem Vers soll eine Ehefrau ihrem Mann immer zur Verfügung stehen, wenn er es wünscht. Die beiden Säulen des islamischen Eherechts lauten ‚Unterhalt' und ‚(sexueller) Gehorsam' ... Mit der Eheschließung erwirbt die Ehefrau ... das Recht auf Unterhalt, das sich auf den täglichen Lebensunterhalt (Nahrung, Kleidung, eine angemessene Wohnung) bezieht.... Wenn der Ehemann seine Unterhaltspflicht versäumt, erhält seine Frau ... das Recht zum Ungehorsam: Ist sie ungehorsam (indem sie z. B. gegen seinen Willen das Haus verlässt und berufstätig ist), kann der Ehemann seine Unterhaltzahlungen einstellen. Die Grundlage des islamischen Eherechts ist also die von Überordnung und Unterordnung."[41]

Das Gebot, das Haus nur verschleiert zu verlassen, beruht allerdings nicht auf der Scharia oder einem anderen islamischen Gesetz. Doch wird es in orthodox islamischen Ländern den Frauen abverlangt. Und muslimische Gemeinschaften in Europa üben moralischen Druck bis hin zum Psychoterror auf Frauen und Mädchen aus, die es nicht tragen wollen.

Eine Frau, die das Kopftuch trägt oder sich nur voll verschleiert außer Haus begibt, bringt damit die Anerkennung dieser Geschlechterhierarchie zum Ausdruck. Sie akzeptiert, dass sie, sobald sie das Haus verlässt, unsichtbar sein will. Sie versteckt ihre Haare und drückt damit aus, dass sie keine sexuellen Reize

---

[41] Akinola T. Aguda (Hrsg.), The Marriage Laws of Nigeria. National workshop. Papers presented, held at the Nigerian Insitute of Advanced Legal Studies, [Lagos/Nigeria] 1981, S. 40.

ausstrahlen will. Häufig ist auch von der Verschleierung als einer Schutzvorkehrung für Frauen die Rede, die sich den verzehrenden Blicken von Männern nicht ausliefern dürfen. Das ist für mich verkehrte Welt. Nicht die Männer, die potentiellen Täter, werden in die Pflicht genommen, ihre Triebe zu steuern, sondern die Frauen, die potentiellen Opfer werden zu „Schlampen", wenn sie Männer reizen.

Muslimische Frauen, die den Tschador (das sind die langen Mäntel mit Kopfbedeckung), den Nikab (hier wird zusätzlich der Mund verdeckt und nur die Augen sind sichtbar) oder die Burka (hier sind sogar die Augen hinter einem Gittergewebe verborgen) abgelegt haben, sagen, dass sie die Vollverschleierung als ein sie ständig umgebendes Gefängnis empfunden haben. Sollten wir in Deutschland nicht dafür sorgen, dass unsere „Freiheit" zu sehen und gesehen zu werden für alle gilt?

Nun gibt es viele Frauen, die das Kopftuch als ein Bekenntnis zu ihrer Religion tragen und die betonen, dass sie sich gleichberechtigt fühlen; die sich gar als Feministinnen bezeichnen und darauf bestehen, dass das Tragen des Kopftuches ihrer freien Entscheidung entspricht. Sie wehren sich gegen den Generalverdacht, dass das Tragen des Kopftuches ein Zeichen der Unterwerfung sei und beklagen ihrerseits einen verbreiteten antimuslimischen Rassismus.

Cicero Online vom 4/7/2018 lässt eine Türkin zu Wort kommen: „Als ich Mitte der 1960er Jahre in Istanbul und dann später in Zentralanatolien zur Schule ging, trug niemand ein Kopftuch. Weder unsere Lehrerin noch eines der Mädchen. Das Kopftuch war in der laizistischen, sich aber zum Islam bekennenden Republik aus den Schulen, den Universitäten, der Öffentlichkeit verbannt worden ... Die Mehrheit empfand diese Entwicklung als ersten Schritt zur Befreiung vom Patriarchat und der Apartheid." Ähnlich drückt es die Algerierin Naila Chikhi aus: „Erst mit dem Aufstieg des fundamentalistischen

Islam und der damit einhergehenden Unterdrückung und Belästigung bis zur Ermordung von Frauen schien sich diese Uniform des **politischen Islam** regelrecht zu vermehren."[42]

Ebenfalls im Cicero (19.02.2019) stöhnt die Iranerin Mina Ahadi auf: „Die linken Frauenorganisationen haben meine Erfahrungen (im Iran) sofort verharmlost und relativiert. Sie sagten, das Kopftuch sei Privatsache, und gesteinigt würden nur wenige Frauen. Die Unterdrückung der Frau im Islam sei eine kulturelle Eigenart, die man respektieren müsse. Ich dachte, ich werde verrückt!"

Aber nicht nur in den Ländern mit dem sich radikalisierenden politischen Islam legen mehr und mehr Frauen das Kopftuch oder den Nikab an. Viele beginnen mit dem Tragen dieses „Kleidungsstücks", wie es oft verharmlosend bezeichnet wird, erst wenn sie auf der Flucht oder in Deutschland angekommen sind. Hier bekommt das Kopftuch noch eine neue Bedeutung: Es ist das Zeichen einer Zuordnung zu einer anderen als der vorgefundenen Kultur. Das Kopftuch wird zum Zeichen der Abgrenzung von der deutschen Gesellschaft. Es ist die Aussage: „Wir wollen nicht zu euch gehören." Laut sind die Stimmen derer, die sich unter dem Deckmantel der Religionsfreiheit oft auch gerichtlich das Recht auf Tragen eines Kopftuches in der Öffentlichkeit und im öffentlichen Dienst erzwingen wollen. Können wir als Angehörige des Aufnahmelandes nicht einfordern, dass hier die Anerkennung des Umgangs der Geschlechter auf Augenhöhe gilt, dass Menschen, die freiwillig zu uns kommen, bitte auch eine Bereitschaft mitbringen sollen, sich hier zu integrieren? Wo sind die Stimmen aus den muslimischen Gemeinden, die die Integration der Neuangekommenen fordern?

---

[42] Humanistischer Pressedienst, 29.11.2018.

Frauen haben dafür gekämpft, dass sie sich ohne Anmache und Diskriminierung genauso frei in der Öffentlichkeit bewegen können wie Männer. Mit Gesetzen wie „Nein heißt Nein" oder durch Kampagnen wie „Me too" wehren sie sich gegen jede Sexualisierung ihrer Körper. Soll das nur für manche Frauen in unserer Gesellschaft gelten?

Alle Formen des Körper- und des Gesichtsschleiers sind Ausdruck von religiösem Fundamentalismus, der Missachtung und Erniedrigung der Frau und ihrer Degradierung zu einem Objekt. Der Schleier, wie auch das Kopftuch, unterteilt Frauen in so genannte „ehrbare" und „nicht ehrbare" Frauen und ist somit eng mit dem Themenkomplex der Gewalt im Namen der Ehre verbunden.

Es ist wichtig, diejenigen Frauen und ihre Familien zu unterstützen, die die Verschleierung ablehnen und sich emanzipieren wollen von religiösen Dogmen und vom Patriarchat. Frauen in unserem Lande, die freiwillig die volle Verschleierung tragen, akzeptieren die Unterordnung der Frau unter den Mann. Sie unterstützen die patriarchalische und religiöse Vorstellung der sündigen Frau, die, falls unverschleiert oder nicht ordentlich bekleidet, verantwortlich ist für die „Versuchung" des Mannes und entschuldigen die Männer, statt diese in die Verantwortung zu nehmen, falls es zu Übergriffen kommen sollte.

Bemerkenswert ist die Tatsache, dass viele fundamentalistische Gruppierungen, die sich unter dem Schutz der Religionsfreiheit ausbreiten, nicht nur die Gleichberechtigung, sondern oft auch die Religionsfreiheit selbst ablehnen.

Mimik und Gestik sind sichtbarer Ausdruck der Identität eines Menschen. Diese Sichtbarkeit der Person ist eine der Voraussetzungen für einen persönlichen Dialog und trägt zur Vertrauensbildung bei. Integration ist nur durch soziale Interaktion möglich. Vollverschleierung dagegen schafft eine Barriere zwischen Trägerin und Umwelt. Die Ganzkörperverschleierung ist abzulehnen, damit alle Menschen die durch unsere Verfassung garantierten Grund- und Freiheitsrechte wahrnehmen können. Dazu gehört die in Artikel 3 Grundgesetz verbriefte Gleichberechtigung von Mann und Frau in engem Zusammenhang mit Artikel 1 Grundgesetz: „Die Würde des Menschen ist unantastbar." **Die Vollverschleierung verletzt die Menschenwürde.**

Solange Millionen Frauen mit brutaler Gewalt unter die Verschleierung gezwungen werden in Asien, im Nahen Osten und in Afrika, stellt die „freiwillige" Verschleierung in Europa eine Ent-Solidarsierung mit den Opfern des Islamismus und eine Unterstützung seiner gewalttätigen Vertreter dar.

Nun können wir nicht erwarten, dass Frauen, die ihr Leben lang die Verschleierung oder das Kopftuch getragen haben, dieses von einem Tag auf den anderen ablegen. Ein Weltbild kann sich nur allmählich ändern. Die Frauen würden sich fremdbestimmt und nicht befreit fühlen.

Was es aber auf jeden Fall durchzusetzen gilt, ist, dass die Töchter aus diesen streng patriarchalen Familien eine Chance in unserem Lande bekommen. Sie sollen nicht von klein auf zur Demut, zu einer spezifisch weiblichen Rolle, zur Vorsicht vor dem Umgang mit Jungen getrimmt werden. Als Erwachsene haben sie dann kaum die Chance, dieses „Accessoire" wieder abzulegen, weil sie sich so daran gewöhnt haben, dass sie sich ohne dieses dann nackt fühlen würden.

Mädchen in unserem Lande sollen frei sein:

für:

- den Wind in den Haaren und die Sonne auf der Haut
- das Wasser an Kopf und Körper beim Schwimmen und Tauchen
- spontane Bewegungen beim Spielen und Toben

- unverhülltes, selbstbestimmtes Denken und Handeln
- den weiten Blick in die Welt und für die eigenen Möglichkeiten
- die Chance auf gesunde Entwicklung an Körper und Seele

Sie sollen

DEN KOPF FREI HABEN

von:

- Gesundheitsrisiken durch Licht- und damit Vitamin D-Mangel
- allgemeinen Entwicklungsstörungen durch Bewegungsmangel
- gefühlter und echter Zurücksetzung gegenüber den "freien" Jungs
- Sexualisierung des kindlichen Körpers als Lustobjekt
- dem „Feindbild Mann" als stetige sexuelle Bedrohung
- Drill zu einer traditionell minderwertigen Rollen-Identität als Frau
- dem Ausschluss aus vielen Lebensbereichen durch Verschleierung

Sie sollen frei sein!

So begründen wir von TDF unsere Forderung, das Kopftuch aus den Schulen und öffentlichen Einrichtungen zu verbannen.

Unsere geistigen Mütter haben im 19. Jahrhundert unter Opfern den öffentlichen Raum für uns Frauen erkämpft. Wir dürfen ihn keinesfalls für religiöse Fanatiker wieder hergeben.

Frauen müssen in der Öffentlichkeit sichtbar sein. Dafür kämpfen auch Frauen in Israel:

Auch während des derzeitigen Wahlkampfs vor der Parlamentswahl am 9. April machen israelische Politikerinnen die Erfahrung, dass ihre Plakate in

Orten mit einer starken ultraorthodoxen Gemein-schaft zerstört werden. Die Vorsitzende der linken Meretz-Partei, Tamar Zandberg, organisierte im Januar eine Protestaktion gegen die Stadt Bnai Brak, die eine Plakatwand mit ihrem Porträt nicht aufstellen wollte. Sie startete in den sozialen Medi-en eine Kampagne unter dem Hashtag #Ihrwerdet-michnichtauslöschen. Die mittlerweile zurückgetre-tene Ex-Außenministerin Zipi Livni produzierte ein Video, in dem sie Frauen zum Protest aufrief: „Es geht nicht um mein Gesicht, es geht um das Nicht-sichtbarmachen der Hälfte der Bevölkerung.“[43]

Und wenn sich ein Teil unserer Bevölkerung unter dem Tscha-dor, dem Nikab oder Kopftuch ganz oder teilweise unsichtbar macht, weil ihre Herkunftskultur ihnen das als das anständige weibliche Verhalten nahelegt oder aufzwingt, ist es wichtig, Wege zu suchen, dass auch diese Frauen bei uns ankommen können.

Wir sehen sie. Und wenn wir uns wegdrehen, dann haben wir sie gesehen und müssen uns dazu verhalten: ignorieren – das geht uns ja nichts an –, tolerieren und gar die „Kulturelle Viel-falt" preisen oder aufbegehren und sagen: Unsere geistigen Mütter haben für unsere Freiheit gekämpft, wir verteidigen sie! Die Leipziger Städtegruppe demonstrierte vor der Al-Rahman Moschee mit dem Slogan: „Freiheit ist weder östlich noch westlich, sondern universell". Das ist so wahr! Freiheit ist kei-ne Freiheit, solange sie nicht für ALLE gilt. Das ist die Bot-schaft der Aufklärung – auch wenn die Vertreter der Aufklä-rung seinerzeit weder die Frauen noch die SklavInnen, noch die BewohnerInnen der kolonialisierten Länder meinten.

---

[43] Süddeutsche Zeitung, 05.03.2019.

Und selbst wenn wir uns heute noch in einiger Sicherheit wiegen könnten – die Kriege finden anderswo statt –, ist es nicht nur eine Frage der Zeit, bis uns die Unfreiheit selber betreffen könnte. „Wehret den Anfängen", warnte Heinrich Böll mit Blick auf die wieder erstarkenden Nazis nach dem 2. Weltkrieg.

Es ist auch eine Frage der Ethik. Können wir stille halten, wenn unsere Nachbarinnen nur mit männlicher Erlaubnis, nur in männlicher Begleitung und nur teilweise oder vollverschleiert auf die Straße gehen dürfen; wenn Schwimmbäder Burkinis anbieten, damit Mädchen und Frauen – ungesehen – schwimmen dürfen?

Es scheint bisweilen schwer, sich gegenüber den vehementen VertreterInnen der *political correctness* und den KulturrelativistInnen zu behaupten. Sie weisen zum Beispiel die Warnung von TDF vor der Aufweichung der Frauenrechte als „rassistische Argumentation" zurück – so geschehen am 1. März auf der Antirassimuskonfrenz der LINKEN –, sie sprechen vom „antimuslimischen Rassismus" und bezichtigen TDF der Nähe zur AfD, deren populistische Propaganda vor einer Überfremdung durch andere Kulturen warnt.

Dabei vertreten wir: Vor dem Einfluss anderer Kulturelemente brauchen wir uns nicht zu fürchten, sie bereichern uns und unser Land. Allerdings ist es keine Kultur, sondern eine patriarchale Unkultur, wenn Frauen die Genderapartheid zur Vorschrift gemacht wird.

Mutig traten Louise Otto-Peters und ihre Mitstreiterinnen seinerzeit nicht nur der männlichen Dominanz und Arroganz ihrer Gesellschaft gegenüber, sondern auch der Masse der Frauen, die ihren Platz gerne in der bürgerlichen Kuschelecke verankert sahen, die sich gegen „unweibliches" Verhalten empörten und den Frauen die sorgfältige Betreuung des Ehemannes, den Herd, das Klavierspiel und die Kindererziehung zuwiesen.

Ich möchte mit einem Zitat von Simone de Beauvoir enden:

„Vergesst niemals, dass eine politische, ökonomische oder religiöse Krise genügt, um die Rechte der Frauen wieder zur Disposition zu stellen. Diese Rechte sind niemals ein für alle Mal erworben. Es gilt, das ganze Leben lang wachsam zu bleiben."[44]

---

[44] „N'oubliez jamais qu'il suffira d'une crise politique, économique ou religieuse pour que les droits des femmes soient remis en question. Ces droits ne sont jamais acquis. Vous devrez rester vigilantes votre vie durant." Simone de Beauvoir.

II.

Beiträge zur Tagung:
„Westpreußen und Weichsel-Warthe:
Unterschiedliche Entwicklungen
für Land und Leute in Raum und Zeit"
vom 6.–8. September 2019
in der politischen Bildungsstätte Helmstedt

Kurze Geschichte:
Westpreußen und Weichsel-Warthe

Maria Werthan

Westpreußen und Weichsel-Warthe sind zwei benachbarte Landstriche, die in ihrer politischen Geschichte als deutsche Staats- und Siedlungsgebiete über lange Strecken eine durchaus ähnliche, aber keinesfalls gleiche historische Entwicklung vorweisen. Diese soll im Folgenden anhand ihrer wichtigsten Eckpunkte dargestellt werden.

Westpreußen erstreckt sich zu beiden Seiten der unteren Weichsel. Im 13. Jh. gründete der von Konrad von Masowien ins Kulmer Land gerufene Deutsche Orden mit Zustimmung von Kaiser und Papst den Deutschordensstaat Preußen. In dem fortschrittlichen Staatsgebiet entfaltete der Orden eine rege Ansiedlungs- und Bautätigkeit. Nach der Ordensherrschaft (1454–1466) und bis zur Zugehörigkeit zum Königreich Preußen (1772–1793) war das westliche Preußenland ein Ständestaat unter der Oberhoheit der Krone Polen mit den Stadtrepubliken Thorn, Elbing und Danzig. 1773 vereinigte Friedrich II. von Preußen die getrennten altpreußischen Landesteile (jetzt Westpreußen und Ostpreußen). Hauptverwaltungssitz wurde 1772 die Stadt Marienwerder, einschließlich des Netzedistrikts (Bromberg). 1815 wurde Danzig Provinzialhauptstadt von Westpreußen mit den Regierungsbezirken Danzig und Marienwerder. Um Polen gemäß dem Friedensvertrag von Versailles einen Zugang zum Meer zu verschaffen, wurde das Gebiet der historischen Provinz nach dem Ersten Weltkrieg aufgeteilt: Aus dem mittleren Teil entstand der Polnische Korridor als Woiwodschaft. Die Woiwodschaft Pommerellen der Zwischenkriegszeit war nur ein Teil der Provinz Westpreußen (62%); Gebiete im Westen und Nordosten mit hohem deutschen Bevölkerungsanteil blieben bei Deutschland oder wurden

Teil des Danziger Mandatsgebietes des Völkerbundes. Mit der Freien Stadt Danzig wurde ein deutscher Staat im polnischen Wirtschaftsraum geschaffen. Bei der Volksabstimmung im östlichen Teil Westpreußens entschieden sich Marienwerder mit der Stadt Elbing und die Landkreis Marienwerder, Marienburg, Rosenberg i. Westpr. und Stuhm mehrheitlich für den Verbleib bei Deutschland. Daraus entstand der Regierungsbezirk Westpreußen (Sitz Marienwerder) als Teil der Provinz Ostpreußen. Nach der Besetzung Polens 1939 bildete der Regierungsbezirk mit dem Stadtkreis Bromberg und den Landkreisen Bromberg, Wirsitz, Rippin und Leipe den Reichsgau Danzig-Westpreußen.

Bei der zweiten Teilung Großpolens (1793) wurde das Posener Gebiet der preußischen Provinz Südpreußen bis 1807 zugeteilt, als diese dem Herzogtum Warschau einverleibt wurde. 1815 wurde der westliche Teil auf dem Wiener Kongress dem Königreich Preußen als Großherzogtum / Provinz Posen zugeschlagen. Der östliche Teil kam zu Kongresspolen, als Teil des Russischen Kaiserreiches. 1916 deklarierten die Mittelmächte das Gebiet zum Regentschaftskönigreich Polen. Ab 1918 gehörte Großpolen zur neu gegründeten Republik Polen, ausgenommen 60 km² des Kreises Neustadt für den pommerschen Kreis Lauenburg. Aus den westlichen Kreisen Deutsch Krone, Flatow und Schlochau und den bei Deutschland verbliebenen westlichen Grenzgebieten der Provinz Posen entstand 1922 die neue preußische Provinz Grenzmark Posen-Westpreußen. Sie wurde 1938 den Nachbarprovinzen Brandenburg, Pommern und Schlesien zugeschlagen. Ab 1939 / 1940 war der Militärbezirk Posen/Reichsgau Posen/Reichsgau Wartheland Teils des Deutschen Reiches. Mit der Besatzungszeit begann für die polnische Bevölkerung eine Zeit des Terrors. 1945 wurden die Gebiete Westpreußens und der Provinz Posen von sowjetischen Truppen erobert. Die deutschsprachige Bevölkerung wurde unter Zurücklassung des Besitzes vertrieben. Heute gehört die ehemalige Provinz Westpreußen zu den polnischen Woiwodschaften Pommern und Kujawien-Pommern, die ehemalige Provinz Posen zur Woiwodschaft Großpolen.

Wechselnde politische Herrschaften mit diskriminierenden bis terroristischen Behandlungsweisen der jeweiligen ethnischen Minderheiten (Polen, Deutsche, Ukrainer ...) bedeuteten tiefe Einschnitte in den Alltag und das Selbstverständnis der Menschen und waren die Ursache zahlreicher Konflikte. Im Rahmen der Tagung sollen weniger die Faktengeschichte als vielmehr die ehemals konfliktreichen und heute dialogbasierten Beziehungen zwischen Deutschen und Polen thematisiert werden.

Revitalisierung protestantischer Friedhöfe als Projekt an der Adam-Mickiewicz–Universität Posen

Jerzy Kołacki

Motto: Der wird nicht sterben, wer in der Erinnerung der Lebenden bleibt

Vorbemerkungen

Weil dieses Thema zum ersten Mal in dieser Bücherreihe erscheint, werden einige Daten und Begriffe in kurzer Form erklärt. Wie es im Titel steht, soll hier ausschließlich die Behandlung der protestantischen Friedhöfe durch die wissenschaftlichen Kreise in Poznań/Posen besprochen werden.

Die Polen haben wenige Möglichkeiten, um die Geschichte des Protestantismus in Polen kennenzulernen. Die heutigen Generationen stehen überfordert den damaligen deutschen Kirchengebäuden (Diakonissen-Häusern, Kantoraten) usw. gegenüber. Sie treffen auf zerstörte Friedhöfe und fragen, woher sie stammen, wem sie gehören und warum sie meistens in so schlechten Zustand sind? Aber die Deutschen wissen über deutsche Protestanten in Polen noch weniger. Der Wissensmangel verursacht viel Böses. Über die Rolle des protestantischen Kulturerbes, das in vielen Bereiche einen nachhaltigen Einfluss der Reformation auf den seelischen und ethischen Zustand der gegenwärtigen polnischen Gesellschaft, Pluralismus, Toleranz, Ethik, aber auch Erziehung, Wissenschaft, Kunst, Musik oder Literatur ausübt, hat Kinga Gajda viel geschrieben. Einbezogen in den Kanon des kollektiven Gedächtnisses beeinflussen diese Elemente des Kulturerbes die Reflexion um die Vergangenheit, welche noch heute sichtbar ist.

„Das, was außerhalb des Diskurses ist, was nicht anwesend ist in dem allgemeinen Bewusstsein, sinkt

*für die Mehrheit ins Vergessen ab, wird zum Nicht-
Ort des Gedächtnisses".*

Die Protestanten in Polen

Vor dem Zweiten Weltkrieg waren die deutschen Protestanten
vor allem im westlichen Teil Polens eine der größten religiösen
Gruppen. Es sollen hier wenigstens einige Wellen der deutschen Ostansiedlung angesprochen werden:

- Die deutschen Ansiedlungen im Mittelalter, vor allem in den
  nach deutschem Recht gegründeten Städten.
- Im 16. und 17. Jahrhundert als Folge der Reformation und
  der Religionskriege und nach dem Nordischen Kriege in 18.
  Jahrhundert – Haulandsiedlungen, die als deutsche identifiziert wurden. Sie sind in der polnischen Geschichtsschreibung als „Hollender" oder „Olender" benannt.
- Von 1798 bis 1806 förderte König Friedrich Wilhelm III.
  von Preußen besonders die deutsche (nichtpreußische) Einwanderung nach Südpreußen und Neuostpreußen (darunter
  in Großpolen).
- Nach dem Wiener Kongress 1815 kam es zu verschiedenen
  Wanderungswellen der Deutschen in das Großherzogtum
  Posen und in die Provinz Posen, darunter vor allem administrative und militärische Kräfte, Bauern, Handwerker usw.
- Die sogenannte staatliche Ansiedlungspolitik überdauerte
  die zweite Hälfte des 19. Jh. bis 1914.
- Die Ansiedlungen von Deutschen im Zweiten Weltkrieg im
  Rahmen der „Heim ins Reich-Politik" aus dem Baltikum,
  der Krim, Bessarabien usw.
- Flucht und Vertreibung der Deutschen nach 1944/45 und der
  Zustrom in Großpolen der neuen „Betreuer" des protestanti-
  schen Kulturerbes.

Schon im Zweiten Weltkrieg machten die protestantischen
Gläubigen (sowohl polnische wie auch deutsche) tragische Er-

fahrungen. Nach dem Krieg wurden die Deutschen aus den damaligen deutschen Ostprovinzen und Polen verjagt. Die Gräber ihrer Familien und Vorfahren blieben verlassen zurück. Die polnischen West- und Nordgebiete (sog. wiedergewonnene Gebiete) – gemäß der damaligen Geschichtspolitik – sollten entdeutscht (gesäubert) werden, d. h. alle Spuren (Zeichen) der Anwesenheit der Deutschen sollten aufgelöst, zerstört oder wenigsten versteckt werden.

Das betrifft auch das Erbe der Protestanten, die mit den Deutschen identifiziert wurden, darunter auch die Friedhöfe. Sie wurden geschändet und entehrt, ausgeraubt und als Müllplatz benutzt. Ihre Existenz wurde tabuisiert, damit sie in Vergessenheit geraten. Obwohl diese Artefakte ein äußerst wichtiger Teil des großpolnischen Erbes sind, wurden sie von den akademischen Kreisen stark vernachlässigt. Deswegen sind die historiografischen Leistungen in diesem Bereich auch sehr gering. Das ist auch eine der Hauptursachen für den sehr niedrigen Wissensstand der polnischen Gesellschaft über die Existenz von nicht-katholischen Glaubensgemeinschaften in Polen und das Überdauern von alten Mythen, Stereotypen und Vorurteilen in vielen Lebensbereichen. Wir stellen somit fest, dass die protestantischen – deutschen Friedhöfe heute fast die letzten Spuren der Anwesenheit von Deutschen im Posener Land sind. In Kürze (absolut physisch gesehen) verschwinden sie auch aus den historischen Kulturlandschaften, wenn sie nicht wenigstens dokumentiert, wissenschaftlich bearbeitet und in verschiedener Weise zugänglich gemacht werden. Es erscheint heute die dringlichste Aufgabe vor allem der wissenschaftlichen Kreise, mit breitgefächerten Aktivitäten für die „Revitalisierung" des protestantischen sepulkralen Kulturerbes zu sorgen.

Vor diesem Hintergrund sollen einige spezifische Begriffe für dieses Thema erklärt werden. Aus vortragstechnischen Gründen wird diese Besprechung auf Initiativen und Projekte, die von Mitarbeitern, Doktoranden und Studenten der Historischen Abteilung in Posen realisiert wurden, begrenzt.

Protestantisches Erbe: Alle oben genannten noch in Großpolen erhaltenen Spuren des evangelischen Kulturerbes, sowohl die materielle Substanz, und symbolische Zeichen: Informations- und Gedenktafeln, Denkmäler usw., wie auch geistige Erinnerungsträger wie archivalische und historiografische Bestände: kirchliche Dokumente, wissenschaftliche Bearbeitungen, Erinnerungen, Tagebücher und sonstige Beweise der vormaligen Anwesenheit der Protestanten in Großpolen/Posener Land.

Evangelische Friedhöfe: Nach Schätzungen von Karol Białecki überdauern in Großpolen circa 800–900 evangelische Friedhöfe. Diese Zahlen scheinen aber zu klein sein. Nur im Landkreis Posen sind über 120 Begräbnisstätten bekannt, in der Stadt und Gemeinde Wollstein 15, und im Landkreis Wollstein 100 und im Landkreis Turek circa 30. Konrad Białecki schätzt zwischen 800–1000 Friedhöfe in der ganzen Region. Meiner Meinung nach gibt es noch viel mehr. Großpolen umfasst 4 größere Städte, 31 Landkreise und 233 Gemeinden, die jede zwischen 10 bis 30 Ortschaften zählen. Nach mathematischen Schätzungen können es zwischen 2.360 bis 7.080 potentielle Friedhöfe sein. Zurzeit ist die genaue Zahl der Friedhöfe unbekannt.

Die Behandlung des protestantischen Kulturerbes durch Polen

Das Interesse für das protestantische Kulturerbe in Großpolen (Posener Land) begann erst vor fast drei Dekaden. Der Anlass dafür waren die Bestimmungen des Artikels 31 des deutschpolnischen Vertrages vom Juni 1991, wo festgeschrieben wurde:

„Die Republik Polen erklärt, daß deutsche Gräber in der Republik Polen geachtet werden und ihre Pflege ermöglicht wird. Die Gräber deutscher Opfer der Kriegs- und der Gewaltherrschaft, die sich in der Republik Polen befinden, stehen unter dem Schutz der polnischen Gesetze und werden erhalten und gepflegt. "[45]

Diese Aussagen existieren nur auf dem Papier und wurden nur im Falle von deutschen Soldatengräbern teilweise realisiert. Die Wunden des Krieges der Polen waren noch zu frisch, um den Umgang der Polen mit deutschen Friedhöfen zu verändern. In der Mitte der 90er Jahre und zur Jahrtausendwende wurden einige Objekte vom Denkmalschutzamt registriert, aber gerade dann begann eine weitere und schlimmere Etappe der Zerstörungen der nichtkatholischen Gräber (Diebstahl von Eisenelementen, Zäunen, Kreuzen, Steinplatten, Holz).

Erst die Heimatreise der vormaligen deutschen Einwohner und ihrer Nachkommen in ihre Geburtsorte und die Suche nach den Gräbern ihrer Vorfahren veränderte die Situation. Sie knüpften Kontakte zu den polnischen Bewohnern, die oft nach dem Zweiten Weltkrieg in den damaligen deutschen Ostprovinzen angesiedelt wurden.

Ich zitiere aus dem vor fünf Jahren veröffentlichten Werk von Agnieszka Rydzewska unter dem Titel „Evangelische Friedhofsdenkmäler des nördlichen Großpolens":

„Evangelische Friedhöfe sind stark mit der Geschichte Großpolens verbunden. Sie stellen nicht nur sakrale Objekte dar, sondern spielen auch eine wichtige kulturbildende Rolle. Zudem bilden sie

---

[45] Artikel 31 in „Vertrag zwischen der Bundesrepublik Deutschland und der Republik Polen über gute Nachbarschaft und freundschaftliche Zusammenarbeit vom 17.06.1991". Magdeburg 1991.

auch charakteristische Elemente der Landschaft.
Sie sind Zeugen der schwierigen Vergangenheit,
aber auch einer, die wir nicht vergessen dürfen"

Es könnte passieren, dass die Friedhöfe als die letzten Spuren
des protestantischen Kulturerbes in einer kurzen Zeit vollständig aus der Landschaft Großpolens verschwinden, in Folge von
Prozessen der zivilisatorischen Degradation geographischer
Landschaften, und zusammen mit ihnen verschwindet – einge-
schlossen in Lagerhäusern von Museen und selten besuchten
Lapidarien – die Erinnerung an regionale und lokale Gemeinschaften, was schon bedrohlich ist, wie die hier zitierte A.
Rydzewska prophezeit:

> *„Diese nicht großen Objekte werden in Anbetracht*
> *des Fehlens jeglicher Pflege seitens der entspre-*
> *chenden Behörden, als auch der ansässigen Bevöl-*
> *kerung in einer nahen Zukunft nicht nur vollkom-*
> *men vergessen werden, sondern verschwinden auch*
> *aus unserer Umgebung. Zusammen mit ihnen ver-*
> *lieren wir einen wichtigen Teil der Geschichte von*
> *Großpolen. Es kommt zu einer Verarmung der kul-*
> *turellen Landschaft und in der Folge dessen zu ei-*
> *nem Verlust der Identität der lokalen Gemeinschaf-*
> *ten ..."*

Vielleicht gibt es doch noch Auswege?

Die Revitalisierungsbewegung

Der Begriff „Revitalisierung" wurde sehr oft im Kontext der
Aktivitäten um evangelische Friedhöfe verwendet. Er ist aber
meistens nicht korrekt verstanden und deswegen werde ich ihn
nur als metaphorischen oder als „terminus technicus" ge-
brauchten Terminus betrachten. Entsprechende sprachliche
populäre Konnotationen wären: wiederherstellen, ins Leben

zurückrufen, wiederbeleben, frühere Gestalt und Funktionen zurückgeben.

Die Revitalisierung könnte man so verstehen: Einen Standort neu beleben und die früheren Funktionen wiederherstellen. In diesem Sinne ist die Revitalisierung etwas mehr als nur eine Sanierung. Wichtig ist nicht nur die Wiederherstellung eines Altbestandes oder frühere Begräbnisfunktion, weil das im Falle der evangelischen Friedhöfe unmöglich ist, sondern verschiedene Formen und Weisen in der Erinnerung der heutigen Menschen und der nächsten Generation bewahren und erhalten.

Revitalisierung wird hier auf zweierlei Art und Weise verstanden:

1. Als Versuch, die materielle Substanz der noch bestehenden oder schon nicht mehr existierenden Friedhöfe zu retten und als Erinnerungsorte bezeichnen (Informations – Erinnerungstafel, Denkmal).

2. Sie wissenschaftlich zu dokumentieren (Fotos, Film, historisch-archivalische Bearbeitungen, Biogramme), zu digitalisieren und die Resultate in verschiedenen Formen dem Publikum zur Verfügung zu stellen. Es wird auch gutes Lehrmaterial für didaktische Arbeit erstellt, um wenigstens die vergangene protestantische Welt den Lebenden im Gedächtnis zu erhalten.

Im ersten Falle geht es um die sogenannte **Revitalisierungsbewegung,** die die gesellschaftlichen Kreise, nichtstaatliche Vereine umfasst, die sich mit der alten, vor allem nichtkatholischen Nekropole im praktischen Bereich beschäftigen[46].

---

[46] Dargestellt in der Konferenz: „Das Erbe verbirgt noch viele Knochen" in Poznań 2016:

Träger und Akteure der Revitalisierungsbewegung

In Großpolen gibt es zehn solcher Vereine oder Gesellschaften. Einige tragen auch in ihrem Namen den Begriff „Revitalisierung". Mit der Historischen Abteilung an der Universität Posen verbunden sind:

- **Friedhöfe in Posen – Ziffer Lapidarium**: (Cmentarze Poznania – Lapidarium cyfrowe): http://cmentarze-poznania.pl/
- **Koimeterion.** Verein zur Revitalisierung der alten (unter Schutz stehenden) Friedhöfe in der Woiwodschaft Großpolen (Koimeterion. Stowarzyszenie Rewitalizacji Zabytkowych Cmentarzy): https://www.facebook.com/StowarzyszenieKoimeterion/

Selbstverständlich arbeiten die akademischen Kreise auch mit mehreren anderen Gesellschaften, Revitalisierungsgruppen und Leuten zusammen, die in ganzen Großpolen tätig sind, z.B.

- **FRYDHOF.** Großpolnische Gesellschaft für die Rettung der Erinnerung (F R Y D H O F. Wielkopolskie Stowarzyszenie na Rzecz Ratowania Pamięci FRYDHOF): http://frydhof.pl/

Wichtig sind auch die Namen: A. Maliński, B. Kiełbasa, P. Mierzejewski, J. Osica, W. Fabiszak, A. Brzezińska, I Skórzyńska, A. Walkowicka, J. Wałkowska; Pastoren: W. Wunsz, T. Wola, W. Gabryś, M. Kotas, D. Menrog und andere. Es sollen auch die Deutschen erwähnt werden: Pastor Helmut Brauer, K. Steinkamp, R. Eckert, M. Sprungala, Albrecht Fischer von Mollard.

Es ist wichtig zu wissen, welche praktischen Aktivitäten – Arbeiten die **Revitalisierungstätigkeit** umfasst:

Inhalt und Etappen der Verwirklichung der Revitalisierungsziele:

1. Die praktische Arbeiten

- Vorbereitungsarbeiten: Projekt – Dokumentation – Erlaubnisse – Mitarbeiter – Finanz- und Arbeitszeitplan
- Säuberung des Friedhofs: Abfälle, Gebüsch, Unkraut, Wurzeln usw. wegräumen von Schutt und Abfall
- Den früheren Friedhofsplan suchen (Wege, Verteilung der Gräber)
- Die Grabsteine, Grabplatten wiederherstellen (die Teile verbinden), säubern und rekonstruieren (nach Möglichkeit)
- Die Einfassung der Gräber reparieren und absichern (konservieren)
- Die Grabinschriften rekonstruieren
- Den Friedhof einzäunen (wenigsten provisorisch absichern)
- Informationstafel aufstellen
- Erinnerungsdenkmal mit Tafel aufstellen
- Mit ökumenischen Gebeten den Friedhof weihen
- Presse und Medien – Öffentlichkeitsarbeit.

Die Resultate (Ergebnisse) dieser mühevollen Aktivitäten werden leider manchmal schnell zunichte gemacht. Diese Gefahr illustriert eine kurze traurige Mail von Adam Maliński.

> *Seid begrüßt,*
> *auf der Rückreise aus Dąbie am Freitag, den 16.08.2019 hielt ich am ev. Friedhof in Górki ...*
> *Gott sei Dank, haben wir das nicht am Donnerstag der Delegation aus Oschatz gezeigt, das wäre ein Schock ...*
> *2014 zur Ordnung gebracht mit großen Mühen, dem guten Willen der Leute,*
> *Kreuz aufgestellt,*
> *ökumenisches Gebet*
>
> *und nach fünf Jahren alles bewachsen.... man konnte nicht reingehen, kein Zugang zu bewahrten*

Grabsteinen mit der Natur kann man nie gewinnen
*

doch vielleicht im Rahmen der Erholung / der Entspannung und Pflege der körperlichen Kraft gelinge es, die wachsenden Sträucher und Wildpflanzen abzuschneiden?

Leider sind diese Aktivitäten kaum im Quellenmaterial verankert und werden nur sehr selten wissenschaftlich dokumentiert. Zudem sind Internetquellen ein stichprobenartiges und flüchtiges, qualitativ sehr unterschiedliches, schwer verifizierbares Quellenmaterial. Hinzu kommt noch, dass Bilder auf Grund geringer Qualität und des Urheberrechtes in den wenigsten Fällen die Verlagskriterien erfüllen. Zudem ist ihr bildender und werbetechnischer Einfluss auf lokaler Ebene begrenzt. Hier fehlt es eindeutig an akademischer und finanzieller Unterstützung von außen.

Der Beitrag der Historischen Fakultät in Posen

Aus wissenschaftlicher Sicht ist die Problematik der evangelischen Friedhöfe in Großpolen im Moment fundamental, weil ihr materielles Verschwinden jegliche Chance auf eine Dokumentation ihrer Existenz rauben würde. Dann würden sie wirklich zusammen mit der gegenwärtigen Generation vollständig aus der kollektiven Erinnerung ausgelöscht werden.

Die akademischen Kreise interessieren sich weiterhin ziemlich wenig für die Friedhofsthematik. Erst in der Mitte der zweiten Dekade des 21. Jahrhunderts erschienen Publikationen über das Kulturerbe der Protestanten in Großpolen und ihre Friedhöfe. Sie reihen sich in die Forschungen des Instituts für Geschichte, Ethnologie und Anthropologie der Historischen Fakultät der Adam-Mickiewicz-Universität ein, die sich dem Kulturerbe Großpolens in breiter Perspektive in der Tradition der Multikulturalität (multireligiös und multiethnisch) widmet, inbegriffen die Lokalgeschichte der vernachlässigten Spuren protestantischer Friedhöfe in der Kulturlandschaften Großpolens.

Der Aufgabenstellungen wissenschaftlicher Forschung zur Revitalisierung der protestantischen Friedhöfe:

- Die historiografischen und archivalischen Recherchen – Bibliografien und

Quellenverzeichnisse

Topografische Exploration, fotografische Aufnahmen der Friedhofsobjekte.

Gräber – Denkmäler – Grabplatten – Grabinschriften – Inschriften – Verzeichnisse.

Totenverzeichnisse und Biogramme.

Soziologisch-anthropologische Arbeiten, Interviews, Gespräche, Fragebogenaktionen, Schul-Presse-Wettbewerbe usw.

Digitalisierung, Monografien, Aufsätze, Radio-und Fernsehsendungen, Ausstellungen, Werkstätten, didaktisches Material – Schulprogramme.

Die Resultate der bisherigen Forschungen

Die bis heute erschienenen Publikationen:

Die Protestanten in Gemeinde Kórnik, Monografie, Hrsg. v. M. Machowska, J. Wałkowska, Poznań 2015.

Die Erde verbirgt noch viele Knochen. Die vergessenen Erinnerungslandschaften – protestantische Friedhöfe in Großpolen nach 1945, Monografie, Hrsg. v. J. Kołacki, I. Skórzyńska, Poznań 2016.

Die Erde verbirgt noch viele Knochen. Die vergessenen Erinnerungslandschaften – protestantische Friedhöfe in Großpolen nach 1945, Ausstellungskatalog, Hrsg. v. J. Kołacki, Poznań 2016.

I. Skórzyńska, A. Walkowiak, *Die lokale Erinnerungspolitik in Breslau und Danzig*. Poznań 2016.

Die Aufsätze in „Großpolnische Rundschau" Juni 2016 (über die Friedhöfe in Wyszyny – Wiszyn im Kreis Kolmar und Kreis Posen), Poznań 2016, Nr. 2.

Die Friedhöfe der nicht existierenden Friedhöfe. Das evangelische Kulturerbe in Wolsztyn- Wollstein (zum 500-sten Reformationsjubiläum), Hrsg. v. J. Kołacki, Poznań 2018.

„Bevor völlig verschwinden. Die evangelischen Friedhöfe in der Stadt und dem Kreis Posen", Ausstellungskatalog, Hrsg. v. J. Kołacki, Poznań 2018.

„Bevor völlig verschwinden. Die evangelischen Friedhöfe in der Stadt und den Kreis Posen", Monografie, Hrsg. v. J. Kołacki, Poznań 2018.

Der Friedhof in Orzeszkowo/Orzeschkowo – Der Zeuge der Unabhängigkeitskämpfe, Hrsg. v. J. Wałkowska, J. Hajdrych, Poznań 2018.

M. Fabiszak, A. Brzezińska, *„Friedhof, Park, Hof". Die Erinnerungsräume in Posen*, Poznań 2019.

Im Druck befindet sich die Monografie *Um das protestantischen Kulturerbe in Stadt und Landkreis Turek*, Poznań 2019. Zur Zeit läuft die Ausstellung *Piątkowo - Hineinwachsen*, wo der Friedhof Schönherrhausen dargestellt ist. Erwähnen kann ich einige kleinere Texte, die nur einen kleinen Bereich betreffen oder oft nur einzelne Objekte. Es lohnt sich, eine Lizenz- und Magisterarbeit von Zbigniew Cytarzyński über die Friedhöfe im Kreis Turek und die Lizenzarbeit von Hakim Tebbal über die evangelischen. Friedhöfe in der Gemeinde Wałcz – Deutsch Krone zu erwähnen.

Laufende Forschungen

- Es laufen Forschungen, die das protestantische Kulturerbe und Friedhöfe betreffen: Die Protestanten und ihr Kulturerbe in Polen in polnischer Literatur, die protestantischen Friedhöfe im Kreis Jarotschin, Pleschen, Neutstadt/Warthe und Żnin und Kolmar. Sehr wichtig sind auch die Forschungsbereiche: Die Aktivitäten der gesellschaftlichen Renovierungsvereine – in verschiedenen Kreisen in Großpolen 1945-2020 und die Digitalisierungsprobleme für das protestantische sepulkrale Kulturerbe in Großpolen.

Im Herbst wurden zwei Seminare durchgeführt:

- *Das protestantische Erbe in Poznań und Großpolen. Ausstellung, Gespräch und Diskussion*. 14.09.2019 in der Evangelisch-Augsburgischen Kirche in Posen und *Das vergessene Erbe. Die vormaligen Friedhöfe in Posen und Großpolen*: ein Seminar, 15.11.2019, Universität Posen.

Aus der Sicht von hunderten Friedhöfen in Großpolen, die schnell verschwinden, sind diese Erfolge noch ziemlich klein. Deswegen ist es umso wichtiger, dass weitere Projekte so schnell wie möglich durchgeführt werden.

Das Projekt: Datenbanken - Digitalisierung des protestantischen Kulturerbes in Großpolen

Die Situation der protestantischen Friedhöfe in Großpolen ändert sich schnell unter verschiedenen, wechselnden Umständen. Sie sind Opfer nicht nur der menschlichen Vernachlässigung oder Abneigung (über Hass kann man nicht mehr sprechen), sondern auch der globalen Modernisierungs-und Industrialisierungsprozesse. Wenn es an menschlicher Betreuung mangelt, fallen sie im besten Falle wieder in die Hände der Natur. Sie verschwinden schnell wieder in Gebüsch und Waldbewuchs. Damit kann die große Anstrengung vieler Leute schnell zerstört werden.

Aus wissenschaftlicher Sicht sind sofortige Rettungsforschungen notwendig, weil die materielle Substanz der Friedhöfe bald verschwinden wird, genauso wie ihre früheren deutschen und heute polnischen Betreuer. Dann wird die Chance auf eine Bestätigung und Dokumentierung ihrer Existenz unmöglich. Dann wird die protestantische Welt in diesem Kulturraum vollständig physisch und auch aus der kollektiven Erinnerung ausgelöscht. Diese protestantischen religiösen Relikte werden weiterhin mit der deutschen Kultur identifiziert. Wenn sie verschwinden, wäre es überhaupt schwer, die deutschen Erinnerungsorte in Polen zu finden.

Datenbank: Auch Datenbanksystem genannt, ist es ein System zur elektronischen Datenverwaltung. Die wesentliche Aufgabe einer Datenbank ist es, große Datenmengen effizient, widerspruchsfrei und dauerhaft zu speichern und benötigte Teilmengen in unterschiedlichen, bedarfsgerechten Darstellungsformen für Benutzer und Anwendungsprogramme bereitzustellen.
(Wikipedia)

Zweck dieser Online Datenbank ist unter anderem, einen Erinnerungsspeicher zu schaffen (gründen), der Informationen über möglichst alle noch in der Landschaft existierende materielle Objekte (Kirchen-, Pfarr-, Schul-, Krankenhäuser-Gebäude, Friedhöfe usw. sowie auch alle Gegenstände, die mit protestantischem geistlichem und alltäglichem Leben verbunden sind, zu sammeln, zu speichern und zu bearbeiten. Die Datenbank soll online für jegliche Änderungen offen bleiben. Die Inhalte sollen dem Publikum in verschiedenen Formen zur Verfügung gestellt werden. Es soll eine Basis für wissenschaftliche und populäre Publikationen sein: Bilderbücher, Monographien, Aufsätze, Nachkonferenzwerken usw. sowie für didaktische Zwecke, Bildung usw.

Diese Datenbank soll aus folgenden Kategorien von Sammlungen bestehen:

- Bibliografische Angaben – Bibliografie-Bibliothek – Alle Bearbeitungen, die die Geschichte und Gegenwart der Protestanten im Posener Land zeigen; Biogramme – Sammlungen, Friedhofskartensammlungen (Denkmalschutzamt); Bilder – Karten und Filmarchiv (alte und neue Fotos); Zeitzeugen – Archiv – Interview, (Film, Tonband, Schiften), Erinnerungen, Gedächtnisbücher, Briefe usw., Grabsteine, Tafeln, Inskriptionen – Verzeichnis und Archiv, Personenverzeichnis: Pastoren, Gemeindemitglieder usw., Ortsverzeichnis (mit protestantischen Gemeinden, Kirchen, Friedhöfen usw.), Chronologische Tafeln: wichtigste Ereignisse: die Tätigkeit der Verbände, Vereine, Gesellschaften, die sich mit protestantischem Kulturerbe beschäftigen …

Organisation, Leitung, Mitarbeiter

Historische Abteilung an der A. Mickiewicz-Universität in Poznań als führende Institution

- Alle anderen polnischen und deutschen akademischen und nichtakademischen Kreise und mögliche staatliche und nichtstaatliche Organisationen, Vereine, Gesellschaften und Menschen, die sich mit dieser Problematik beschäftigen.

Je älter wir sind, desto öfter denken wir an das Ende unserer Wege, und wir fragen uns, wie lange danach unsere Familien, Freunde und Bekannten sich an uns erinnern werden. Dann richten wir unseren Blick auf die Friedhöfe und die Grabsteine, die diese Erinnerungen an uns behalten und aufbewahren. Solange diese Erinnerungsorte unserer Vorfahren bleiben, werden sie in unserem Gedächtnis und in dem der nächsten Generationen aufbewahrt. Umso wichtiger ist es, sich um die Friedhöfe zu kümmern. Was aber sollen wir tun, wenn unsere Bemühungen im Sande verlaufen, wenn keiner unser Werk fortsetzen will, kann oder darf und wenn alle Umstände hinderlich sind? Die einzige Lösung sehe ich in der Idee, diese ganze protestantische sepulkrale Welt in einer wissenschaftlichen digitalen Erinnerungsrettungskapsel zu konservieren.

Das protestantische religiöse Kulturerbe in Deutsch Krone
Die Darstellung der Ergebnisse der Forschungen um evangelische Friedhöfe in der Gemeinde Deutsch Krone (polnisch Wałcz) im Posener Land/Westpreußen. Poznań/Posen 2019

Hakim Tebbal

Das Thema der protestantischen Friedhöfe war in der polnischen Geschichtsschreibung ebenso wie in der historischen Erinnerung der Polen seit Jahren stark tabuisiert. Nach 1945 wurden infolge einer rigorosen Politik der De-Germanisierung (Entdeutschen) der von Polen übernommenen Gebiete alle Spuren der früheren Anwesenheit der Deutschen in diesem Gebiet, einschließlich der protestantischen Kirchen und Friedhöfe, beseitigt oder versteckt. Zerstört, gestohlen, verwüstet, mit wilder Vegetation bewachsen und von Wäldern eingenommen, wurden sie einige Dutzend Jahre lang aus dem lokalen kollektiven Gedächtnis der Bewohner gelöscht und blieben nur in den individuellen mythischen Erinnerungen der ersten und teilweise zweiten Nachkriegsgeneration von Überlebenden der alteingesessenen Menschen und neuen Siedler, die nach dem Zweiten Weltkrieg aus Mittel- und Ostpolen kamen.

Diese Besprechung zeigt skizzenhaft die Ergebnisse meiner Forschungen zum evangelischen religiösen Kulturerbe, in der ersten Phase der evangelischen Friedhöfe in der Gemeinde Deutsch Krone. Sie wurden in meine Diplomarbeit (Lizenzarbeit) aufgenommen, die ich am Ende meines Grundstudiums der Geschichte an der Fakultät für Geschichte der Adam-Mickiewicz-Universität in Posen angefertigt habe. Die Forschungen möchte ich dem räumlichen Geltungsbereich meiner zukünftigen MA-Arbeit auf den gesamten Kreis Wałecki ausdehnen.

Jetziger Zustand

Das Problem der Degradierung oder gar des Verschwindens protestantischer Friedhöfe betrifft auch den Kreis Deutsch Krone. Von 30 untersuchten Objekten haben nur 5 Kreuze, 2 gusseiserne Zäune, keines Skulpturen oder Figuren. Die Friedhöfe werden vernachlässigt, oft total verschmutzt (fast wie ein Müllplatz). Es gibt keine konkreten Maßnahmen der Kommunen zum Schutz dieses ehemaligen deutschen Kulturerbes.

Aus diesem Grund habe ich versucht, die Überreste dieser Friedhöfe in Form einer Liste des Friedhofs zu dokumentieren und deren fotografische Dokumentation vorzubereiten. Diese Explorationsstufe erfordert eine Ergänzung durch detaillierte historiografische und archivarische Recherchen.

Deutsch Krone

Deutsch Krone ist eine Stadt im Nordwesten Polens und liegt am südöstlichen Rand der Woiwodschaft Westpommern. Früher (ab 1368) gehörte es zu Großpolen (Posener Land), in preußischer Zeit (von 1772 bis 1919) zu Westpreußen und dann zur Provinz Posen-Westpreußen (Grenzmark Posen-Westpreußen 1922 bis 1938), dann wieder Westpreußen bis Februar 1945. Gegenwärtig ist Deutsch Krone (Wałcz) Sitz der Behörden des Kreises Wałcz und der Landgemeinde Wałcz, sowie ein Kreisverwaltungs-, Wirtschafts- und Kulturzentrum, Sitz der örtlichen Ämter und Institutionen.

Die Protestanten in Wałcz

Die Entstehung der Reformationsbewegung in Wałcz geht auf das frühe 16. Jahrhundert zurück. In Ermangelung von Quellen ist es heute unmöglich zu sagen, in welchem Jahr die Stadt einen neuen Glauben annahm, der die Innovation förderte, ob alle Einwohner der Stadt bereits im lutherischen Geist waren oder nur einige Lutheraner. Die Nähe zu Brandenburg und zahlreiche Kontakte zwischen Kaufleuten und jungen Leuten, die an deutschen Universitäten studierten, erleichterten die Durchdringung von Luthers Lehren mit dem Land Wałcz.

Liste der untersuchten Friedhöfe:

Nr.	Polnischer Name	Deutscher Name
01	Czapla	*Neumühl*
02	Dębołęka	*Dammlang*
03	Dobino	*Breitenstein*
04	Dzikowo	*Dyck*
05	Głowaczewo	*Klawittersdorf*
06	Golce	*Neugolz*
07	Gostomia	*Arnsfelde*
08	Górnica	*Hohenstein*
09	Karsibór	*Keßburg*
10	Kłębowiec	*Klausdorf*
11	Kłosowo	*Hansfelde*
12	Kolno	*Eckartsberge*
13	Laski Wałeckie	*Latzig*
14	Lipie	*Althof*
15	Lubno	*Lüben*
16	Ługi Wałeckie	*Karlsruhe*
17	Prusinowo Wałeckie	*Preußendorf*
18	Różewo	*Rosenfelde*
19	Rudki	*Hoffstädt*
20	Strączno	*Stranz*
21	Szwecja	*Freudenfier*
22	Świętosław	*Ludwigshorst*
23	Wałcz	*Deutsch Krone*
24	Wiesiółka	*Wissulke*
25	Witankowo	*Wittkow*
26	Zdbice	*Stabitz*

In der Walecki-Region reagierten die mächtigen Golce- und Wedel-Familien auf das Luthertum. Lutherische Starosten bekannten sich auch zum Lutheranismus, unter anderem Górków, einige von Wejherów und Gostomski. Nach der Übernahme des Walecki-Landes durch Preußen im Jahr 1772 ließen sich hier zahlreiche protestantische deutsche Kolonisten nieder, die das Gebiet beherrschten. Nach 1945 verschwanden diese Menschen durch Flucht und Vertreibung fast vollständig aus diesem Gebiet und verließen ihre Kirchen und Friedhöfe.

Einige Beispiele

Czapla-Młyn / Neumühl

Das Dorf liegt 9 km östlich von Wałcz und hat 353 Einwohner. Czapla hat einen separaten Dorfteil Czapla-Młyn.
Geographische Koordinaten: 53.274066, 16.591200.
Lage: auf der linken Straßenseite nach Wiesiółka, ca. 150 m von der Mühle entfernt. Rahmen: Wald. Der Hang fällt in Richtung Dobrzyca ab.
Zustand: ungeöffnet, besucht.
Anzahl der Grabsteine: ca. 8 Gräber ohne Grabsteine, Felsbrocken und Holztafel.
Ergänzende Informationen: Friedhof aus der Mitte des 19. Jahrhunderts, Privatfriedhof der Familie Krüger.

Głowaczewo / Klawittersdorf

Die Siedlung liegt 13,2 km nordöstlich von Wałcz. Das königliche Dorf Klawiter aus der Walecki-Zeit lag Ende des 16. Jahrhunderts im Kreis Walecki in der Provinz Posen. Das Dorf hat eine historische Kirche der Geburt der Jungfrau Maria aus dem neunzehnten Jahrhundert und in der Nähe des Dorfes befinden sich die Seen Krąpsko Łękawe, Krąpsko-Radlino und andere.
Geographische Koordinaten: 53.314789, 16.610798.

Lage: neben der Filialkirche, an der Piława.

Zustand: erhalten, bewachsen.

Anzahl der Grabsteine: ca. 20 Gräber mit Rand, ohne Grabsteine.

Ergänzende Informationen: Friedhof aus dem frühen 20. Jahrhundert.

Kłębowiec / Klausdorf

Das Dorf liegt 5,7 km nordwestlich von Wałcz. Es hat 829 Einwohner. Das Dorf umfasst die Ruinen des Golców-Palastes zusammen mit dem Park. Der Fluss Kłębowianka und der Nebenfluss Dobrzyca fließen am Dorf vorbei.

Geographische Koordinaten: 53.318955, 16.439606.

Lage: im östlichen Teil des Dorfes an einer Landstraße, in der Nähe von Gebäuden. Erhöhtes Gelände, fällt in alle Richtungen ab.

Zustand: Gerodete Büsche, erhaltene Gedenktafel auf einem Felsbrocken, zahlreiche Kreuze und Grabsteine.

Anzahl der Grabsteine: mehrere sichtbare Gräber mit Rändern.

Ergänzende Informationen: Friedhof aus der Mitte des neunzehnten Jahrhunderts.

Ługi Wałeckie / Karlsruhe

Das Dorf liegt 8,6 km südwestlich von Wałcz. Es hat 286 Einwohner.

Geographische Koordinaten: 53.216736, 16.390528.

Lage: neben dem Gutspark, Umgebung einer Wiese, eines Feldes und eines Parks. Der Friedhof befand sich früher im Familienbesitz der Eigentümer, er ist räumlich mit der Parkanlage verbunden.

Zustand: vernachlässigt, kein Fußweg zum Friedhof.

Anzahl der Grabsteine: ca. 8 Gräber, davon 3 mit Grabsteinen (Olga Bolot, Eheschließung von Berth und Leonhard Kutz).

Ergänzende Informationen: Friedhof aus der zweiten Hälfte des 19. Jahrhunderts.

Schlussfolgerungen und Forschungsperspektiven

In näherer Zukunft ist eine Ausstellung vorgesehen, in der evangelische Friedhöfe in der Gemeinde Wałcz gezeigt werden. Darüber hinaus soll ein kleiner Katalog von Friedhöfen sowie eine umfassendere Monografie erstellt werden, um die lokale Bevölkerung zu schützen und ihre Präsenz in der Kulturlandschaft zu sichern. Ein ebenso wichtiges Ziel ist es, den Katalog in die deutsche Sprache zu übersetzen, damit er auch die Nachkommen der Menschen erreichen kann, die in protestantischen Gräbern in und um Deutsch Krone beigesetzt sind. Vielleicht ist es möglich, ihre Geschichte und die Schicksale der Deutschen, die in dieser Gegend gelebt haben, zu rekonstruieren.

Die Wiedererstehung Polens 1918/20 und ihre Auswirkungen auf die künftigen Staatsbürger deutscher Herkunft

Martin Sprungala

Vor einhundert Jahren endete am 11.11.1918 der Erste Weltkrieg. So wie weitere einhundert Jahre zuvor auf dem Wiener Kongress (1814/15) wurde bei der folgenden Friedenskonferenz in der französischen Hauptstadt bzw. in Versailles eine neue Nachkriegsordnung durch die Völkergemeinschaft geschaffen, die die Geschichte des folgenden Jahrhunderts maßgeblich prägte.

Es wurden völkerrechtliche Vereinbarungen getroffen, die Staatsgrenzen nach Gusto der siegreichen Fürsten geregelt, wobei die Eroberungen der revolutionären Republik und des napoleonischen Kaiserreichs Frankreich rückgängig gemacht wurden. Aber man ging nicht darüber hinaus und bezog das besiegte Frankreich in das künftige Machtgleichgewicht (die bis 1914 gültige Pentarchie) mit ein. Der Wiener Kongress verhinderte 38 Jahre lang Kriege der Großmächte untereinander (Krimkrieg 1853–1856). Das Herzogtum Warschau gehörte zu den Verlierern des Wiener Kongresses und Polen verlor erneut seine Staatlichkeit.

Anders agierten die Siegermächte in Versailles. Die Verlierer wurden hier nicht in das neue Machtgefüge Europas eingebunden, sondern stattdessen geknebelt, damit von ihnen künftig keine Gefahr mehr ausgehen könne. Auch die Alleinschuld am Krieg wurde Deutschland zugewiesen. Der Frieden von Versailles wurde ohne die deutsche Delegation verhandelt und musste ultimativ unterzeichnet werden, weshalb man damals vom „Diktat von Versailles" sprach.

Polen gelang es dank der Unterstützung durch den US-Präsidenten Wilson und seiner Verbündeten, vor allem Frankreich, bestmögliche Verhandlungsbedingungen in Versailles aushandeln zu können.[47]

Es war ein Jahrtausendwunder, dass der Erste Weltkrieg mit einer totalen militärischen Niederlage der drei Teilungsmächte Preußen (Deutschland), Österreich und Russland endete. Im System der Pentarchie, der fünf Großmächte, die seit dem Wiener Kongress die Geschicke Europas leiteten, war es höchst unwahrscheinlich, dass diese drei Großmächte je auf einer Kriegsseite als Verlierer dastehen würden.

Der Erste Weltkrieg endete nur formal am 11.11.1918. Die Nachfolgekämpfe dauerten noch jahrelang an, vor allem in Russland, wo der Kampf der „Weißen" gegen die „Roten" (Russischer Bürgerkrieg) noch bis 1922 andauerte. Der ehemalige Erste Lord der Admiralität, Sir Winston Leonard Spencer-Churchill (1874–1965), brachte es auf den Punkt: *„Der Krieg der Giganten ist zu Ende, der Hader der Pygmäen hat begonnen."*[48] Auch wenn diese Aussage angesichts der vielen Toten despektierlich wirkt: Allein im Russischen Bürgerkrieg, der durch das Eingreifen der Entente und Mittelmächte maßgeblich an Länge, Brutalität und Heftigkeit zunahm, verloren etwa 8 bis 10 Millionen Menschen ihr Leben.[49]

---

[47] Erläuterungen zu den Vignetten im Kalendarium, in: Jahrbuch Weichsel-Warthe 2018, Das Ende des 1. Weltkriegs und die „polnische Frage", Wiesbaden 2017, S. 13.

[48] Zitiert im Jahrbuch Weichsel-Warthe 2019, Der Posener Aufstand. Der Großpolnische Aufstand 1919 und die Wiedererstehung Polens, Wiesbaden 2018, S. 10–11 und 15.

[49] Jörg Baberowski: Der Rote Terror. Deutsche Verlagsanstalt 2003; in: Lizenzausgabe der Bundeszentrale für Politische Bildung, Bonn 2007, S. 50–51.

Überall in Europa entstanden Grenzkämpfe der jungen Nationalstaaten: 1918–1919 Polnisch-Ukrainischer Krieg, 1918–1920 Finnische Ostkriegszüge, 1918–1920 Estnischer Freiheitskrieg, 1918–1920 Lettischer Unabhängigkeitskrieg, 1918–1920 Georgisch-Südossetischer Konflikt, 1918–1920 Kärntner Abwehrkampf gegen Jugoslawien, 1919 Polnisch-Tschechoslowakischer Grenzkrieg, 1919–1920 Ungarisch-Rumänischer Krieg, 1919–1921 Irischer Unabhängigkeitskrieg, 1919–1923 Griechisch-Türkischer Krieg, 1920 Polnisch-Litauischer Krieg und 1920–1921 Polnisch-Sowjetischer Krieg.

Die wiedererstandene II. Polnische Republik führte mit all ihren Nachbarn militärische Kämpfe, die zur Folge hatten, dass sich der neue Staat nicht wie gewünscht als Nationalstaat bilden konnte, sondern durch die militärischen Erfolge Piłsudskis erneut zu einem Vielvölkerstaat wurde.

Allein diese Kriege weckten in der deutschstämmigen Bevölkerung Ängste und Bedenken, zumal die meisten nach vier Jahren schrecklichen Krieges genug von diesem Blutvergießen hatten und sehen mussten, dass dies auch noch gemessen an den politischen Versprechen umsonst war.

Die Zahl der deutschen Minderheit in der II. Polnischen Republik

Mit der Wiedererstehung Polens als Staat gelangten auch viele deutschstämmige Bewohner unter nun polnische Herrschaft, die zuvor russische, deutsche oder österreichische Staatsbürger gewesen waren.[50] In den künftigen Ausweispapieren wurde die polnische Staatsangehörigkeit als auch die Nationalität festgehalten.

---

[50] Bierschenk, Theodor: Die deutsche Volksgruppe in Polen 1934-1939. Kitzingen 1954, S. 5–8.

Die Zahlen der deutschen Minderheit sind sehr umstritten und höchst unterschiedlich erforscht. Durch die Pariser Friedensordnung von 1919/20 kamen etwa 8,3 Millionen Deutsche verteilt auf dreizehn Staaten unter den Status einer nationalen Minderheit. Besonders schwierig ist der Forschungsstand bei den Minderheiten in Polen und der Tschechoslowakei, da er nach 1920 als Politikum galt.[51]

Es kam infolge des Versailler Friedensvertrags nicht zu einer systematischen Vertreibung der deutschen Minderheiten, aber doch zu starken Abwanderungen und wirtschaftlich-politisch motivierten Verdrängungen der ungeliebten Minderheit.[52]

Nur wenige Deutsche sahen die politischen Ereignisse ausgewogen und christlich wie Sophie Charlotte Gräfin von Schlieffen (1888–1945) aus Wioska im Kreis Wollstein (Wolsztyn) in ihrem Gebiet aus der Zeit des Großpolnischen Aufstandes:

> *„Herr, mein Gott, schaue hernieder auf unsere Heimat, auf die polnische Erde, die deutsche Erde, – und richte Du, wem dieses Land gehört. Herr, Du siehst die Glaubenstreue der Polen, die Liebe zu Deinem Evangelium, zu dem Evangelium, das einst Adalbert der Heilige aus deutschen Gauen dem polnischen Volke gebracht. Deutsche Mönche im Kloster zu Obra trugen christliche Sitte und fromme Bräuche in dieses Land, und seit diesen Tagen beten Deutsche und Polen vereint in ihrer Heimat zu Dir. Nur Du allein kannst richten ein*

---

[51] Deutsche Minderheiten in der Zwischenkriegszeit, in: Wissenschaftliche Dienste des Deutschen Bundestages, Ausarbeitung WD 1-3000-093/09, 2009, Fachbereich WD 1: Geschichte, Zeitgeschichte und Politik, auf: https://www.bundestag.de/blob/411708/72a5544c10ee7ae5f13d3aee9ba dbb80/wd-1-093-09-pdf-data.pdf, Stand 23.11.2018.

[52] Bierschenk, Theodor: Die deutsche Volksgruppe in Polen 1934–1939. Kitzingen 1954, S. 9–11.

*rechtes Gericht. Herr, bleibe bei uns in der Sterbe-
stunde unseres Volkes! Wir lassen Dich nicht, Du
segnest uns denn!"*[53]

Es war aber nicht Gott, der die Geschicke in jenen Tage lenkte,
sondern die Menschen. Allein in den ersten beiden Jahren polnischer Herrschaft verließ mindestens eine halbe Million Deutscher das ehemals preußische Territorium. Der Exodus deutscher Minderheiten setzte sich bis 1939 in unterschiedlicher
Stärke fort, je nach dem Handeln der Politik.

Worte wie die des polnischen Politikers Stanisław Grabski
(1871–1949), dass Polen ein Nationalstaat sein sollte, *"so klar
wie ein Glas Wasser"* und seine Aussage von 1919 motivierten
Viele, ihre Heimat zu verlassen:

> *"Wir wollen unsere Beziehungen auf die Liebe
> stützen, aber es gibt eine andere Liebe für die
> Landsleute und eine andere für die Fremden. Ihr
> Prozentsatz bei uns ist entschieden zu hoch... Das
> fremde Element wird sich umschauen müssen, ob es
> sich anderswo nicht besser befindet. Das polnische
> Land ausschließlich für die Polen!"*[54]

Laut der Volkszählung von 1921 zählte Polen 27 Millionen
Staatsbürger, darunter ein Drittel nationale Minderheiten. Die
stärkste Minderheit waren mit 3,7 Millionen (14,3%) die Ukrainer, gefolgt von den Juden mit 2,1 Millionen (7,8%), 1,06 Mil-

---

[53] Georg Christoph v. Unruh: In memoriam Sophie-Charlotte Gräfin v.
      Schlieffen, in: Jahrbuch Weichsel-Warthe 1963, S. 46–50. Gräfin
      Schlieffen hat ihren Nachkommen eine Vielzahl von Gedichten hinter-
      lassen. Hier auf S. 50 abgedruckt ist das Gedicht „Eine Hand voll Hei-
      materde". Auch Thora von Bonin gedachte ihrem Wirken in ihrem Beitrag
      „Ein schwieriges Vermächtnis. Wahrheit als Baustein zur Versöhnung",
      in: Jahrbuch Weichsel-Warthe 2009, Wiesbaden 2008, S. 101–103.
[54] Zitiert im Jahrbuch Weichsel-Warthe 2008, S. 11–12 und 21.

lionen Weißrussen (3,9%) und genauso viele Deutsche (3,9%).[55]

1919 lebten etwa zwei Millionen Deutsche auf dem Gebiet der polnischen Republik, von denen etwa die Hälfte in den ersten Jahren nach Kriegsende auswanderte.

Durch Abwanderung, Verdrängung und Polonisierung ist die Zahl der in Polen lebenden Deutschen bis zum Jahr 1939 auf 1.342.000 zurückgegangen.[56]

Diese 1,3 Millionen Deutschen verteilten sich auf folgende Regionen:

- Mittelpolen und das Cholmer Land (um Chełm) mit den Narew-Deutschen (Raum Białystok) mit etwa 400.000 Deutschen, vor allem das städtische Deutschtum des Lodzer Industriegebietes mit allein 180.000 Deutschen;
- das ehemalige preußische Teilgebiet Posen/Pommerellen (der polnische Teil Westpreußens) mit 390.000 Deutschen, besonders stark im Netzegebiet, im Korridor und am West-rand der Provinz Posen. Vor allem auf landwirtschaftlich-gewerblichem Gebiet straff gegliedert, bildete es politisch und kulturell einen der stärksten Pfeiler der deutschen Volksgruppe zwischen den beiden Weltkriegen;
- in Ostoberschlesien lebten 370.000 Deutsche, die durch Dauerarbeitslosigkeit bedroht waren. Dazu kamen in der gleichen Wojewodschaft im Teschener Schlesien noch 35.000 Deutsche;

---

[55] Włodzimierz Borodziej: Geschichte Polens im 20. Jahrhundert. München 2010, S. 131.

[56] Die folgenden Zahlen entstammen dem Geschäftsbericht: Landsmann-schaft Weichsel-Warthe, Bundesverband e. V., Geschäftsbericht für das Jahr 2008. Wiesbaden 2009, 54 S., vorletzte Seite, ohne Paginierung, verantwortlich: Karl Bauer.

- außerdem lebten im Osten Polens noch 72.000 Deutsche in Wolhynien und in Nordost-Polen sowie in Galizien 70.000 Deutsche.

Rechtliche Grundlage der deutschen Minderheit

Rein rechtlich waren die Angehörigen der deutschen Minderheit polnische Staatsbürger und genossen theoretisch dieselben Rechte wie alle Staatsbürger. Doch die II. Polnische Republik war kein Rechtsstaat und spätestens seit dem Mai-Putsch Piłsudskis auch keine Demokratie. Von den polnischen Staatsbürgern deutscher Nationalität wurde immer wieder erzählt, dass ein Deutscher kaum eine Chance hatte, in der Zwischenkriegszeit vor Gericht einen Prozess zu gewinnen. Auch wenn dies keine faktische Untersuchung ist, so ist es doch ein starkes Stimmungsbild. Immer wieder wurde auch kolportiert, dass der Antrag auf Ausreise zwecks Abwanderung aus Polen nur zwei Złoty kostete, während man für einen Reisepass ein halbes Lehrergehalt zahlen musste.

Neben der polnischen Verfassung und den Gesetzen waren es vor allem völkerrechtliche Verträge, die die Minderheiten theoretisch schützten. Es gab diesbezügliche Regelungen im Friedensvertrag von Versailles (in Kraft getreten am 20.01.1920), dem Friedensvertrag von Riga (18.03.1921)[57] und die Genfer Konvention.

Der Vertrag von Riga betraf die Deutschen kaum, da er die neuen Ostgebiete Polens betraf. Der Vertrag wurde zwischen der Republik Polen, der Sowjetukraine und Sowjetrussland geschlossen.

Der wesentliche Vertrag war der Friedensvertrag von Versailles und der sog. „kleine Vertrag von Versailles" (28.06.1919,

---

[57] Der Vertragstext ist auf Polnisch abgedruckt auf, Stand 23.11.2018: www.irekw.internetdsl.pl/traktatryski.html

formell Minderheitenschutzvertrag zwischen den Alliierten und Assoziierten Hauptmächten und Polen). Dieser Zusatzvertrag wird auch „polnischer Minderheitenvertrag" genannt. Er regelt konkrete Schutzrechtbestimmungen für nationale Minderheiten.[58]

Hintergrund für diesen Vertrag war nicht der Schutz der Deutschen, die nun unter polnische Herrschaft kamen, sondern die durch kriegerische Handlungen erheblich erweiterten Gebiete mit einem großen Teil nichtpolnischer Bevölkerung. Der US-Präsident hatte das Prinzip des Selbstbestimmungsrechts der Nationen in die Versailler Friedenskonferenz eingebracht, das angesichts neuer militärischer Fakten nicht realisierbar war. Um diesem Anspruch noch nahe zu kommen, wurde die Idee eines staatsvertraglichen Minderheitenschutzes als Korrektiv ausgearbeitet.

Immer wieder wird auch kolportiert, dass es amerikanische Juden waren, die sich um ihre Verwandten in Ostmitteleuropa sehr besorgt zeigten und die Idee des Minderheitenschutzes vorantrieben.

Da der große und der kleine Versailler Vertrag miteinander gekoppelt waren, waren die Vertreter der II. Polnischen Republik gezwungen beide Verträge zu ratifizieren. Artikel 93 des Hauptvertrages verknüpfte diese beiden Verträge.

Der Vertrag umfasste den Schutz des Lebens und der Freiheit aller Menschen unabhängig von ihrem Geburtsort, Staatsangehörigkeit, Sprache, Rasse oder Religion (Artikel 2) und verbot jegliche Diskriminierung (Artikel 7).

Der Artikel 3 erhob alle auf dem Staatsgebiet der II. Polnischen Republik ansässigen Deutschen, Österreicher, Ungarn und

---

[58] Der Vertrag ist auf der Seite abgedruckt, Stand 23.11.2018:
www.europa.clio-online.de/quelle/id/artikel-3341

Russen zu polnischen Staatsbürgern. Wer dies nicht wollte, konnte für seine ursprüngliche Nationalität optieren.

Bei dieser Form der Option kam es vereinzelt zu tragischen Verwechslungen, wobei es um das Wort Option ging. Im Kreis Wollstein/Wolsztyn wurde von einer Familie berichtet, die die Option mit den Abstimmungen verwechselt haben soll und so für Deutschland „optierte" und damit ihre polnische Staatsangehörigkeit verlor, auf die sie Anspruch gehabt hätte.

Der Vertrag sah vor, dass man noch bis zu zwei Jahre nach Vertragsabschluss die polnische Staatsangehörigkeit aufgeben konnte. In der Regel wurden die damit zu Ausländern Gewordenen aus Polen ausgewiesen.

Die Schutzbestimmungen des Vertrages wurden jedoch entweder gar nicht oder nur pro forma eingehalten.

Der Minderheitenschutzvertrag wurde am 28.06.1919 von den polnischen Delegierten Roman Dmowski und Ignacy Paderewski unterzeichnet und am 31.07.1919 vom Sejm ratifiziert. Gemeinsam mit dem Hauptvertrag trat der Vertrag am 10.01.1920 in Kraft. Er wurde nie ernsthaft umgesetzt und am 13.09.1934 kündigte Polen den Vertrag vor der Versammlung des Völkerbunds in Genf auf, nachdem das Land wegen Diskriminierungen und Gewalttaten gegen Angehörige der deutschen Minderheit während der Kommunalwahlen in Polen im Januar 1931 vom Völkerbund verurteilt worden war.

Die deutsche Minderheit hatte anfangs große Probleme, ihre Rechte beim Völkerbund einzufordern, denn die Weimarer Republik war von ihm ausgeschlossen und wurde erst 1926 aufgenommen. Die NS-Regierung trat 1933 direkt wieder aus der Völkergemeinschaft aus. Zu erwähnen sei noch, dass auch die Vereinigten Staaten – eher aus innenpolitischen Gründen – nie Mitglied des Völkerbundes waren.

Anfangs waren es die neutralen Schweden, die der deutschen Minderheit die Möglichkeit gaben, sich an den Völkerbund zu wenden. In den 1920er Jahren richtete die deutsche Minderheit in Polen über 300 Petitionen an den Völkerbund. Der Höhepunkt der Beschwerden fällt mit dem Höhepunkt der Auseinandersetzungen zwischen der Weimarer Republik und der II. Polnischen Republik um 1931/32 zusammen.[59]

Am 05.11.1937 schlossen das III. Reich und die II. Polnische Republik einen bilateralen Vertrag zum Schutz der jeweils eigenen Landsleute im jeweils anderen Staat. Erfolgreicher als der Vorgängervertrag war auch dieser nicht, im Gegenteil. Jeder ehemalige Angehörige der deutschen Minderheit berichtet, dass das Leben in Polen seit Piłsudskis Tod immer bedrängter und unerträglicher wurde.

Die Auswirkungen von Versailles

Der Vertrag von Versailles betraf die deutsche Minderheit in allen drei ehemaligen Teilungsgebieten. Sie waren so heterogen wie man es sich nur denken kann. Die Deutschen im Posener Land und Ost-Oberschlesien hatten bis 1920 zum staatlichen Mehrheitsvolk gehört und fanden sich nun in der Rolle einer ungeliebten Minderheit wieder. In Galizien war diese Stellung nur theoretisch vergleichbar, denn die Österreicher hatten die Verwaltung in starkem Maße Polen überlassen. Für die Deutschen im russischen Teilungsgebiet waren bis zum Weltkrieg die Russen die Herren im Land gewesen, während des Krieges dann die deutschen Besatzer. Auch wenn zuletzt die Deutschen das Sagen gehabt hatten, bedeutete das nicht, dass es den Deutschen in Russisch-Polen dadurch besser ging, denn man betrachtete sie nicht als vollwertige Deutsche.

---

[59] Włodzimierz Borodziej: Geschichte Polens im 20. Jahrhundert. München 2010, S. 132–133.

Auch die Herkunft der Deutschen war sehr unterschiedlich. Die ältesten Teile der deutschen Minderheit waren bereits im Hochmittelalter ins Land gerufen worden. Hier sind vor allem die Nachkommen der Ansiedler der Zisterzienserklöster an der Westgrenze Polens zu nennen. Das Gros der Deutschen kam infolge der Glaubenskriege des 17. und 18. Jahrhunderts nach Polen. Sie kamen als Glaubensflüchtlinge, wurden zugleich aber auch zu günstigen Konditionen gerufen.[60]

Die nächste große Gruppe waren die Deutschen aus Mittelpolen, dem Lodzer Industriegebiet, die im 19. Jahrhundert unter russischer Herrschaft gerufen und privilegiert, aber auch gegen die anderen Volksgruppen, vor allem die Polen, nach dem Prinzip „teile und herrsche", ausgespielt wurden.

Die jüngste Gruppe waren die zum Ende des 19. Jahrhunderts gerufenen Glaubensflüchtlinge in Wolhynien. Die Galiziendeutschen kamen vor allem im ausgehenden 18. Jahrhundert nach der Teilung in der Ära Kaiser Joseph I. Konfessionell waren die deutschen größtenteils evangelisch, aber aus allen Bereichen dieser Glaubensgruppe.

Auch die erwerbsmäßige Zuordnung der Minderheit war sehr heterogen. In Galizien und Wolhynien waren die Deutschen vor allem Landwirte, ebenso in den zahlreichen Siedlungsinseln in Mittelpolen. Im Lodzer Industriegebiet gab es eine starke Schicht an Industriellen und Unternehmern, aber auch viele Handwerker und Tuchmacher.

---

[60] Joachim Rogall: Die Deutschen im Posener Land und in Mittelpolen. Band 3, Prof. Dr. Wilfried Schlau, Universität Mainz, Studienreihe der Stiftung Ostdeutscher Kulturrat, München 1993. Die Kapitel „Die mittelalterliche deutsche Siedlung in Polen" und nachfolgend „Die neuzeitliche deutsche Besiedlung in Polen" beschäftigen sich ausführlich mit der Thematik.

Besonders stark strukturiert waren die Deutschen in den ehemaligen Reichsgebieten. Hier waren sie als Landwirte, Handwerker bis hin in die hohen Verwaltungsberufe tätig.

Die erste Folge von Versailles für die Deutschen im Gebiet der II. Polnischen Republik war der Wechsel der **Staatsangehörigkeit**. § 91 sah vor, dass *„deutsche Reichsangehörige, die ihren Wohnsitz in den Polen zuerkannten Gebieten haben, ohne weiteres die polnische Staatsangehörigkeit erwerben und die deutsche Reichsangehörigkeit verlieren."*

Als Stichtag wurde der Wohnort am 01.01.1908 zugrunde gelegt. Hintergrund für diesen frühen Termin war das sog. Preußische Enteignungsgesetz von 1908. Den Alliierten wurde weisgemacht, dass die Preußen seither viel polnisches Land enteignet und zahlreiche Kolonisten angesiedelt hätten. Dies stimmte jedoch nicht. Real wurde dieses Gesetz nur viermal angewandt.

Der Stichtag war auch für diejenigen ein Problem, die zu diesem Zeitpunkt als Wanderarbeiter (sog. Sachsengänger) in den westlicheren Gebieten lebten und danach erst in ihre Heimat zurückkehrten. Es soll auch Fälle gegeben haben, bei denen die Einträge im Melderegister nicht stimmten oder fehlten.

Der Paragraph wurde aber auch nur soweit angewandt, wie er nützlich erschien. Die Staatsbeamten, vor allem das Militär, wurden sofort ausgewiesen. Ausnahme waren Post- und Eisenbahnangestellte, die man noch eine ganze Weile im Lande beließ, um quasi ihre Nachfolger anzulernen und zu unterstützen.

Die Option der Staatsangehörigkeit hatte innerhalb von zwei Jahren zu erfolgen. Diejenigen, die einen deutschen Pass besaßen, wurden in der Regel rasch ausgewiesen, aber es gab auch Ausnahmen, auch wenn über ihnen stets das Damokles-Schwert der Ausweisung drohte. So war der Vorsitzende der evangelischen-unierten Kirche, Generalsuperintendent D. Paul

Blau (1861–1944) deutscher Staatsangehöriger, blieb aber bis zuletzt unbehelligt, während untergeordnete Pastoren ausgewiesen wurden.[61]

Über die Staatsangehörigkeit entschied zudem der Familienvorstand. Der Vater entschied also über die Zugehörigkeit seiner Frau und seiner unter 18-jährigen Kinder.

Eine indirekte Folge der Staatsangehörigkeit betraf die jungen Männer, denn sie wurden nun polnische **Wehrpflichtige** – und Polen führte in den Anfangsjahren viele Kriege. Es gab viele junge Männer, die bei Erreichen des Wehrpflichtalters, auch lange nach 1920, Polen verließen. Heimkehrende Soldaten zogen es oft vor, in Deutschland zu bleiben oder sich gar dem deutschen Grenzschutz während des Großpolnischen Aufstands anzuschließen. Nur Wenige hatten danach die Chance in ihre Heimat zurückzukehren, denn es galt ein Verbot der Rückkehr von Teilnehmern beim deutschen Grenzschutz.

Eine indirekte Folge der Staatsangehörigkeit waren Schikanen bei Behörden, über die Viele klagten. Beamte, von denen man genau wusste, dass sie des Deutschen mächtig waren, sprachen fortan kein Wort mehr und halfen auch den Sprachunkundigen nicht.

Der Wechsel der Staatlichkeit hatte auch Auswirkungen auf **staatliche Verträge**. Im Jahr 1886 hatte die preußische Regierung die „Königlich Preußische Ansiedlungskommission für Posen und Westpreußen" gegründet, um das Deutschtum zu stärken. Diese Kommission war gelinde gesagt ein Misserfolg, und sie trieb lediglich die Immobilienpreise hoch und schädigte das Ansehen Preußens im Ausland.

---

[61] Ilse Rhode: Im Schatten der Kreuzkirche. Zum Gedenken an D. Paul Blau, Generalsuperintendent in Posen, in: Jahrbuch Weichsel-Warthe 1958, München 1957, S. 53–61.

Die vor allem aus westlichen Gebieten angesiedelten Kolonisten hatten langfristige staatliche Verträge und Kredite mit dem preußischen Staat abgeschlossen. Die Ansiedlung betraf einige 10.000 Kolonisten im Posener Land. Rechtsnachfolger wurde 1920 die II. Polnische Republik, die sofort die Verträge kündigte. Die Kolonisten hatten zwar die Chance ihren Besitz sofort zu bezahlen, aber dazu war keiner in der Lage, zumal nach dem großen Weltkrieg, der alle Ressourcen aufgezehrt hatte. Viele Kolonisten optierten aus Protest nicht für Polen und wurden ausgewiesen. Viele andere wanderten ab, da sie keine berufliche Perspektive mehr hatten.

Für Landwirte war es besonders schwer, ihre Heimat zu verlassen, denn sie waren besonders stark an ihre Scholle gebunden. In einer Zeit, in der sehr viele unter Druck ihr Land verkaufen wollten und mussten, fielen die Grundstückspreise natürlich ins Bodenlose. So kam man auf die Idee des **Tausches**. Landwirte, die nicht in Polen leben wollten, suchten Polen, die Deutschland verlassen wollten. Überall wurden Tauschangebote offeriert. Die Zeitungen waren damals voll mit Aufrufen dieser Art.

Es war aber nicht leicht, handelseinig zu werden, denn man musste einen vergleichbaren Hof mit ähnlichem Besitz finden. Diese Tauschaktionen sind wenig erforscht. Sie veränderten die Zusammensetzung der Bevölkerung z. T. radikal. Ein Beispiel für die große Veränderung der Bevölkerung einzelner Orte ist das Dorf Lache (heute Śmieszkowo) im Kreis Fraustadt (heute Wschowa).[62] Das ursprünglich rein deutsche und katholische

---

[62] Martin Sprungala: Eine kurze Geschichte des Dorfes und Kirchspiels Lache, in: Johannesbote, Rundbrief des Visitators und des Heimatwerkes der Katholiken aus der ehemaligen Freien Prälatur Schneidemühl 55. Jahrgang, Fulda, Oktober 2003, S. 42 f. Und ders.: Historia wsi Śmieszkowo (Lache), in: Nasza Sława, Towarzystwo Przyjaciół Sławy. ISSN 1429-7590, Nr. 2, Sława 2004 (33), S. 6.

Dorf, das im 16. Jahrhundert entstanden ist, wechselte seinen Charakter im Kaiserreich durch die Abwanderung deutscher Bauernsöhne in die Industriegebiete. Die durch Teilung immer kleiner gewordenen Höfe wurden von Polen aus der Nachbarschaft erworben, so dass vor dem Weltkrieg die Zusammensetzung des Dorfes gekippt war.

Nun verkehrte sich die Ethnizität erneut. Die meisten Polen optierten für Polen und tauschten ihre Höfe oder verkauften sie. Zudem erhielt das aus einst rein katholischen Einwohnern zusammengesetzte Dorf nun durch die Tauscher eine größere evangelische Minderheit, die durchsetzen konnte, dass sie eine evangelische Kapelle erhielten. Diese wurde nach 1945 abgerissen, als sich eine neuerliche Wende ereignete.

Nachfolger in den Pacht- und Kreditverträgen der Deutschen wurden polnische Kolonisten. Nach 1939 wurden deren Verträge gekündigt und sie vertrieben.

Die **Benachteiligung der Minderheit** war von Anfang an Staatspolitik. Die Deutschen mussten sich demzufolge selber helfen. Sie gründeten eigene Parteien, um an den Wahlen in Polen teilnehmen zu können. Anfangs war die Minderheitenvertretung noch erfolgreich. Bei der 1. Wahlperiode (1922–1928) errangen sie 17 Abgeordnetensitze für den Sejm und 5 Senatoren. Bei der zweiten (1928–1930) konnten sie die Zahl der Abgeordneten sogar auf 21 erweitern.

Veränderte Wahlbedingungen führten jedoch dazu, dass die deutsche Minderheit 1930 nur noch 5 Abgeordnete und 3 Senatoren stellte.[63]

Die Minderheit war gut organisiert und ihre Aktivisten vertraten auch nach dem Zweiten Weltkrieg die Interessen der

---

[63] Bierschenk, Theodor: Die deutsche Volksgruppe in Polen 1934–1939. Kitzingen 1954, S. 29 ff.

Deutschen aus Polen in den von ihnen mitgegründeten Organi-Organisationen, den Hilfskomitees und der Landsmannschaft Weichsel-Warthe. Zu nennen sind hier vor allem Kurt Graebe (für Posen, 1874–1952), [64] Berndt von Saenger (für Posen, 1891–1978), [65] Dr. Georg Busse (für Posen, 1871–1945, auf der Flucht ermordet), [66] Josef Spickermann (Lodz, 1870–1947), [67] Erwin Hasbach (für Mittelpolen, 1876–1970) [68] und August Utta (Mittelpolen, 1887–1940). [69]

Die deutschen Minderheitsvertreter arbeiteten mit anderen Minderheiten gut zusammen, um ihre gemeinsamen Interessen auch durchsetzen zu können.

Die wirtschaftliche Stütze der deutschen Landwirte waren die Genossenschaften, die bereits im Kaiserreich in großer Zahl gegründet worden sind. Sie gründeten als Interessenvertretung die Westpolnische Landwirtschaftliche Gesellschaft (WELAGE) in Posen. [70] Auch ihre Mitarbeiter wurden nach dem Zweiten Weltkrieg zu führenden Vertretern der Deutschen

---

[64] Nachruf auf Kurt Graebe, in: Stimmen aus dem Osten. Hamburg 1952, Ausgabe 8, Nr. 16.

[65] Berndt von Saenger: Erinnerungen an meine Abgeordnetenzeit, in: Jahrbuch Weichsel-Warthe 1976, Hannover 1975, S. 27-35. Und: Hans Freiherr v. Rosen: In memoriam Berndt von Saenger, in: Jahrbuch Weichsel-Warthe 1979, Hannover 1978, S. 26–29.

[66] Bericht über sein Schicksal in: Posener Stimmen, Nr. 2, 1961 Lüneburg.

[67] Karl-Heinz Reschke: Josef Alexander Spickermann. Zum 60. Todestag des Sejmabgeordneten und Senators in Polen, in: Jahrbuch Weichsel-Warthe 2007, Wiesbaden 2006, S. 61–73.

[68] Adolf Kraft: Senator Erwin Hasbach, in: Jahrbuch Weichsel-Warthe 1971, Hannover 1970, S. 67–73.

[69] Adolf Kargel: August Utta, in: Jahrbuch Weichsel-Warthe 1956, München 1955, S. 73–78.

[70] Gustav Klusak: Die WELAGE in Posen, in: Jahrbuch Weichsel-Warthe 1986, Hannover 1985, S. 62–71.

aus Polen. Vorsitzender der WELAGE war von 1923-35 der schon als Senator genannte Dr. Busse.

Vor allem in den 1930er Jahren kam es zu Aufrufen zum Boykott deutscher Genossenschaften und Läden. Es kam sogar zu Boykottaufrufen „Kauft nicht bei Deutschen". Der Druck auf die Minderheit führte zu weiteren Abwanderungen. Viele ehemalige Bewohner klagten auch über staatliche Schikanen gegen deutsche Organisationen, vor allem gegen die Schulen.[71] Um ihren Kindern weiterhin Deutsch beibringen zu können, wurden vielerorts deutsche Privatschulen gegründet. Durch administrative Veränderungen wurden deren Arbeitsfelder so verändert, dass sie nicht mehr existieren konnten. Vielfach wurden auch Schüler und Eltern seitens der Schulbehörden unter Druck gesetzt, um die staatliche polnische Schule zu besuchen.[72]

Auch die unruhigen politischen und wirtschaftlichen Bedingungen führten nicht zur Beruhigung. Die Zeit von 1919–1921 war durch Kriege gekennzeichnet. Es folgte dann 1923–1924 die galoppierende Inflation mit dem Währungswechsel von der polnischen Mark zum Zloty. Auch der Aufbau des neuen Staates machte hohe Abgaben notwendig. Die 1929 einsetzende Weltwirtschaftskrise verschlechterte die Situation noch weiter.

Die Zukunft der Deutschen in Polen sah schlecht aus. Die Jugend wanderte ab, den Betrieben ging es nicht gut, zudem wurde den Landwirten die Übergabe ihrer Höfe an ihre Nachkommen erschwert. So verwundert das Zitat des Posener Domherrn Joseph Paech (1880–1942) nicht:

---

[71] Bierschenk, Theodor: Die deutsche Volksgruppe in Polen 1934–1939. Kitzingen 1954. Diese Problematik behandeln vor allem die Kapitel 3 Polnische Verdrängungstendenzen, ab S. 102.

[72] Bierschenk, Theodor: Die deutsche Volksgruppe in Polen 1934–1939. Kitzingen 1954, S. 152 ff.

„Die Deutschen haben wir erwartet und freudig begrüßt, aber gekommen sind die Nationalsozialisten, die nicht die Deutschen sind, die wir kannten. "[73]

Paech meinte damit die Nationalsozialisten und ihre unmenschliche Politik, die nicht im Sinne des absoluten Gros der deutschen Minderheit war.

Eine Spaltung der Minderheit trat bereits nach der Machtübernahme ein. Die Partei „Deutsche Vereinigung" erhielt mit der pro-nationalsozialistischen „Jungdeutschen Partei in Polen" (Partia Młodoniemiecka w Polsce) eine vom III. Reich geförderte Konkurrenz. Das, was sich dann nach 1939 ereignete, war der Höhepunkt der katastrophalen deutsch-polnischen Beziehungen im 20. Jahrhundert.[74]

Es ist unerlässlich, aus der Geschichte zu lernen, um nicht dazu verurteilt zu sein, sie zu wiederholen.

---

[73] Hilarius Breitinger: Als Deutschen-Seelsorger in Posen und im Warthegau 1934–1945, Erinnerungen, Veröffentlichungen der Kommission für Zeitgeschichte, Reihe A: Quellen. Band 36, Mainz 1986, S. 51.

[74] Otto Heike: Die deutsche Minderheit in Polen bis 1939: ihr Leben und Wirken kulturell, gesellschaftlich, politisch; eine historisch-dokumentarische Analyse, Leverkusen 1986 (aus der Sicht eines ehemaligen Minderheitenaktivisten heraus verfasst). Siehe auch bei Joachim Rogall: Die Deutschen im Posener Land und in Mittelpolen. München 1993, S. 153–155.

Westpreußische Frauen pflegen ihr kulturelles Erbe

Heidrun Ratza-Potrȳkus

Zukunft braucht Erinnerung – und in diesem Sinne wirken die westpreußischen Frauen ebenso wie auch die Frauen in anderen Landsmannschaften. Die Arbeit findet hauptsächlich in den Landesgruppen und Heimatkreisen statt. Angesichts der komplizierten Geschichte Westpreußens ist es nur natürlich, dass die Frauen häufig mit Ostpreußen- oder Danziger-Gruppen zusammenarbeiten. Dabei wollen die Wünsche der Teilnehmer berücksichtigt werden: Es gibt ebenso Plaudernachmittage wie Vorträge über die Heimat, das Brauchtum, oder aber über westpreußische Persönlichkeiten. Zu Letzteren hier nur eine kleine Auswahl:

- Nikolaus Copernicus aus Thorn, Astronom;
- Johann Reinhold Forster aus Dirschau und sein Sohn Georg Forster, Forschungsreisende (u. a. mit James Cook in der Südsee);
- Samuel Thomas von Soemmerring aus Thorn, entdeckte u. a. den „gelben Fleck" in der Netzhaut des menschlichen Auges;
- Johannes Daniel Falk aus Danzig, Schriftsteller und Kirchenlieddichter, schrieb u.a. das Lied „O du fröhliche …";
- Luise Gottsched aus Danzig, Schriftstellerin;
- Emil von Behring aus Hansdorf Kreis Rosenberg, entwickelte das Serum gegen Diphterie und das Serum gegen Tetanus
- Johanna Schopenhauer aus Danzig, Schriftstellerin und Mutter des Philosophen Arthur Schopenhauer;
- Wernher von Braun aus Wirsitz, Raumfahrtpionier;
- Elisabeth Schwarzkopf aus Posen, Sängerin;

- Lilli Palmer aus Posen, Schauspielerin;
- Horst Krause aus Bönhof Kreis Stuhm, Schauspieler („Wachtmeister Krause").

Auf den Ostdeutschen Weihnachtsmärkten bzw. Markttagen werden Spezialitäten wie Marzipan und Thorner Kathrinchen angeboten. Regelmäßig stattfindende Werkwochen bieten Gelegenheit zur Herstellung ostdeutscher Handarbeiten: Der Stoff zur Westpreußischen Tracht wird von den Frauen selbst hergestellt, Jostenbänder und traditionelle Stickereien entstehen. Das Westpreußenkleid wird dann bei Jahresempfängen in Hessen und Bayern sowie bei Ostdeutschen Weihnachtsmärkten oder beim Tag der Heimat getragen.

Alte heimatliche Bräuche zu festlichen Anlässen wie Ostern, Erntezeit, Weihnachten, Silvester hatten sich bis zu Ende des Zweiten Weltkrieges erhalten.

Am Ostermorgen gingen junge Mädchen vor Sonnenaufgang mit einem Krug zu einer Quelle, um das Osterwasser zu holen. Dabei und auf dem Rückweg durften sie auf keinen Fall sprechen, und im Wasser der Quelle sollten sie dann ihren künftigen Ehemann erblicken können. Zu Hause konnten sie sich dann mit dem Osterwasser waschen, denn davon sollten sie schön werden.

Ein anderer Brauch an Ostern[75] war das *Schmagostern / Schmackostern*. Morgens in aller Frühe gingen Jugendliche mit bunt geschmückten jungen Birkenruten von Haus zu Haus. Der angetroffenen Hausfrau, oder wen sonst sie von den Hausbewohnern vorfanden, wurde mit den Ruten an die bloßen Beine geschlagen. Dabei riefen sie im Chor:

---

[75] Kikut, Herbert: Chronik der Familie Kikut aus Kalwe in Westpreußen. Nackenheim/Rh. 2001, Kapitel III.

Oster,
schmagoster,
drei Eier, Stück Speck,
dann lauf' ich schnell weg.

Erwartungsgemäß erhielt daraufhin jeder Glückwunschbringer bemalte Eier und ein Stück Blechkuchen (Hefekuchen). Junge Burschen ließen sich diese Gelegenheit nicht entgehen, ihre verehrten Mädchen auf diese Art morgens im Bett zu überraschen. Irgendeiner der Hausbewohner wurde am Tag davor überredet, die Haustür in aller Frühe zu entriegeln. Mit Vergnügen wurden dann die bloßen Beine der Mädchen „schmagostert" und anschließend wurde mit einem versöhnenden Kuss alles wieder gutgemacht. Die symbolischen Rutenstreiche, die früher nur Frauen und Mädchen verabfolgt wurden, entstammen dem Fruchtbarkeitsglauben zum Frühlingsbeginn.

Wie Silvester und Ostern ihre Bräuche hatten, gab es solche auch in der <u>Erntezeit</u>[76]. So wurde dem Dienstherrn bei Beginn seiner Getreideernte von den die Garben bindenden Frauen und auch von den Schnittern ein seilförmiges Gewinde aus Getreidehalmen an den Oberarm gebunden. Dies besorgten die Vorarbeiterin bzw. der Vorarbeiter. Der Dienstherr musste sich dann mit Likör für die Frauen und Schnaps für die Männer oder mit einem entsprechenden Geldgeschenk freikaufen. Wenn beim Einbringen des Getreides das letzte Fuder beladen war, befestigte der Fuhrmann am Leiterwagen (mit leiterförmigen Seitenwänden verlängert ausgerüsteter Erntewagen) eine elastische Weidengerte derart, dass das freie Astende beim Fahren von einer Radspeiche zur anderen sprang und so beim Trabfahren ein schnarrendes Geräusch entstand. Die Laderinnen blieben während der Heimfahrt auf dem

---

[76] Kikut, Herbert: Chronik der Familie Kikut aus Kalwe in Westpreußen. Nackenheim/Rh. 2001, Kapitel III.

geladenen Fuder sitzen. Wenn nun der beladene Wagen in die Scheune einfuhr, wurde das Fuder mit Wasser aus Eimern begossen, wobei Fuhrmann und Laderinnen davon natürlich nicht ausgenommen waren. Diese feuchte Weihe sollte dem Korn des nächsten Jahres Segen bringen. Zu erwähnen ist nun noch das Erntefest. An diesem Tag hatte die ganze Hofbelegschaft am Vormittag Gelegenheit, sich für die Feier am Nachmittag vorzubereiten. Da wurde dann geschmückt und geputzt, die Wagenremise hergerichtet und mit einer langen Festtafel ausstaffiert. Am Nachmittag kam nun endlich der Festzug der eingeladenen Hofbelegschaft. Voran ein Ziehharmonikaspieler, dann die Vorarbeiterin und der Vormann mit der Erntekrone. Sämtliche Getreidearten wurden dazu kunstvoll in Form einer Krone geflochten und mit bunten Bändern geschmückt. Auf dem Hof empfing der Dienstherr mit seiner Frau den Festzug. Nach einigen von der Vorarbeiterin in Versform vorgetragenen Glückwünschen, die mir textlich nicht mehr in Erinnerung blieben, bedankte sich der Dienstherr schließlich für die gute Mitarbeit der Belegschaft beim Einbringen seiner Ernte. Hiernach setzten sich alle zum Essen an die Festtafel. Bei Bier und maßvollen Mengen Schnaps saß man gemütlich beisammen und vergaß in allmählich angeheiterter Stimmung auch nicht, das Tanzbein zu schwingen. Den Anfang machte der Dienstherr, mit der Vorarbeiterin den Tanz eröffnend, während der Vorarbeiter mit der Frau des Hauses tanzte. So verlebte man unvergessliche frohe Stunden in schöner persönlich verbindender Gemeinsamkeit bis spät in den Abend.

An Heiligabend [77] schmückten sich vier Burschen als Schimmelreiter, Bär, Storch und Schornsteinfeger und führten in der Küche mit Teufelsgeigen oder Ziehharmonika bei ihren

---

[77] Kikut, Herbert: Chronik der Familie Kikut aus Kalwe in Westpreußen. Nackenheim/Rh. 2001, Kapitel III.

Tänzen ein lautes Spektakel auf. Im mitgeführten Korb sam-sammelten sie hernach Essbares oder Geldspenden und zogen vergnügt so von Haus zu Haus.

Zur Jahreswende [78] zogen jüngere Burschen mit dem Brummtopf schon am Nachmittag des Silvestertages von Haus zu Haus. Der Brummtopf war aus einem deckellosen Fässchen gefertigt, an dessen Boden, bespannt mit einer getrockneten Schweinsblase, ein Büschel langer Pferdehaare befestigt war. Diese mussten laufend mit Wasser befeuchtet werden. Durch die zwischen den Fingern reibend hindurchgezogenen nassen Pferdehaare entstanden dann diese eigentypischen brummenden Töne (ähnlich denen einer Bassgeige), deren Resonanzen durch den Boden und den Hohlraum des Fasses akustisch verstärkt wurden. Die vom vielen Singen allmählich bald schon recht heiseren Stimmen der Burschen wurden neben den Tönen des Brummtopfs noch vom rasselnden Geschepper eines aus Blechbüchsen gefertigten Schlagzeuges begleitet. Das Ganze klang entsprechend originell. Ich habe eine Strophe des Gesangtextes noch in Erinnerung, der wie folgt lautet:

Wir wünschen dem Herrn einen gedeckten Tisch,
an allen Ecken einen gebratenen Fisch;
in der Mitte eine Kanne mit Wein,
damit der Herr kann lustig sein!
Wir wünschen der Frau eine goldene Kron'
im neuen Jahr einen jungen Sohn!

Nachdem die Gruppe der Musikanten eine immer willkommene Geldspende entgegengenommen und bei kaltem Wetter meist noch einen wärmenden Schnaps konsumiert hatte,

---

[78] Kikut, Herbert: Chronik der Familie Kikut aus Kalwe in Westpreußen. Nackenheim/Rh. 2001, Kapitel III.

strebte sie danach zufrieden und frohgestimmt weiter zu neuen Taten ins nächste Haus.[79]

Silvester gegen Mitternacht ertönte plötzlich auf dem Hof lautes Peitschenknallen. Es waren meist vier bis sechs Gespannführer, die sich auf dem Hof verteilt postiert hatten und mit aller Bravour ihre Knallkünste mit meist Vierspänner-Peitschen im Gleichklang vorführten. Es hörte sich an wie ununterbrochene Gewehrsalven. Mit dem Knallen sollte das alte Jahr und seine bösen Geister vertrieben werden. Für diese Elite von Silvestergästen musste man bei der Verabreichung des erwarteten Geldgeschenks auch dementsprechend etwas tiefer in die Tasche greifen.

Ein weiterer Brauch war die Kalende: In der Zeit zwischen Weihnachten und Neujahr fuhr der Pfarrer auf Hausbesuch zu den Gütern und Bauernhöfen, um über Haus und Hof den Segen zu sprechen. Die Besuche wurden sonntags nach der Heiligen Messe in der Kirche angekündigt. Da konnte es schon einmal passieren, dass man vom Besuch des geistlichen Herrn überrascht wurde, weil man an dem besagten Sonntag nicht in der Kirche gewesen war: Die Eltern waren auf Verwandtenbesuch gefahren, und die erwachsenen Kinder wollten lieber ausschlafen. Jedenfalls wurde in aller Eile das Weihwasser für den Segen gesucht und auch eine Flasche zutage gefördert, so dass der Pfarrer seines Amtes walten konnte. Natürlich wurde er anschließend zu Kaffee und Kuchen eingeladen, wie es in Westpreußen üblich war. Als die Eltern abends nach Hause kamen, fielen sie aus allen Wolken, denn auch sie hatten die Kalende ganz vergessen. Wie sich dann herausstellte, hatte die Flasche aber kein Weihwasser enthalten, sondern essigsaure Tonerde („Na ja, es hatte auch ein bisschen komisch gerochen"), und der Pfarrer hatte

---

[79] Kikut, Herbert: Chronik der Familie Kikut aus Kalwe in Westpreußen. Nackenheim/Rh. 2001, Kapitel III.

vergebens nach dem üblichen Trinkgeld unter dem Teller gegetastet. Ein Teil der Familie fand es komisch, der andere Teil empfand es als Blamage - so haben meine Eltern es mir erzählt.

Man spricht viel vom Immateriellen Kulturerbe, das es zu bewahren und zu dokumentieren gilt. Dazu gehören natürlich auch die Rezepte der Heimat. 1995 wurde das Buch „Rezepte aus Westpreußen" herausgegeben; es ist übrigens immer noch erhältlich. 2006 erschien auf Initiative einer Westpreußin am Rande der Internationalen Konferenz „Chancengleichheit im erweiterten Europa" eine Internationale Rezepte-Sammlung aus Ländern entlang der Ostsee. 2016 wurde – übrigens auf Initiative derselben Westpreußin – ein neues, europäisches Projekt gestartet: Ein Buch mit Festtagsrezepten aus den Ländern entlang der Ostsee. Enthalten soll es Rezepte zu Weihnachten und Ostern aus Finnland, dem Baltikum, Ost- und Westpreußen, Danzig, Polen, Pommern, Mecklenburg und Schleswig-Holstein (möglichst mit Erläuterungen, warum diese Gerichte (Vorspeisen, Suppe, Fisch, Fleisch, Dessert, Gebäck, Marzipan) traditionell gebräuchlich sind und welche Erklärungen dazu bekannt sind). Die Rezepte werden ins Finnische, Schwedische, Polnische und in die Sprachen des Baltikums übersetzt. Augenblicklich ist man im Gespräch mit mehreren Verlegern.

Ohne Erinnerung keine Zukunft!

Zum Deutsch-polnischen Verhältnis zwischen beiden Weltkriegen[80]

Jürgen W. Schmidt

Ich werde ersten Teil des Vortrags das deutsch-polnische Verhältnis von 1919–1939 in abstrakter Form betrachten und anschließend im zweiten Teil anhand von markanten Vorkommnissen und anhand von einigen menschlichen Schicksalen in mehr konkreter Weise abhandeln.

Das deutsch-polnische Verhältnis in den letzten 600 Jahren wird gegenwärtig besonders von deutscher Seite aus Gründen der deutsch-polnischen Versöhnung durch eine rosarote Brille gesehen, wie aktuell eine von der Bundesrepublik Deutschland offiziell geförderte fünfbändige Buchreihe „Deutsch-Polnische Geschichte" in der Wissenschaftlichen Buchgemeinschaft Darmstadt belegt.[81] Und wenn das Verhältnis zwischen beiden Nationen wirklich einmal gestört war, dann war es ganz sicher nur deutsche Schuld.[82] Den Tiefpunkt der deutsch-polnischen

---

[80] Vorliegender Text entstand als Vortragsmanuskript, deshalb habe ich zum Beleg meiner Thesen nachträglich eine Reihe von Fußnoten mit den entsprechenden Literaturnachweisen eingefügt.

[81] Ich beziehe mich hier auf die fünfbändige Buchreihe „Deutsch-Polnische Geschichte" der Wissenschaftlichen Buchgesellschaft Darmstadt, welche im Auftrag des Deutschen Polen-Instituts von Dieter Bingen, Hans-Jürgen Bömelburg und Peter Oliver Loew seit 2014 herausgegeben wird. Beim Darmstädter Polen-Institut hat der Blick durch die rosarote Brille bereits Tradition, wie schon der gleichfalls von Dieter Bingen und Peter Oliver Loew sowie von Krzystof Ruchniewicz und Marek Zybura gemeinsam herausgegebene Sammelband „Erwachsene Nachbarschaft. Die deutsch-polnischen Beziehungen 1991 bis 2011" (Wiesbaden 2011) belegt.

[82] Als geradezu typisch erscheint hier die großangelegte Studie von Hans-Erich Volkmann „Die Polenpolitik des Kaiserreichs – Prolog zum Zeitalter der Weltkriege" (Paderborn 2016). Diese reine Literaturarbeit, wel-

Beziehungen bildet dabei natürlich der deutsche Überfall auf Polen im September 1939 und die Zeit der deutschen Besatzungsherrschaft in Polen 1939–1945. Nun hat aber jeder historische Vorgang seine ganz eigene Geschichte und Vorgeschichte, auch der deutsche „Überfall auf Polen" 1939. Dessen Ursachen liegen eindeutig im deutsch-polnischen Verhältnis zwischen 1918 und 1939 begründet. Und um das damalige deutsch-polnische Verhältnis in jenen reichlich 20 Jahren knapp zu charakterisieren: Es war schlecht![83]

Es war sogar grottenschlecht, wenn man eine kurzzeitige Phase der Aufhellung ausgerechnet nach Machtantritt der Nationalsozialisten in Deutschland abrechnet. Es war durch beträchtlichen Chauvinismus auf polnischer Seite gekennzeichnet, verbunden mit steten polnischen Anstrengungen zur Revision seiner Westgrenze, denn vorrangig um die strittigen deutsch-polnischen Grenzfragen ging es beim gestörten deutsch-polnischen Verhältnis in der Zwischenkriegszeit. Auf deutscher Seite herrschte hingegen statt Chauvinismus eine beträchtliche, mit Hass durchsetzte Bitterkeit gegenüber Polen vor und deutscherseits hielt man gleichfalls die bestehende deutsch-polnische Grenze im Osten

---

che auf Archivstudien verzichtete, ist inhaltlich bewusst so aufgebaut, dass die kaiserzeitliche Polenpolitik in vielem als eine Vorwegnahme der rassistischen Polenpolitik des Dritten Reiches nach 1939 erscheint.

[83] Das ist nicht nur meine persönliche Auffassung. Dasselbe verlautbarte schon vor fast 50 Jahren der damalige Referatsleiter für Öffentlichkeitsarbeit im Gesamtdeutschen Institut Volkmar Kellermann in seiner historischen Studie „Schwarzer Adler – Weißer Adler. Die Polenpolitik der Weimarer Republik" (Köln 1970). Gleiches, insbesondere über die unkluge Außenpolitik der Polnischen Republik gegenüber dem Deutschen Reich und der Sowjetunion und die kurzzeitige „Charmeoffensive" des Dritten Reiches gegenüber Polen in den Jahren ab 1934, schrieb der auf polnische Geschichte spezialisierte Professor an der Universität des Saarlandes Jörg K. Hoensch in seiner „Geschichte Polens" 3. Auflage Stuttgart (Reihe Uni-Taschenbücher Bd. 1251) auf den S. 265–278.

des Deutschen Reiches mit der Insellage Ostpreußens nur für eine zeitweilige, dringend korrekturbedürftige Grenze. Diese konnte aus damaliger deutscher Sicht vor allem aus rein praktischen Gründen wirtschaftlicher, insbesondere aber aus wirtschaftlicher und verkehrsgeographischer Vernunft (zwei Stichpunkte hierzu nur: „Polnischer Korridor" und „Freie Stadt Danzig"), aber ebenso aus Gründen ganz elementarer historischer Gerechtigkeit keinen Bestand haben. Hätte damals irgendjemand in der Zeit zwischen 1919 und 1939 den Deutschen prophezeit, wo die deutsch-polnische Grenze ab dem Jahr 1945 verlaufen würde, dann hätte man ungläubig gelächelt und dies als total absurd und völlig unmöglich bezeichnet, zumal ja aus deutscher Sicht schon die aktuelle Grenze der Zwischenkriegszeit völlig untragbar war. Aus polnischer Sicht übrigens auch, denn in Polen war man mit der bestehenden Westgrenze gleichfalls völlig unzufrieden und hielt diese gleichfalls für untragbar. Denn zwar hatte man sich seitens der im November 1918 aus dem ehemaligen Russisch-Polen entstandenen Republik Polen sukzessive fast die gesamte preußische Provinz Posen einverleibt, welche jedoch immerhin zu 60 % von Polen bewohnt war. Doch hatte man trotz dreier bewaffneter Einfälle, de facto waren es drei unerklärte kleine Kriege Polens gegen Deutschland in Form der oberschlesischen Aufstände von 1919, 1920 und 1921, und durch die ganz massive politische Unterstützung der Entente, hier vor allem des stets polenfreundlichen Frankreichs, sich durch die angeordneten Abstimmungen nur einen geringen Teil Oberschlesiens sichern können, während die überwiegende Masse Schlesiens weiterhin Bestandteil des Deutschen Reiches blieb. Auch das von Polen heißbegehrte Ostpreußen blieb infolge massiver polnischer Abstimmungsniederlagen in den von den Siegermächten des Ersten Weltkriegs angeordneten Abstimmungen unter ganz geringen Gebietsverlusten deutsch. Ebenso ging von der etwa zu 40% polnisch besiedelten preußischen Provinz Westpreußen nur deren südlicher Teil (und natürlich aus rein politischen Gründen) auch der sogenannte „Korridor" an Polen über. Polen hatten nämlich aus Handelsgründen auf einem direkten Zugang zum Meer, zur Ostsee bestanden, den man ihm zu seiner Kräftigung, d. h. zur Sicherung seiner wirtschaftlichen Überlebensfähigkeit, seitens der Siegermächte, und natürlich auch zwecks Schwächung des Kriegsverlierers Deutschland, zugestand. Zusätzlich träufelte man beträchtliche Prisen Salz in deutsche Wunden, indem man die zu 98% deutsche Stadt Danzig nebst des umliegenden Territoriums zwar nicht zu einer polnischen Stadt und damit zu einem integralen Teil polnischen Staatsgebiets zu machen wagte. Doch die bis 1939 stets nur üblen Zank und Streit zwischen dem Deutschen Reich und Danzig einerseits, der neuen Republik Polen andererseits hervorrufende, politische Fehlkonstruktion eines „Freie Stadt" genannten, außenpolitisch unselbständigen Kleinstaats unter polnischer Dominanz war natürlich ein ganz grober Unfug mit erheblichen politischen Folgen bis hin zum Ausbruch eines neuen, diesmal deutsch-polnischen Kriegs im September 1939, der das Präludium zu einem zweiten Weltkrieg bildete. Die von Polen gleichfalls beanspruchte Provinz Pommern blieb dagegen gänzlich deutsch. Polen war also, ähnlich wie Deutschland, mit der erfolgten Grenzziehung nach dem Ersten Weltkrieg absolut nicht einverstanden und strebte deren Revision an.

Auf Propagandaplakaten des erzchauvinistischen polnischen Westmarkenvereins in den 20er und 30er Jahren verlief die künftige polnische Grenze mitunter sogar entlang von Elbe und Mulde, und Dresden, Leipzig, Berlin und Magdeburg waren polnische Städte. Man könnte heute darüber laut lachen, aber es waren leider keine Spinnereien einzelner verblendeter Polen. Der polnische Westmarkenverein war nach heutigen Maßstäben eine Mischung aus Lobby-Institution und politi-scher Pressure-Group sowie ideologischer Denkfabrik. Dort schrieb man beispielsweise schon die Listen für die künftige Umbenennung deutscher Ortsbezeichnungen in polnische, auf die ab 1945 nachweisbar zurückgegriffen wurde, wie das der polnische Historiker Mateusz Hartwich vor einigen Jahren in seiner Dissertation über die Polonisierung der Riesengebirgsregion eindeutig belegt hat.[84] Da beide Staaten, das Deutsche Reich und die Republik Polen, ihre gemeinsame Grenze nur als zeitweilig und als stark revisionsbedürftig betrachteten, lag folglich ein deutsch-polnischer Krieg seit 1919 förmlich in der Luft. Und wenn dieser erst 1939 zum Austrag kam und nicht schon eher, dann war das für Deutschland eigentlich ein großes Glück. Dass der Krieg von 1939 dann von deutscher Seite ausging und mit einem bewaffneten Angriff der Wehrmacht auf das bereits seit Monaten mobilgemachte, folglich gleichfalls kriegsbereite Polen begann, war allerdings nicht ein Zeichen polnischer Friedfertigkeit, sondern mehr den konkreten politischen und militärischen Umständen des Frühjahrs und Sommers 1939 geschuldet. Halten wir also einige Grundlagen der deutsch-polnischen Beziehungen der Zwischenkriegszeit fest, bevor ich (in Anbetracht der mir zur Verfügung stehenden Zeit allerdings nur kurz) auf einige markante, doch heute leider völlig vergessene bzw. verdrängte deutsch-polnische Konflikte der Zwischenkriegszeit und sowie als politisches Lehrstück auf einige markante deutsch-polnische, menschliche Schicksale jener Zeit eingehe:

---

[84] Mateusz J. Hartwich: „Das Schlesische Riesengebirge – Die Polonisierung einer Landschaft nach 1945" Wien-Köln-Weimar 2012 (Neue Forschungen zur Schlesischen Geschichte Bd. 23). Polen ging hier viel überlegter und planmäßiger vor, als die relativ willkürlich und hektisch bei den Ortsumbenennungen in Ostpreußen agierende Stalinistische Sowjetunion, wie der Slawist Sven Freitag in seiner lesenswerten Dissertation „Ortsumbenennungen im sowjetischen Russland. Mit einem Schwerpunkt auf dem Kaliningrader Gebiet" Frankfurt/M. 2014 (Kieler Werkstücke – Reihe F: Beiträge zur Osteuropäischen Geschichte Bd. 10) klarstellt.

1. Das deutsch-polnische Verhältnis war im gesamten Zeitraum 1919–1939 gestört und de facto von Anbeginn an verdorben. Das war nicht erst die Schuld der Nationalsozialisten ab 1933. Bereits zu Zeiten der Weimarer Republik gab es in Deutschland keine einzige Partei oder politische Strömung, welche auf einen politischen Ausgleich mit Polen setzte, ohne zuvor die Revision der existierenden Grenze zu Gunsten Deutschlands einzufordern. Eine Grenzrevision im Osten war stete Forderung aller, ich wiederhole aller, deutschen Reichsregierungen ab 1919. Da stimmten selbst heute noch in der Bundesrepublik gepriesene Demokraten wie der Außenminister und Friedensnobelpreisträger Gustav Stresemann[85], die deutsche Sozialdemokratie und die KPD unter Kommunistenführer Ernst Thälmann überein. Nachdem Außenminister Stresemann gegenüber Frankreich die Dauerhaftigkeit der nach dem Ersten Weltkrieg entstandenen deutsch-französischen Grenze 1925 anerkannt hatte, versuchte der polnische Staatschef Marschall Pilsudski dasselbe für die deutsch-polnische Grenze bei Stresemann zu erreichen, blitzte aber ab. Nun stelle man Stresemann aber bitte nicht als Kriegstreiber oder gar als den Vorgänger von Adolf Hitler hin. Man hätte damals einfach niemanden in Deutschland gefunden, der diese Grenze als beständig deklariert hätte. Besonders aktiv gegen Polen traten übrigens die moskauhörigen deutschen Kommunisten auf, für die Polen ein erzreaktionärer, total sowjetfeindlicher Staat war. Etwa ab 1927 betrachtete man in der KPD, in voller Übereinstimmung mit der stalinistischen Linie, Polen sogar als einen „faschistischen Staat" und daran sollte sich bis1939 nichts ändern.

---

[85] Speziell zu Gustav Stresemann und seiner Haltung zum Problem der deutschen Ostgrenze gegenüber Polen siehe die viel zu wenig beachtete Studie von Georg Arnold: „Gustav Stresemann und die Problematik der deutschen Ostgrenzen" Frankfurt/M. 2000.

2. Ein bewaffneter deutsch-polnischer Konflikt, wie er dann 1939 zustande kam, lag seit 1919 förmlich in der Luft, und Anlässe dafür gab es ständig mehr als genug. Ich werde anschließend zwei Vorfälle aus den Jahren 1924 und 1930 schildern, welche als Kriegsanlass gut geeignet gewesen wären, und das waren bei weitem nicht die einzigen Vorfälle. Man könnte hier auch die steten Luftraumverletzungen deutschen Luftraums durch polnische Militärflugzeuge von 1931–1933 erwähnen [86], die erst infolge der Schaffung der Luftwaffe ein ganz jähes Ende nahmen. Wegen dreier bewaffneter polnischer Interventionen in Deutschland, nämlich in Oberschlesien, kam es in kleinem Maße 1919-21 sogar dreimal zum Ausbruch eines größeren bewaffneten deutsch-polnischen Konflikts. Es gibt überhaupt keinen Grund zum Erstaunen darüber, dass sich der deutsch-polnische Krieg 1939 schließlich wegen der Korridor- und Danzig-Problematik entspann. Der schlecht ausgehandelte Versailler Vertrag mit seiner ganz willkürlichen Grenzziehung im Osten und die einseitige Voreingenommenheit der Siegermächte (besonders aber Frankreichs) zugunsten Polens hatten dazu die Lunte gelegt.

3. Es war für Deutschland, nicht allerdings für Polen, ein großes Glück, dass jener stets in der Luft liegende Krieg erst

---

[86] Siehe zum Problem der deutsch-polnischen Beziehungen zu Zeiten der Weimarer Republik und zu Anfangszeiten des Dritten Reiches an der beidseits auch durch Spionage stark belasteten deutsch-polnischen Grenze meine beiden Aufsätze „Massenhafte Verletzungen deutschen Luftraums durch polnische Militärflugzeuge in den Jahren von 1931–1933. Handelte es sich hierbei um Luftspionage?", in: Jürgen W. Schmidt (Hrsg.): „Geheimdienste in Deutschland: Affären, Operationen, Personen" Ludwigsfelde 2012 S. 195–225 sowie „Zum deutsch-polnischen Verhältnis zwischen den beiden Weltkriegen: Nationalitätenkampf, Spionage und Agentenaustausche", in Jürgen W. Schmidt (Hrsg.): „Geheimdienste, Militär und Politik in Deutschland" Ludwigsfelde 2008 S. 268–315.

1939 und nicht schon Jahre eher ausbrach. Das Deutsche Reich mit seiner Mini-Reichswehr von 100.000 Mann, welche im Gegensatz zu Polen über keinerlei moderne Waffen wie Flugzeuge, Panzer, Flak, schwere Artillerie und U-Boote verfügen durfte, war nämlich gegenüber Polen bis etwa zur Wiedereinführung der Wehrpflicht in Deutschland 1935 völlig angriffsunfähig. Selbst zur schlichten Verteidigung allein gegen Polen, ganz zu schweigen gegen ein mit Polen verbündetes Frankreich, reichten jene 100.000 Mann nicht aus und erst ab der Schaffung der Wehrmacht und Einführung der Wehrpflicht im Jahr 1935 änderte sich das sukzessive. Spätestens ab dem Jahr 1936 hätte Polen gegenüber Deutschland wegen des sich rapide ändernden militärischen Kräfteverhältnisses deeskalieren müssen. In ihrer Verblendung tat das die polnische Staatsführung jedoch nicht und erlebte im September 1939 ein grausames Erwachen, als die französische und britische Unterstützung fehlte, auf die man so sehr und so blindlings vertraut hatte.

4. Deutschland hatte gleichfalls großes Glück damit, dass die junge Republik Polen ab 1918 eine ganz unkluge Außenpolitik betrieb und sich mit fast allen ihren Grenznachbarn aus chauvinistisch bedingten, territorialen Gründen in politische wie militärische Konflikte einließ. Polen betrachtete sich, ähnlich wie mitunter heutzutage, als europäische Großmacht, ohne indes auf allen denkbaren Gebieten mehr als eine kleine Mittelmacht zu sein. Demzufolge geriet Polen 1920 in einen erheblichen militärischen Konflikt mit der damals ziemlich schwachen Großmacht Sowjetunion, welcher ohne Frankreichs Unterstützung und das „Wunder von der Weichsel" beinahe gleich wieder mit Polens staatlichem Untergang geendet hätte. Ebenso lag Polen wegen der Annexion des litauischen Wilna-Gebiets bis 1939 im Dauerclinch mit Litauen. Und selbst mit der eigentlich einen ganz ähnlichen politischen Entstehungsbackground habenden, sich deshalb als

Bündnispartner förmlich anbietenden Tschechoslowakischen Republik hatte Polen Grenzstreitigkeiten und bediente sich dann, ebenso wie Deutschland, im Jahr 1938 lebhaft aus der tschechischen Beute.

5. Zu den großen polnischen außenpolitischen Fehlern kamen mindestens ebenso große innenpolitische Fehler im Zeitraum von 1919–1939. Der polnische Staat war im Vergleich mit Deutschland wirtschaftlich schwach, von der Bevölkerung her keineswegs homogen und nur zu etwa 60% von ethnischen Polen bewohnt. Es gab in Polen beträchtliche nationale Min-Minderheiten. Zu den vormaligen Reichsdeutschen, welche sich seit 1918 ungewollt auf nunmehr polnischem Staatsgebiet aufhielten, und den Volksdeutschen kamen die Ukrainer und Juden, daneben gab es noch Litauer und andere Minderheiten wie die Ruthenen. Alle Minderheiten wurden vom polnischen Staat politisch diskriminiert, wenn auch in unterschiedlichem Maße. Während die Deutschen in Polen immerhin noch das zwar militärisch schwache, doch politisch nicht gänzlich einflusslose Deutsche Reich hinter sich wussten, konnten sich die Juden auf niemand stützen und ihnen ging es in Polen folglich ziemlich schlecht. Aus genau denselben Gründen ging es der in Ostpolen lebenden, zahlenmäßig starken ukrainischen Minderheit schlecht, weshalb nationalistisch gesinnte Ukrainer aus purer Verzweiflung zum Mittel des bewaffneten Terrors griffen und diesen mit der ihnen eigenen Hartnäckigkeit und Brutalität jahrelang praktizierten. Auch die kommunistische Sowjetunion war aus ideologischen, natürlich ebenso auch aus rein machtpolitischen Gründen an der Destabilisierung des ungeliebten polnischen Nachbarn interessiert, wozu noch zusätzlich der Gedanke an Rache für das Jahr 1920 kam. Seit 1920 wurde Polen vom Nachbarstaat Sowjetunion aus planmäßig destabilisiert, wozu der massenhafte Einsatz von Terror-

und Diversionsgruppen und von kommunistischen Agitatoren gehörte.[87] Zwischen Polen und Litauen herrschte lange Jahre der militärische Ausnahmezustand, da sich Litauen gar zu gern das Wilna-Gebiet wiedergeholt hätte, doch militärisch zu schwach dazu war. Hätte nicht Frankreich Polen wiederholt gezügelt, indem es Polen nicht carte-blanche gab, hätte bis 1934 ein deutsch-polnischer Krieg beständig in der Luft gelegen. Die polnischen militärischen Planungen waren zu jener Zeit, aber auch später, ausgesprochen offensiv.[88] Im Gegensatz zu Deutschland, das wegen seine militärischen Schwäche in Ostpreußen, Pommern, Ostbrandenburg und Schlesien ausgedehnte Befestigungslinien gegen Polen errichtete, besaß Polen gegenüber dem angeblich so aggressiven Deutschland bis 1939 keinerlei Befestigungslinien, eben weil man im Kriegsfalle wegen der eigenen militärischen Stärke offensiv vorzugehen beabsichtigte. Polen hielt von einer militärischen Abrechnung mit Deutschland immer wieder Frankreich ab, das Polen eben

---

[87] Infolge einer völlig misslungenen sowjetischen Geheimdienstoperation brach 1925 fast wieder ein Krieg zwischen Polen und der Sowjetunion aus, siehe dazu meinen Aufsatz „Beinahe Krieg mit Polen – Wenn bei den sowjetischen Geheimdiensten die linke Hand nicht weiß, was die rechte tut", in: „Jürgen W. Schmidt (Hrsg.): „Spionage, Terror und Spezialeinsatzkräfte. Aufsätze und Dokumente aus 140 Jahren Geheimdienstgeschichte Berlin 2019 (Reihe: Geheime Nachrichtendienste Bd. 11) S. 176–179.

[88] In der Geschichtsforschung kann durchaus historisches Wissen, etwa über die polnischen militärischen Planungen der Zwischenkriegszeit, verlorengehen, indem man es schlichtweg vergisst. Siehe zu diesen polnischen militärischen Planungen speziell den Aufsatz von Hans Roos: „Die militärpolitische Lage und Planung Polens gegenüber Deutschland", in: „Wehrwissenschaftliche Rundschau" Heft 4/1957 S. 181–202 sowie die viel allgemeiner und umfassender angelegte Studie desselben Hans Roos: „Polen und Europa. Studien zur polnischen Außenpolitik 1931-1939" Tübingen 1957.

nicht freie Hand gegen Deutschland erlaubte[89], und mit einer feindselig gesinnten Sowjetunion im Rücken wagte Polen keinen Alleingang ohne Frankreich gegen Deutschland.

Und gerade deswegen glaubte sich die polnische Führung dann in den Korridor-Verhandlungen vom August 1939 mit Ribbentrop nunmehr so sicher. Hatte man doch kurz vorher erreicht, was man seit 1919 so heiß anstrebte. Frankreich und dazu noch England hatten zwecks politischer Eindämmung von Hitler am 29. bzw. 31. März 1939 Polens Territorium gegenüber Deutschland offiziell garantiert. Damit glaubte man in Polens Führung nun endlich zwei Großmächte auf seiner Seite zu haben, wenn es zum Austrag der bestehenden Streitigkeiten mit Deutschland kam. Dass sich Hitler insgeheim am 3. April 1939 entschloss, nun gleichermaßen den militärischen Austrag der Konflikte mit Polen ins Auge zu fassen, hielt man in Polen für sehr unwahrscheinlich. Und selbst wenn man es auch gewusst hätte, hätte das kaum jemand in Polens damaliger Führung beeindruckt. Denn man war ja jetzt im Bunde mit zwei der stärksten Großmächte jener Zeit und man überschätzte zudem in Polen gewaltig den Kampfwert der eigenen, eigentlich schlecht ausgerüsteten und schlecht ausgebildeten Armee.

---

[89] Dieser Umstand ist in der seriösen Geschichtswissenschaft zwar gut bekannt, siehe etwa Hoensch a. a. O. S. 271, wird aber gerade aktuell kaum noch erwähnt, eben weil man in Deutschland das deutsch-polnische Verhältnis durch eine rosarote Brille betrachtet. Gleich zweimal, nämlich im März/April 1933 und Oktober/November 1933 schlug Polen seinem militärischen und politischen Partner Frankreich vor, Deutschland wegen dessen Austritt aus dem Völkerbund und der damit einhergehenden Verletzungen des Versailler Vertrags mit einer sogenannten „Polizeiaktion" gegenüber zu treten. Dabei plante Polen, in Analogie zur einstigen französischen Ruhrbesetzung Ostpreußen und Oberschlesien sowie Danzig militärisch zu besetzen. Während man Ostpreußen und Oberschlesien ggf. zurückzugeben dachte, wollte man Danzig von vornherein okkupieren. Frankreich gab klugerweise Polen nicht den erhofften Freibrief für diese mehr als brisante Aktion.

6. So seltsam es heute für uns klingen mag: die Einzigen in Deutschland, die zwischen 1919 und 1939 gewisse Zeit ernsthaft darüber nachdachten, die politischen Schwierigkeiten mit Polen zu bereinigen, indem man durch gegenseitige territoriale Zugeständnisse die bestehende deutsch-polnische Grenze zu einer dauerhaften machte, das waren die Nationalsozialisten. Man fuhr deshalb seitens der Nationalsozialisten ab 1933 eine Charme-Offensive, welche im Januar 1934 sogar zum Abschluss eines Nichtangriffsvertrages zwischen Deutschland und Polen führte. Hermann Göring hielt sich wiederholt zu Jagdaufenthalten in Polen auf und versuchte dabei mit Marschall Pilsudski und anderen führenden polnischen Politikern eine gemeinsame Sprache zu finden. Man beabsichtigte damals seitens der Nationalsozialisten in einem wahrhaft revolutionären Schritt aus dem polnischen Dauerfeind im Osten einen Freund und politischen wie militärischen Juniorpartner zu machen. Diese Charme-Offensive gegenüber Polen, auf welche natürlich aus rein machtpolitischen Gründen einerseits die Sowjetunion und andererseits Frankreich und England misstrauisch blickten, scheiterte nach intensiven deutsch-polnischen Verhandlungen im Oktober 1938 sowie im Januar und März 1939. England und Frankreich konnten nämlich Polen durch eine Garantie polnischen Territoriums gegenüber Deutschland erfolgreich auf ihre Seite ziehen. Auch Polen war diese englisch-französische Bündnisvariante wesentlich lieber als eine etwaige Freundschaft mit dem ungeliebten Deutschland, da man ja im Westen letztlich selbst expandieren, nicht nur die eigene Westgrenze sichern wollte. Für die Sowjetunion war dagegen die polnische Wendung hin in Richtung England-Frankreich von Ende März 1939 ein grelles Warnsignal und letztlich der Auslöser für den Stalin-Hitler-Pakt vom August 1939.[90] Polen hatte mit seiner Außen-

---

[90] Seit dem verlorenen sowjetisch-polnischen Krieg von 1920 war der sowjetische Geheimdienst beim ungeliebten polnischen Nachbarn ganz

politik gegenüber Deutschland Anfang 1939 hoch gepokert und wie sich im September 1939 erwies, hoch verloren. Dass man ab Mai 1945 wieder auf der Siegerseite stehen würde, konnte man damals noch nicht ahnen und es wurde zudem mit 45 Jahren Kommunismus in Polen ziemlich teuer bezahlt.

Fakt ist aber trotzdem, dass keine deutsche Regierung seit 1919 Polen bei den Verhandlungen Ende 1938 / Anfang 1939 soweit entgegenkam wie die Nationalsozialisten. Man verlangte zwar für sich selbst den Anschluss von Danzig an das Deutscher Reich (welchen man auch in Danzig selbst so wollte), aber dafür hätte Polen zum ersten Male die bestehende deutsch-polnische Grenze zuverlässig garantiert erhalten nebst einer Verlängerung des deutsch-polnischen Nichtangriffsvertrages auf 25 Jahre. Angesichts der bestehenden, dauerhaften Schwierigkeiten im Korridor hätte es das deutsch-polnische Verhältnis zudem sehr entspannt, wäre damals die angebotene exterritoriale Verbindung zwischen dem Deutschen Reich und Ostpreußen

---

besonders präsent, führte doch über das Territorium der Republik Polen für Stalin der Weg nach Westen. Der russische Geheimdienstgeneral a. D. Lev Sockov hat dazu eine Sammlung brisanter Geheimdokumente aus dem polnischen Außenministerium unter dem Titel „Sekrety pol´skoj politiki 1935–1945 gg. Rassekrečennye dokumenty služby vnešnej razvedki Rossiskoj Federazii (Geheimnisse der polnischen Politik 1935–1945. Offengelegte Dokumente des Nachrichtendienstes der Russischen Föderation" (Moskau 2010) herausgegeben, welche der sowjetische Geheimdienst bis 1939 insgeheim aus polnischen Regierungsbüros beschaffte und die ganz deutlich über das französisch-englische sowie das deutsche Ringen um die politische Partnerschaft Polens zwischen 1935 und 1939 Auskunft geben. Lesenswert bezüglich des deutschen Bemühen, zu Anfang des Dritten Reiches einen politischen Konsens mit Polen herzustellen, ist auch die von dem deutsch-polnischen Historiker Bernard Wiaderny verfasste Biographie des damaligen deutschen Botschafters in Polen mit Titel „Hans Adolf von Moltke. Eine politische Biographie" Paderborn 2017, weil Moltke sich in seiner Warschauer Botschafterzeit die Herstellung einer deutsch-polnischen Freundschaft auf die Agenda geschrieben hatte.

durch den Korridor zustande gekommen, welcher im Gegenzug ein exterritorialer Verbindungsweg für Polen zur Ostsee durch das Gebiet des Freistaats Danzig gegenüber stehen sollte. Man hat in Polen damals jene deutschen Lösungsvorschläge abgelehnt, weil man im Westen weiterreichende Pläne hatte und die Garantie der bestehenden deutsch-polnischen Grenze für Polen ja nur ein Minimalziel war, welches der eigentlich ersehnten territorialen Westausdehnung Polens als Maximalziel entgegenstand.

Geschichte ist immer eine Geschichte der verpassten Möglichkeiten. Und dazu gibt es das besonders in den angelsächsischen Ländern das von dortigen Historikern gepflegte, „kontrafaktische" Geschichtsdenken. Das ist ein Denken, das beschreiben soll, was geschehen wäre, wenn ...

Ja, was wäre eigentlich geschehen, wenn Hitler 1938/39 Polen als Juniorpartner für sich gewonnen hätte? Sehr wahrscheinlich hätte es dann im August 1939 keinen Hitler-Stalin-Pakt, aber möglicherweise den Churchill-Pétain-Stalin-Pakt gegeben. Es wäre dann ebenso wie gehabt zu einem 2. Weltkrieg gekommen und Deutschland hätte diesen wahrscheinlich gleichfalls verloren. Aber dann mit Polen als deutschem Kriegsverbündeten, anstelle von Rumänien, Finnland oder Ungarn. Deutschland wäre dann 1945 ebenso territorial beschnitten worden wie es tatsächlich geschah, aber dann mehr im Westen durch Abtretung des Saarlandes und Teilen von Rheinland-Pfalz an Frankreich und im Osten durch den Übergang der Oberlausitz an Tschechien, während erhebliche Teile des deutschen Ostens deutsch geblieben wären und die künftige DDR dann statt aus Brandenburg, Mecklenburg, Sachsen und Thüringen, möglicherweise aus Schlesien, Pommern, Ost- und Westpreußen bestanden hätte, während die Sowjetunion 1945 dann ganz Polen geschluckt haben würde, wie es schon einmal unter dem Zaren 1815 geschah. Ja, was wäre wenn ...

Nun zu zwei prägnanten, doch kaum bekannten deutsch-polnischen Zwischenfällen aus den Jahren 1924 und 1930, welche beispielhaft das von mir bereits erwähnte, allzeit gespannte deutsch-polnische Verhältnis zur Zwischenkriegszeit dokumentieren sollen. Ich bringe hier nur zwei Beispiele von Dutzenden anderen möglichen.[91] Diesen Beispielen soll dann die Schilderung deutsch-polnischer menschlicher Schicksale folgen, welche belegen, wie eng eigentlich damals zu preußischer Zeit bis 1918 im Osten Deutsche und Polen schon einmal zusammengewachsen waren und dass sich manche Menschen nach 1918 deshalb erst einmal die Augen reiben mussten, um für sich ganz persönlich festzustellen, was sie denn eigentlich waren: Deutsche oder Polen oder polnische Deutsche oder deutsche Polen?

1. Das sogenannte „Attentat" auf den polnischen Konsul Karol Ripa vom 18. März 1924 in Allenstein

In der Nacht vom 17. zum 18. März 1924 wurde auf den polnischen Konsul Karol Ripa in Allenstein angeblich ein Schusswaffenattentat unternommen.[92] Mitten in der Nacht schreckte das Ehepaar Ripa von einem lauten Geräusch aus dem Ehebett empor und weil der Konsul Einbrecher in seiner auch als polnisches Konsulat genutzten Mietwohnung vermute-vermutete, durchsuchte er mit dem Revolver in der Hand die gesamte Wohnung im Erdgeschoß des Hauses Kaiserstraße Nr.

---

[91] Über einige ernsthafte Zwischenfälle an der Grenze des Freistaates Danzig zur Republik Polen, welche ebenfalls das Potential zum Kriegsgrund hatten, handelt mein Aufsatz „Die Freie Stadt Danzig und die Republik Polen in den Jahren 1930 bis 1939", in: „Westpreußen-Jahrbuch" Bd. 61 (2011) S. 131–149.

[92] Siehe hierzu meinen Aufsatz „Das „Attentat" auf den polnischen Vizekonsul Ripa in Allenstein 1924", in: Jürgen W. Schmidt (Hrsg.): „Preußen als Lehre für unsere Gegenwart" Ludwigsfelde 2015 (Schriftenreihe des Preußen-Instituts Bd. 14) S. 145–162.

28 in Allenstein. Ripa fand nichts Verdächtiges vor, glaubte deshalb, dass eine gerade frisch tapezierte Holzwand beim Trocknen gekracht habe und legte sich wieder zu seiner Frau ins Bett. Gegen halb zehn Uhr am nächsten Tag fiel der Frau Ripa beim Bettenmachen etwas auf den Boden, was sich als Kugel aus einer kleinen Browning-Pistole erwies. Die misstrauisch gewordene Frau Ripa stellte fest, dass sowohl eine Fensterscheibe wie auch der Fenstervorhang durchschossen waren, die Kugel danach an der Schlafzimmerwand abprallte und schließlich ins Ehebett gefallen war. Die sorgfältigen Ermittlungen der Allensteiner Kriminalpolizei ergaben in der Folge, dass auf Grund des ganz flachen Einfallswinkels der Schuss aus sehr großer Entfernung abgegeben wurde und deshalb nur ganz matt ins Schlafzimmer einfiel. Das Leben des Konsuls war zu keiner Zeit gefährdet, und es handelte sich vermutlich nur um reinen Zufallstreffer im Konsulat, wobei den Schuss ein unbekannt gebliebener Schütze aus unbekannten Gründen im nächtlichen Allenstein abgegeben hatte. Konsul Ripa gelang es nun infolge zweier beträchtlicher persönlicher Fehlleistungen, aus dem nächtlichen Vorfall eine große internationale Affäre zu machen, die gleich monatelang die deutsch-polnischen Beziehungen zum Kochen brachte. Zum einen meldete er unverzüglich nach dem Auffinden der Pistolenkugel in seinem Schlafzimmer an den ihm vorgesetzten polnischen Generalkonsul in Königsberg, dass es ein ganz gefährliches Schusswaffenattentat auf ihn gegeben habe. Der polnische Generalkonsul berichtete das unverzüglich in entsprechender Ausmalung an das polnische Außenministerium in Warschau weiter, und fertig war der internationale Zwischenfall, der dann natürlich voll auf Kosten Deutschlands ging. Erst nach 12:00 Uhr, also Stunden nach der Meldung an den Generalkonsul in Königsberg, setzte Konsul Ripa die Allensteiner Polizei vom nächtlichen Vorfall in Kenntnis. Diese klärte dann in mühseliger, wochenlanger

kriminaltechnischer Arbeit, dass es sich sehr wahrscheinlich um kein Attentat, sondern um eine irrlaufende Kugel handelte. Die deutschen Behörden, sprich die Allensteiner Regierung, setzte Konsul Ripa erst weitere Stunden nach der Allensteiner Polizei vom vorgeblichen Attentat in Kenntnis und verlangte dabei wütend Polizeischutz. Die Allensteiner Regierung war auf Konsul Ripa wegen des über dem Allensteiner Konsulat schon längere Zeit schwebenden Spionageverdachts sowieso nicht gut zu sprechen. Der Verdacht war zugleich richtig und falsch: Zwar spionierte nicht Konsul Ripa persönlich, sondern nur dessen Konsulatssekretär (im Zivilberuf ein Leutnant des polnischen Geheimdienstes), doch Ripa wusste davon und er deckte den Mann. Auch war man im Allensteiner Regierungspräsidium sehr empört darüber, dass Ripa sofort mit seiner Eilmeldung an den Königsberger Generalkonsul einen Riesenskandal auslöste, noch bevor er überhaupt die deutsche Polizei und die Behörden vom Vorfall verständigte. In Polen kam es in den nächsten Tagen und Wochen vor der deutschen Botschaft in Warschau und vor dem deutschen Konsulat in Posen zu erregten, deutschfeindlichen Massendemonstrationen, weil man hier natürlich an ein real stattgefundenes, polenfeindliches Attentat glaubte. Weil es sich bei den Demonstranten oftmals um extrem verhetzte polnische Studenten handelte, glaubten die deutschen Diplomaten an staatlicherseits inspirierte, chauvinistische polnische Demonstrationen der Stärke gegenüber Deutschland. In Polen nahm man hingegen nicht zur Kenntnis, dass das Allensteiner Attentat gemäß seinen Umständen sehr wahrscheinlich gar kein Attentat war. Beidseitig entspann sich sogleich eine heftige und hässliche Pressefehde, die der deutsche Außenminister Stresemann und der polnische Außenminister Graf Zamoyski aus Gründen der politischen Deeskalation dann mühselig niederzukämpfen versuchten. Man einigte sich in zweiseitigen deutsch-polnischen Gesprächen Ende Mai 1924, dass man den

Pressekrieg und die gegenseitige Beleidigungen beenden wolle. Formell sollte sich deshalb der Allensteiner Regierungspräsident mit einem Schreiben beim polnischen Konsul Ripa für das vorgebliche Attentat und die nicht erfolgte Feststellung des Täters entschuldigen. Hierbei gelang es Konsul Ripa in seiner eklatanten Tolpatschigkeit noch einmal, den nun schon nahezu bereinigten Zwischenfall nochmals hochkochen zu lassen. Er meldete nämlich hochoffiziell ans polnische Außenministerium, dass die versprochene deutsche schriftliche Entschuldigung bei ihm nicht eingegangen sei. Im Juni 1924 kochte der Pressekrieg deswegen noch einmal hoch, und erneut gab es in Polen deutschfeindliche Demonstrationen. Der Regierungspräsident in Allenstein war daraufhin sehr verärgert, denn er hatte sich tatsächlich ein Entschuldigungsschreiben abgerungen und durch einen Regierungsbeamten beim Pförtner des Polnischen Konsulats abgeben lassen, wie der betreffende Beamte bereit war, vor Gericht zu beeiden. Doch Konsul Ripa behauptete seinerseits steif und fest, das Schreiben habe ihn nie erreicht, und so musste man auf deutscher Seite das Entschuldigungsschreiben ein zweites Mal verfassen und nunmehr unter Zeugen beim polnischen Konsulat abgeben. Man kann sich den verheerenden Stand der damaligen deutsch-polnischen Beziehungen vorstellen, wenn ein vermutlich niemals stattgefundenes Attentat gleich zweimal die deutsch-polnischen Beziehungen so verheerend belasten konnte.

2. Der Grenzzwischenfall von Neuhöfen 1930[93]

Auch in der Folgezeit erregten Vorkommnisse die Deutschen wie die Polen, die sich oftmals an der schwer belasteten

---

[93] Siehe dazu meinen Aufsatz: „Der polnische Nachrichtendienst und der Grenzzwischenfall von Neuhöfen/Marienwerder am 24. Mai 1930", in: „Westpreußen-Jahrbuch" Bd. 53 (2003) S. 67–77.

deutsch-polnischen Grenze abspielten und die häufig einen guten Kriegsgrund hätten hergeben können. Ich möchte diesbezüglich den Grenzzwischenfall von Neuhöfen vom 24. Mai 1930 schildern. Neuhöfen war ein deutsch-polnischer Grenzübergang an der Weichsel, im Kreis Marienwerder gelegen. Hier kam es am genannten 24. Mai 1930 zu einem heftigen Schusswechsel, der einen Toten und eine Reihe von Verletzten forderte und eine seltsame Vorgeschichte besaß. Hier war nämlich eine geheime Spionageoperation des polnischen Nachrichtendienstes gescheitert. Polnischerseits legte man in der Zwischenkriegszeit ein ganz erhebliches Augenmerk auf Militärspionage in Deutschland, und die beidseitige Spionage war damals ebenso rege und brutal wie vergleichsweise im „Kalten Krieg" der 50er Jahre zwischen Bundesrepublik und DDR Konkret hatte man damals seitens des polnischen Geheimdienstes den in der Spionageabwehr tätigen deutschen Kriminalpolizeibeamten Johann Stullich aus Marienwerder angesprochen. Stullich ging zum Schein auf das polnische Angebot ein und erbot sich, im deutschen Grenzgebäude Neuhöfen einige militärische und polizeiliche Geheimdokumente im Tausch gegen eine größere Geldsumme zu übergeben. Um 21:00 Uhr traf sich Stullich hier auf deutschem Boden, doch nur wenige Meter von der polnischen Grenze entfernt, mit zwei Vertretern des polnischen Geheimdienstes. Es handelte sich um den als hauptamtlichen Geheimdienstler tätigen polnischen Grenzwachtkommissar Adam Biedrzynski und den ihn begleitenden Grenzwachtunterkommissar Stanislaw Liszkiewicz. Zur Ergreifung der beiden Polen hatten sich heimlich fünf deutsche Kriminalbeamte im Gebäude verborgen, welche mit Pistolen ausgestattet waren. Auf ein Signal von Stullich hin verhafteten sie die beiden Polen, und man fand bei ihnen Spionagematerial sowie Pistolen und Eierhandgranaten. Einem Polen gelang es jedoch per Pfiff ein Warnsignal zu geben, und nun gingen gänzlich unvermutet für die deutschen Kriminalbeamten von Polen aus sieben bis acht polnische Grenzwachtbeamte, ihrerseits mit Karabinern bewaffnet, zum Angriff auf das deutsche Grenzgebäude über. Es entwickelte sich eine heftige Schießerei, infolge derer die waffentechnisch unterlegenen deutschen Polizeibeamten flüchten mussten, doch dabei Biedrzynski und Liszkiewiecz als Gefangene mit sich fortschleppten. Lieskiewicz wurde bei dem Feuergefecht schwer getroffen und verstarb im Krankenhaus Marienwerder. Ein schwer verletzter deutscher Polizeibeamter überlebte den Schusswechsel. Welche sonstigen Verluste bei den polnischen Grenzwachbeamten auftraten, blieb auf deutscher Seite unbekannt. Auch hier gab es sofort beidseitig heftigste Beschuldigungen; polnischerseits sprach man gar von „Menschenraub". Ungeachtet dessen verurteilte das Reichsgericht in Leipzig den polnischen Grenzwachkommissar Biedrzynski wegen Spionage, versuchter Tötung und unbefugten Waffenbesitzes zu 10 Jahren Zuchthaus. Interessant ist allerdings der persönliche Hintergrund von Adam Biedrzynski, der nämlich 1895 als Preuße polnischer Nationalität in Wongrowitz im Regierungsbezirk Bromberg in der Provinz Posen zur Welt gekommen ist. Biedrzynski war Inhaber des Eisernen Kreuzes, denn er hatte sich 1914 als deutscher Kriegsfreiwilliger gemeldet und bis Kriegsende 1918 als Soldat in der preußischen Armee gekämpft, dabei u. a. vier Monate im preußischen IR-49 vor Verdun. Biedrzynski saß jedoch nicht allzu lange in deutscher Haft, dann wurde er gegen einen deutschen Polizeibeamten freigetauscht, welcher infolge eigener Dummheit in Schlesien auf polnisches Territorium geraten war und den man nun in Polen sogleich wegen Spionage zu lebenslanger Haft verurteilte. Damit hatte Polen ein geeignetes Austauschobjekt für Biedrzynski, wie auch Agentenaustausche gerade in den dreißiger Jahren häufig an der deutsch-polnischen Grenze stattfanden. Adam Biedrzynski persönlich brachte jener Austausch überhaupt kein Glück; er hätte besser seine Haftstrafe in Deutschland bis 1940 voll abgesessen. Während des Kriegs von 1939 geriet er nämlich in Ostpolen in sowjetische Hände, kam in ein Kriegsgefangenenlager und wurde 1940 bei Katyn vom NKWD erschossen

Ein recht eigenartiges Schicksal hatte hingegen ein im Jahr 1896 daselbst unehelich geborener junger Mann aus der preußischen Provinzhauptstadt Posen, der folglich ebenso wie genannter Adam Biedrzynski ein waschechter Preuße polnischer Herkunft war. Jener junge Mann wurde während des Ersten Weltkriegs im Jahr 1915 in die preußische Armee einberufen und geriet danach irgendwie und irgendwann in französische Gefangenschaft oder aber er desertierte zu den Franzosen. Genaues ist darüber nicht bekannt. In französischer Gefangenschaft trat der junge Mann unter Erinnerung an seine polnischen Wurzeln in die nach ihrem Anführer General Jozef Haller so genannte polnische „Haller-Legion" ein, und ein heute noch erhaltenes Foto zeigt ihn in der Uniform eines Artillerieleutnants der Haller-Truppen. Die ab Juli 1918 in Frankreich errichteten „Haller-Truppen" kämpften zu Kriegsende 1918 gegen Deutschland, so dass der junge Mann bei Bekanntwerdens des Umstandes in Deutschland sehr wahrscheinlich als Landesverräter gegolten hätte. Später kämpften dann die „Haller-Truppen" 1919 in der Ukraine und im Jahr 1920 gegen die Sowjetunion. Doch aus irgendeinem Grund muss es dem jungen Mann in der Republik Polen nicht gefallen haben. Er entdeckte folgerichtig wieder seine preußischen Wurzeln, wanderte daher um 1920 nach Deutschland aus und trat, vermutlich unter Berufung auf seinen einstigen Wehrdienst in der preußischen Armee und natürlich unter Verschweigen seines Dienstes in der Haller-Armee, in die preußische Schutzpolizei ein. 1931 diente er bereits als Oberwachtmeister und 1943 lässt er sich sogar als

Hauptwachtmeister in Berlin nachweisen. Wie gründlich jener nunmehrige preußische Polizist jedoch mit seinen polnischen Wurzeln brach, zeigt seine amtliche Namensänderung vom Jahr 1930, also noch vor Machtantritt der Nationalsozialisten. Aus jenem Mann mit Vornamen „Ludwik" mit „K" am Ende wurde ein Ludwig mit „G" am Ende und aus dem polnischen Familiennamen „Kacmierczak" wurde der deutsche Familienname „Kasner". Und wem der Name „Kasner" jetzt vielleicht irgendwie bekannt vorkommt: unsere Bundeskanzlerin Angela Merkel ist eine geborene Kasner und bei jenem Ludwig Kasner handelt es sich um ihren Großvater in väterlicher Linie.[94]

Es gab aber auch konträre polnische Schicksale in jenen wirren Zeiten deutsch-polnischer Beziehungen. Im Jahr 1890, also sechs Jahre vor Ludwik Kacmierczak, wurde im südlichen Teil der preußischen Provinz Posen, in der Klein- und Kreisstadt Pleschen als Sohn des örtlichen Apothekenbesitzers ein gewisser Bronislaw Pawel geboren. Bronislaw der Vorname, der Familienname Pawel. Sie vermuten richtig, auch er war ein waschechter Preuße polnischer Herkunft. Bronislaw Pawel wählte für sich die militärische Laufbahn und trat nach dem Abitur 1910 als Offiziersanwärter (Fahnenjunker) in das preußische Infanterieregiment Nr.174 mit Standort in Elsaß-Lothringen (Forbach und Straßburg) ein. Im September 1911

---

[94] Zu Merkels polnischem Großvater väterlicherseits aus Posen siehe den Artikel von Konrad Schuller: „Großvaters Krieg – Polen mutmaßt über Merkels Vorfahren" mit einem Foto des Betreffenden in der Offiziersuniform der Haller-Truppen in der „Frankfurter Allgemeinen Zeitung" Nr. 70 vom 23.03.2013 auf S. 4. Über die westpreußischen (deutschen) Vorfahren von Angela Merkel mütterlicherseits, ihr Urgroßvater Emil Drange (1866–1913) war Oberstadtsekretär und Büroleiter des Oberbürgermeister von Elbing, handelt der Aufsatz von Klaus Hinz: „Angela Merkel und ihre Danzig-Westpreußischen Vorfahren", in „Westpreußen-Jahrbuch" Bd. 61 (2001) S. 155–165.

erhielt Bronislaw Pawel seine Ernennung zum preußischen Leutnant und avancierte bis Kriegsende 1918 zum Hauptmann und Kompaniechef. Nach der deutschen Kriegsniederlage und der dadurch bedingten Verringerung der Armee entließ man Bronislaw Pawel aus dem Heer, und er trat als Offizier in die preußische Schutzpolizei ein, wo er ab Ende 1930 als Polizeimajor und Ausbilder an der Polizeischule Frankenstein in Schlesien tätig war. Wegen der Erweiterung der nunmehrigen Wehrmacht übernahm man den gebürtigen Polen Bronislaw Pawel im Jahr 1935 als Major in die Wehrmacht, wo er in der Infanterie Karriere machte. Bei Kriegsausbruch 1939 war der nunmehrige Oberst Pawel Kommandeur des IR-81 mit Garnison in Frankfurt/M., kämpfte allerdings im September 1939 nicht im Polenfeldzug, sondern war mit seinem Regiment seit August 1939 im Saarland stationiert, von wo aus er im Jahr 1940 den Westfeldzug mitmachte und nach Ende des Feldzugs mehrere Monate lang das „Wachregiment Paris" befehligte. Ab Juni 1941, im Feldzug gegen die Sowjetunion, befehligte Oberst Pawel wieder sein altes IR-81 und stieg Anfang 1942 sogar zum Kommandeur der 15. Infanteriedivision auf. Man zeichnete ihn damals mit dem „Deutschen Kreuz" in Gold aus, was als eine Art Vorstufe zum Ritterkreuz galt. Dann gab das Schicksal dem Leben des Oberst Pawel eine sehr verhängnisvolle Wendung, die letztlich zu seinem vorzeitigen Tod führte. Auf Weisung des Heerespersonalamtes musste der frisch zum Generalmajor beförderte, bisherige Divisionskommandeur einen Lehrgang über das Kriegsgefangenenwesen besuchen und war danach in der besetzten Sowjetunion zuerst als Befehlshaber der Oberfeldkommandantur 392 und danach als Kommandant des Rückwärtigen Armeegebiet 559 (Korück 559) mit der Verwaltung des Hinterlandes beauftragt. Dazu gehörte neben dem Kriegsgefangenenwesen auch die Partisanenbekämpfung. Zuletzt, ab März 1944, war Pawel als General z. b. V. bei der Heeresgruppe Nord tätig. Bei

Kriegsende geriet er in alliierte Kriegsgefangenschaft, aus welcher man ihn willfährig auf sowjetische Anforderung hin wegen angeblicher Kriegsverbrechen im Kampf gegen die Partisanen an die Sowjetunion auslieferte. Gemeinsam mit fünf anderen Wehrmachtsgenerälen und einem Obergruppenführer der Waffen-SS klagte man in Riga Generalmajor Pawel wegen Kriegsverbrechen an, verurteilte alle Generale in einem typischen Schauprozess am 3. Februar 1946 zum Tode und hängte sie noch am gleichen Tag.[95]

Es ist wirklich bemerkenswert: Drei gebürtige Polen dienten 1914 bis 1918 in der preußischen Armee. Einer davon wird 1940 als polnischer Grenzbeamter und Geheimdienstler von den Sowjets in Katyn erschossen, der nächste wird als deutscher Generalmajor 1946 von den Sowjets gehängt und der dritte überlebt als preußischer Polizist und wird der Großvater der gegenwärtigen deutschen Bundeskanzlerin. Hier zeigen sich die besonderen deutsch-polnischen Beziehungen in der ersten Hälfte des 20.Jahrhunderts in ihrer ganzen historischen Tragik und Absurdität.

---

[95] Zwar nicht über den von ihm gänzlich unberücksichtigten Fall des Generalmajors Pawel, aber über die Hunderttausende von Polen, welche zwischen 1939–1945 in der Wehrmacht dienten, verfasste der Geschichtsprofessor an der Universität Kattowitz Ryszard Kaczmarek das Buch „Polen in der Wehrmacht" Oldenburg 2017 (Schriften des Bundesinstituts für Kultur und Geschichte der Deutschen im östlichen Europa Bd. 65). Selbst in der Waffen-SS dienten viele ethnische Polen, vor allem solche von oberschlesischer Herkunft. Heinrich Himmler, der die Slawen nicht liebte, ordnete deshalb an, die Polen in anderen ethnischen Waffen-SS-Verbänden unterzumischen, aber keinesfalls rein polnische Waffen-SS-Truppenteile zu bilden.

Die Freie Stadt Danzig aus rechtshistorischer Perspektive

Bennet Brämer

Vorbemerkungen: Die Grundlage dieses Vortrags ist die im Frühjahr 2019 erschienene Dissertation des Referenten mit dem Titel „Das Obergericht der Freien Stadt Danzig und seine Rechtsprechung als Verfassungsgerichtshof". Deshalb wird im Hinblick auf Quellennachweise vorrangig auf die entsprechenden Stellen dieser Veröffentlichung verwiesen. Ebendort finden sich weitere Nachweise zu den einzelnen angesprochenen Aspekten. Wörtlich zitierte Fundstellen sind jedoch dem Ursprung nach belegt. Darüber hinaus sei angemerkt, dass dieses verschriftlichte Referat lediglich Informationen und Erkenntnisse aus einer eigenständigen wissenschaftlichen Arbeit zusammenfasst, nicht aber selbst ein Beitrag wissenschaftlicher Art ist.

I. Einführung

Die Freie Stadt Danzig, die nach dem Ende des Ersten Weltkrieges quasi am Reißbrett entstand, blickt auf eine gleichermaßen kurze wie ereignisreiche Geschichte zurück und wirft bis heute rechtliche Fragen auf, die ein Jahrhundert nach der Gründung des Danziger Freistaats stärker in den Fokus der Öffentlichkeit rücken sollten.

II. Entstehung der Freien Stadt Danzig

Allein die ereignisreiche Entstehung der Freien Stadt Danzig bietet die Möglichkeit für abendfüllend Vorträge. Ich will mich aber an dieser Stelle auf wesentliche Punkte beschränken, quasi auf das zum Verständnis Notwendige.

Wie Sie natürlich wissen, endete der Erste Weltkrieg 1918 mit einer empfindlichen Niederlage für das Deutsche Reich. Das Resultat war der sogenannte Versailler Vertrag, der sicherlich mitnichten als solcher bezeichnet werden kann, das heißt als Vertrag, weil die darin enthaltenen Regelungen letztlich nicht zwischen gleichberechtigten Parteien ausgehandelt, sondern mehr oder weniger einseitig bestimmt wurden. Insoweit verwundert es auch nicht, dass im zeitgenössischen Schrifttum nahezu ausschließlich vom „Versailler Diktat" die Rede ist. Ich tendiere dazu, quasi als Kompromiss, vom Versailler Beschluss zu sprechen. Dieser Begriff passt meines Erachtens am besten. Denn durch einen Beschluss kommt regelmäßig der Mehrheitswille von mehreren Beteiligten zum Ausdruck, ohne aber den Interessen aller Parteien in gleichem Maße Rechnung zu tragen.

Der Inhalt dieses Beschlusses war in vielerlei Hinsicht für das Deutsche Reich nachteilig. Zum einen sind in diesem Zusammenhang selbstredend die Reparationszahlungen zu nennen, zum anderen waren die Gebietsverluste erheblich. Neben den linksrheinischen Gebieten war hiervon insbesondere der deutsche Osten betroffen. Bromberg und Thorn wurden, um nur zwei bekannte Orte zu nennen, mit der Unterzeichnung des Beschlusses polnisch. Königsberg – auch das ist bekannt – war fortan nur noch über „polnischen Korridor" zu erreichen.

Und dann blieb da natürlich noch Danzig. Was sollte aus Danzig werden?

Der in Versailles quasi neu errichtete polnische Staat beanspruchte Danzig, wie schon Bromberg und Thorn, für sich. Dieser Anspruch auf Danzig wurde unter der Forderung eines eigenen polnischen Meereszugangs ausgesprochen. Deutschland war tatsächlich auch bereit, Polen in Danzig durch entsprechende Vereinbarungen freien und sicheren Zugang zum Meer zu gewähren. Darüber hinaus waren

Freihandelszonen im Gespräch. Darauf wollten sich die Ver-
Verhandlungsgegner aber nicht einlassen.[96]

Denn durch den Versailler Vertrag sollte einerseits die europäische Landkarte grundlegend verändert werden und zum anderen wollte man Deutschland dergestalt schwächen, um ihm dauerhaft die Grundlage dafür zu nehmen, als europäische Großmacht ins Weltgeschehen einzugreifen. Daran hatte insbesondere Frankreich großes Interesse. Deshalb unterstützte Frankreich auch die polnischen Forderungen. Frankreich schlug daher in der Territorialkommission auch vor, dass Danzig polnisch werde.

Dieser Vorschlag löste überall im Reich Massenproteste aus.[97] Bei einer Kundgebung auf dem Heumarkt in Danzig sollen sogar einmal bis zu 100.000 Menschen ihren Protest auf die Straße getragen haben.[98] Die Zahl von 100.000 Menschen ist insoweit bemerkenswert, weil Danzig zu jenem Zeitpunkt, das heißt im April 1919, wie auch in den Folgejahren nur etwas weniger als 400.000 Einwohner hatte. Dabei waren die Danziger im Übrigen in ihrem Protest vereint, und zwar ungeachtet ihrer Parteizugehörigkeit oder Konfession.

Jedoch hatten Frankreich und Polen, um es salopp zu formulieren, letztlich die Rechnung ohne den Wirt gemacht – und der Wirt hieß in dem Fall Großbritannien. In London hatte man nämlich wenig Interesse daran, dass Frankreich über einen polnischen Hafen in Danzig Handelsgeschäfte abwickeln könnte. Im Sinne der britischen „Balancepolitik" wollte man Frankreich nicht weiter gestärkt und Deutschland nicht weiter geschwächt wissen.[99]

---

[96] Vgl. *Brämer,* Obergericht, S. 10, 15.

[97] *Brämer,* Obergericht, S. 10.

[98] *Brämer,* Obergericht, S. 11 [Fn. 38.].

[99] Vgl. *Brämer,* Obergericht, S. 11.

Es musste also ein Kompromiss her. Und dieser hieß: die Gründung einer Freien Stadt.

Die „Danzig-Frage", so will ich sie nennen, wurde in den Artikeln 100 bis 108 des Versailler Vertrages beschlossen. Darin verzichtete Deutschland auf das Gebiet von Danzig und der näheren Umgebung und im Gegenzug sollte auf diesem Gebiet eine Freie Stadt begründet werden, die unter den Schutz des Völkerbundes treten sollte.

Weiterhin verpflichteten sich die alliierten und assoziierten Hauptmächte dazu, ein Abkommen zwischen Danzig und Polen zu vermitteln, das Polen Sonderrechte in Danzig einräumen sollte. Zu diesen intendierten Sonderrechten zählte unter anderem die Nutzung des Hafens von Danzig. Polen sollte sich aber Zug um Zug dazu verpflichten, die auswärtigen Angelegenheiten Danzigs zu übernehmen.[100]

Als dann im Januar 1920 der Versailler Vertrag in Kraft trat, gab es gewissermaßen ein völkerrechtliches Vakuum. Danzig war vom Mutterland abgetrennt, jedoch der Freistaat noch nicht gegründet. Diese staatsorganisatorische Lücke füllte temporär eine britische Übergangsverwaltung, um einigermaßen für Ordnung zu sorgen. Schließlich waren die politischen Zeiten äußerst unruhig. Die Ereignisse der jungen Weimarer Republik und im zunehmend unter bolschewistischem Einfluss stehenden Russland boten Anlass zur Sorge. Danzig hatte wegen seiner geografischen Lage eine entsprechende Nähe zu Sowjetrussland, weshalb eine bolschewistische Revolution auch in Danzig nicht völlig ausgeschlossen war. Dies galt es unter allen Umständen zu verhüten.

---

[100] Näher zum Inhalt der Regelungen des Versailler Beschlusses in Bezug auf Danzig *Brämer,* Obergericht, S. 16–18.

Nach dem Abzug der deutschen Truppen im Februar 1920 wurde ein sogenannter Staatsrat ins Leben gerufen, der die Amtsgeschäfte nach und nach übernahm. Dabei handelte es sich um einen Zusammenschluss von Danziger Verwaltungsbeamten unter Federführung des Oberbürgermeisters Dr. *Heinrich Sahm*.

Der Jurist *Heinrich Sahm* war erst im Februar 1919 zum Oberbürgermeister von Danzig ernannt worden. [101] Bis dato hatte er keinen Bezug zu Danzig. Jedoch hatte er persönlichen Kontakt zu einem Danziger Verwaltungsbeamten, der ihm vom plötzlichen Tod des Danziger Bürgermeisters berichtete und ihm nahelegte, dieses Amt als erfahrener Kommunalpolitiker zu übernehmen. Denn *Sahm* amtierte zu jenem Zeitpunkt als Zweiter Bürgermeister in Bochum.

Es musste nun innerhalb kürzester Frist „unter den Augen der Weltöffentlichkeit", wie es *Peter Oliver Loew* einmal formuliert hat, [102] ein neues Staatswesen aus dem Boden gestampft werden. Zu diesem Zweck rief man einen Verfassungsausschuss ins Leben, der sodann einen Verfassungsentwurf vorlegen sollte, der den Rahmen der Staatsorganisation vorzeichnete. [103] An diesen Entwurf knüpfte die Verfassunggebende Versammlung ihre Arbeit an. [104]

Zudem musste in der Zwischenzeit der Vertrag mit Polen ausgehandelt werden, von dem im Versailler Vertrag die Rede war. Die Danziger Vertreter warteten bis Ende September 1920 vergeblich auf eine Einladung zu Vertragsverhandlungen und

---

[101] Vgl. zu den biografischen Angaben *Sahm,* Erinnerungen aus meinen Danziger Jahren 1919–1930, III, 1.

[102] *Loew,* Danzig und seine Vergangenheit 1793–1997, S. 287.

[103] Näher zum Verfassungsausschuss *Brämer,* Obergericht, S. 55–57.

[104] Die Arbeit der Verfassunggebenden Versammlung war durchaus schwierig (vgl. *Brämer,* Obergericht, S. 58–60).

entschlossen sich dann dazu, ohne Aufforderung zu Verhand-Verhandlungen nach Paris zu reisen. Die Delegation um Oberbürgermeister *Sahm* zählte einschließlich Dolmetscher und Schreibkräfte vierzehn Personen. Ihr gehörte je ein Mitglied der verschiedenen Danziger Parteien an, um die Danziger Bevölkerung bestmöglich zu repräsentieren.[105]

Spätestens in diesem Moment, nämlich als offiziell und für alle Welt sichtbar auf internationalem Terrain verhandelt wurde, konnten die Danziger Vertreter als echte Staatsmänner angesehen werden, auch wenn sich „ihr" Staat noch in der Gründungsphase befand.

Nach zähen Verhandlungen war es schließlich soweit: Erst wurde am 9. November 1920 die sogenannte Pariser Konvention auch von Polen unterzeichnet und am 15. November 1920 dann in einem feierlichen Akt der Verfassunggebenden Versammlung in Danzig die Freie Stadt Danzig proklamiert, ihre Existenz also begründet.

III. Danzig als Staat

Ob es sich bei der Freien Stadt Danzig überhaupt um einen Staat im völkerrechtlichen Sinne handelte, war in den Zwanziger- und Dreißigerjahren lebhaft umstritten. Die zeitgenössische Literatur zu diesem Thema ist deshalb kaum zu überblicken.[106]

---

[105] Siehe zu den Geschehnissen rund um die Verhandlung der „Pariser Konvention" *Brämer*, Obergericht, S. 21.

[106] Der ehemalige Danziger Gerichtspräsident *Georg Crusen* spricht von mehr als hundert Büchern, Schriften und Aufsätzen allein bis 1936 (s. *Crusen*, in: Zeitschrift für Völkerrecht 1941, S. 377 [379]; vgl. ferner das Schriftenverzeichnis in: *Crusen*, Der Pariser Vertrag (Vertrag zwischen der Freien Stadt Danzig und der Republik Polen) vom 9. November 1920, S. XI ff.).

Ich möchte kurz erläutern, warum diese Frage überhaupt hochkochte.

Ob ein Staat im völkerrechtlichen Sinne gegeben ist, bestimmt sich damals wie heute nach der Drei-Elemente-Lehre von *Jellinek*. Danach bedarf eines Staatsgebiets, eines Staatsvolks und einer ungeteilten Staatsgewalt, die über das Staatsvolk innerhalb des Staatsgebiets herrscht.

Das Staatsgebiet war unproblematisch, weil dieses ja schon im Versailler Vertrag umrissen war. Auch das Staatsvolk bereitete *per definitionem* keine Schwierigkeiten, weil die Danziger Bevölkerung nach der Abtrennung Danzigs vom Reich die deutsche Staatsangehörigkeit verlor und es dann ein eigenständiges Danziger Staatsangehörigkeitsrecht gab. Die Danziger waren also Danziger Staatsbürger.[107]

Probleme bereitete aber die Staatsgewalt. Staatsgewalt meint begriffsgemäß die Ausübung ungeteilter Macht innerhalb des Staatsgebietes durch den Staat, sozusagen die Ausübung einer „Letztentscheidungsbefugnis". In einem gewaltenteilig organisierten Staat bedeutet das ein Handeln durch einseitige, verbindliche Anordnung, etwa erlassen durch die Verwaltung, die Regierung oder auch durch das Parlament.[108]

Danzig hatte zwar mit dem Senat eine eigene Regierung und mit dem Volkstag auch ein Parlament, doch gab es in der Rechtswissenschaft Vertreter, die der Meinung waren, dass

---

[107] Vertiefend zum Danziger Staatsangehörigkeitsrecht *Brämer,* Oberge-richt, S. 28 f.

[108] Der Begriff der „Staatsgewalt" wird verschiedentlich definiert, je nach-dem, auf welcher Ebene man sich befindet, also auf völkerrechtlicher oder staatsrechtlicher Ebene.

Danzig wegen des Einflusses des Völkerbundes und auch Po-Polens als nicht souverän angesehen werden könne.[109]

Denn der Völkerbund hatte einen Hohen Kommissar in Danzig eingesetzt, der gewissermaßen als erstinstanzliche Schiedsstelle zwischen Danzig und Polen agierte. Auch das war bereits im Versailler Vertrag so normiert. Jedoch unterwarfen sich die beiden Staaten dem jeweiligen Schiedsspruch letztlich freiwillig. Eine rechtliche Bindungswirkung gab es nicht. Auch gab es letztlich keine Sanktionsmöglichkeiten vonseiten des Völkerbundes.

Ferner hatte der Völkerbund den Schutz der Freien Stadt Danzig übernommen. Dieser lief aber ähnlich ins Leere wie die Garantie der Danziger Verfassung durch den Völkerbund, weil der Völkerbund keine eigenen militärischen Kräfte hatte. Richtig ist aber in diesem Zusammenhang auch, dass Danzig ebenfalls keine eigene Armee vorweisen konnte; Danzig verfügte lediglich über eigene Polizeikräfte.[110]

Überdies gab es Stimmen, die Danzig wegen des polnischen Einflusses die Souveränität absprechen wollten.[111] Wegen der schon erwähnten Sonderrechte Polens in Danzig hätte die Freie Stadt ihre Staatsgewalt in Teilen aufgegeben, argumentierten Vertreter dieser Auffassung.

Aber auch dieser Ansicht konnte und kann nicht gefolgt werden. Denn einerseits wurden diese Sonderrechte, zum Beispiel die Nutzung des Hafens, vertraglich zugesichert, also in einem bilateralen Abkommen, und andererseits konnte auch

---

[109] Ausführlich zur Schwierigkeit der Definition des Souveränitätsbegriffs, vor allem im Zusammenhang mit der Staatsgewalt, *Brämer,* Obergericht, S. 34 f.

[110] Näher zum Einfluss des Völkerbundes auf die Freie Stadt Danzig *Brämer,* Obergericht, S. 35–40.

[111] Hierzu eingehend *Brämer,* Obergericht, S. 40–44.

die vertragliche Übernahme der auswärtigen Angelegenheiten Danzigs durch Polen nichts an der Souveränität des Freistaats ändern, da Danzig jedenfalls im Hinblick auf die Staatsorganisation, also nach innen, keiner höheren Macht unterstand.

Im Übrigen war Danzig jedenfalls international als Staat anerkennt, da zahlreiche Staaten konsularische Vertretungen in Danzig unterhielten. Hierzu zählten die USA, Japan, die UdSSR und auch das Deutsche Reich.[112]

Ferner hatte Danzig eine eigene Flagge, eine Nationalhymne sowie ab 1923 mit dem Gulden auch eine eigene Währung. Das hatte aber letztlich nur Indizwirkung für die Bejahung der Existenz eines Staates.

Auch das Danziger Justizwesen war autonom und unabhängig. Es gab auf allen Gebieten des Rechts eine eigenständige Rechtsprechung. Das Obergericht war das höchste Gericht des Freistaats und hatte seinen Sitz in der Straße Neugarten. Dort, nicht weit entfernt von der der Südseite des Hauptbahnhofs, befand sich das „Regierungsviertel" der Freien Stadt. Der Volkstag, also das Parlament, hatte seinen Sitz quasi gegenüber dem Gericht.[113]

Das Gerichtsgebäude hat man auch nach dem Zweiten Weltkrieg im Gegensatz zu anderen Gebäuden in dieser Straße wiederaufgebaut. Heute ist es Sitz des Danziger Bezirksgerichts und damals wie heute eines der repräsentativen Bauwerke der Stadt.[114]

---

[112] Das ergab die Durchsicht von Archivunterlagen im polnischen Staatsarchiv in Danzig (s. *Brämer,* Obergericht, S. 53).

[113] Näher zum Dienstsitz des Obergerichts *Brämer,* Obergericht, S. 132 f.

[114] S. *Brämer,* Obergericht, S. 133.

Im Übrigen war die Parteienlandschaft in Danzig ähnlich wie im Deutschen Reich. [115] Jedoch gab die Verfassung ursprünglich nicht die Möglichkeit der Selbstauflösung des Parlaments, weshalb Danzig von Weimarer Verhältnissen verschont geblieben ist. Erst 1930 führte man ein solches Selbstauflösungsrecht ein.

Die Danziger Regierung war wohl das merkwürdigste Konstrukt der Verfassung. Es gab nach dem Verfassungstext kein Staatsoberhaupt, jedoch insgesamt 22 Minister. Das war natürlich bei einem solch kleinen Staatswesen eine beachtliche Anzahl. Davon waren aber nur der Präsident und sieben weitere Senatoren hauptamtlich für die Regierung tätig, alle anderen nebenamtlich. Im Übrigen war auch die Zahl der Volkstagsabgeordneten mit originär 120 unverhältnismäßig hoch und daher ein echter Kostenfaktor für den überschaubaren Staatshaushalt. Auch hier sollte erst im Lauf der Jahre eine Verfassungsänderung Abhilfe schaffen, nämlich durch Verkleinerung des Parlaments auf 72 Volksvertreter. [116]

IV. Danziger Verfassung

Der Aufbau und wesentliche Abläufe des politischen Alltags des Danziger Staates ergaben sich, wie auch bei anderen Staaten, aus der Verfassung. Insoweit ist die Verfassungsgeschichte der Freien Stadt Danzig auch ein Spiegelbild der Staatshistorie.

Die Danziger Verfassung wurde am 11. August 1920 von der Verfassunggebenden Versammlung beschlossen – dem Jahrestag der Ausfertigung der Weimarer Reichsverfassung. So

---

[115] S. *Brämer,* Obergericht, S. 45 f.

[116] Gemessen an der Bevölkerungszahl der Freien Stadt Danzig repräsentierte ein Abgeordneter ursprünglich nur etwa 3.000 Bürger.

wollte man einen gedanklichen Bezug zum Deutschen Reich herstellen.

Tatsächlich handelte es sich bei der Danziger Verfassung aber um ein „Eigengewächs".[117] Der Grundrechtsteil entsprach zwar dem der Reichsverfassung, doch die Bestimmungen zum Staatsorganisationsrecht waren, das lag wegen der überschaubaren Größe des Staatswesens in der Natur der Sache, verschieden.

Insoweit lehnte sich die Verfassung, die auf einen Entwurf von *Sahm* zurückging, stark an der Verfassung der Hansestadt Lübeck an. Genaugenommen stammte der Entwurf aus der Feder des Stadtrats *Schwartz*,[118] der später unter *Sahm* Minister werden sollte, dennoch wurde er formal *Sahm* zugeschrieben.

Wegen des Bezugs zur Lübecker Verfassung verwundert es auch nicht, dass das Parlament ursprünglich den Namen „Bürgerschaft" tragen sollte. Jedoch gab es einen Gegenentwurf von der SPD, der die Bezeichnung „Volkskammer" vorsah und auch noch an anderen Stellen abweichende Vorschläge unterbreitete. Die Verfassunggebende Versammlung hatte sodann die Aufgabe, aus beiden Vorschlägen einen gemeinsamen Entwurf zu machen.

Denn schließlich musste die Verfassung, so wie es in Artikel 103 des Versailler Vertrages festgelegt war, „im Einvernehmen" mit dem Hohen Kommissar des Völkerbundes ausgearbeitet werden. Darin konnte letztlich aber nur ein Zustimmungserfordernis des Völkerbundes gesehen werden. Es war deshalb Aufgabe der Danziger Vertreter, eine Verfassung zu entwerfen, die das Wohlwollen des Völkerbundes genoss.

---

[117] Näher hierzu und zu den „Vorbildern" der Danziger Verfassung *Brämer, Obergericht*, S. 115–117.

[118] *Brämer, Obergericht*, S. 56.

Von einer „Zusammenarbeit" im eigentlichen Sinne des Wor-Wortes konnte daher nicht die Rede sein.[119]

In der Tat machte der Völkerbund auch Änderungswünsche geltend. Insbesondere störte man sich an der Staatsbezeichnung. Denn Danzig sollte ursprünglich „Freie und Hansestadt Danzig" heißen. Damit wollte man eine Assoziation zu den deutschen Hansestädten Lübeck, Hamburg und Bremen herstellen. Der Völkerbund war aber der Meinung, dass diese Begrifflichkeit als „Manifestation des modernen deutschen Nationalismus und Militarismus" gewertet werden könne,[120] weshalb er diese Namensgebung untersagte.

Letztlich pflegten die Danziger aber ohnehin, ihren Staat als „Freistaat" zu bezeichnen. So stand es nämlich auch in Artikel 1 der Verfassung geschrieben.

Im Übrigen konnte die Danziger Verfassung wegen der Änderungswünsche des Völkerbundes auch nicht wie geplant mit der Staatsgründung Mitte November 1920 in Kraft treten. Aus diesem Grund gab es eine verfassungslose Zwischenzeit, in der aber schon die unstreitigen Verfassungsbestimmungen Anwendung fanden. Wann die Verfassung letztlich in Kraft trat, ist umstritten. Nach meinem Dafürhalten war der Tag des Inkrafttretens der 9. Dezember 1920.[121]

Abschließend sei zur Danziger Verfassung noch bemerkt, dass das Obergericht in Verfassungsfragen das letzte Wort hatte. Hierfür gab es ab 1923 einen eigenen Spruchkörper, nämlich das Plenum des Obergerichts. Dabei handelte es sich aber

---

[119] Vertiefend zum Zustimmungserfordernis des Völkerbundes *Brämer,* Obergericht, S. 60 f.

[120] S. *Ramonat,* Der Völkerbund und die Freie Stadt Danzig 1920–1934, S. 142.

[121] Die Frage nach dem Tag des Inkrafttretens der Verfassung der Freien Stadt Danzig ist durchaus komplex (s. *Brämer,* Obergericht, S. 65–71).

nicht, so wie wir das heute kennen, um ein eigenständiges Ver-
Verfassungsgericht, sondern um einen Annex der ordentlichen
Gerichtsbarkeit. Ungeachtet dessen war Danzig in dieser
Hinsicht dem Deutschen Reich um Jahre voraus; das ist ein
weithin unberücksichtigter Aspekt der deutschen
Verfassungsgeschichte.[122]

V. Aus dem Staatsleben

Da, wie hinlänglich bekannt ist, Recht lediglich geronnene
Politik ist, spielten rechtliche Fragen im Staatsleben der Freien
Stadt Danzig natürlich eine wesentliche Rolle. Hinzu kommt,
dass außenpolitische Auseinandersetzungen zwischen Danzig
und Polen in einem justizähnlichen Rechtsbehelfsverfahren
ausgetragen wurden. Das war eine Danzig-spezifische
Erscheinung, die das Staatsleben nach außen hin prägte.

1. Dreiecksverhältnis Danzig, Polen und der Völkerbund

Wie schon erwähnt, war Danzig dem Einfluss seines Nachbarn
Polen ausgesetzt, aber auch dem des Völkerbundes. Das
spiegelte sich vor allem in den Jahren zwischen 1920 und 1933
wider. Hierüber möchte ich nun sprechen, nämlich wie das
Staatsleben in Danzig durch diese politische Gemengelage
ausgestaltet war. Außerdem sollen im Anschluss die
innenpolitischen Umwälzungen durch die NS-Regierung ab
1933 kurz erwähnt sein.

Der Völkerbund wurde auf der Pariser Friedenskonferenz ins
Leben gerufen und stellte den Versuch dar, als dauerhafte
Einrichtung die internationalen Beziehungen zu fördern, um so
kollektiven Frieden zu gewährleisten. Die Gründung des
Völkerbundes ist auf die vorgeschlagene 14-Punkte-

---

[122] Die Entscheidungen des Obergerichts als Verfassungsgerichtshof sind
vielfältig und legen Zeugnis von der Verfassungswirklichkeit der Freien
Stadt Danzig ab (s. zum Überblick *Brämer*, S. 186–189).

Nachkriegsordnung von US-Präsident *Woodrow Wilson* zuzurückzuführen. Gleichwohl können auch Philosophen wie *Rousseau* und *Kant* als ideelle Wegbereiter angesehen werden.[123]

Der Völkerbund hatte seinen Sitz in Genf, also in der französischsprachigen Schweiz, und verfügte über eine eigene Satzung, in der seine Rechte und Pflichten festgelegt waren. Es herrschte eine hohe Fluktuation unter den Mitgliedern; bemerkenswerterweise waren die USA aber zu keiner Zeit Teil des Völkerbundes. Auf Grundlage der Völkerbundsatzung wurde dann 1920 auch der Ständige Internationale Gerichtshof in Den Haag errichtet.

Der Völkerbund hatte die bereits im Vertrag von Versailles niedergeschriebenen Aufgaben, die Freie Stadt zu schützen, ihre Verfassung zu garantieren und im Konfliktfall mit Polen zu schlichten. Artikel 102 des Versailler Vertrages normierte, dass die Freie Stadt Danzig unter den Schutz des Völkerbundes gestellt werde. Er war danach Garant dafür, den Bestand der Freien Stadt sicherzustellen. Durch diese Zusicherung, den Freistaat zu schützen, wurde aber zugleich offenkundig, dass Danzig von vornherein in eine Selbstständigkeit gezwungen wurde, die es aus eigener Kraft nicht aufrechtzuerhalten vermochte.

Die dem Völkerbund zugedachte Rolle als unabhängige Schiedskommission beschränkte sich nicht allein auf Konfliktfälle zwischen der Freien Stadt und Polen. Vielmehr sollte er grundsätzlich in internationalen Auseinandersetzungen vermitteln. In tatsächlicher Hinsicht war aber die Wahrnehmung seiner Vermittlerrolle zwischen Danzig und Polen der Schwerpunkt seiner Tätigkeit.

---

[123] Näher zur Gründung des Völkerbundes *Brämer,* Obergericht, S. 35 f.

Um dieser Funktion gerecht zu werden, wurde ein sogenannter Hoher Kommissar des Völkerbundes mit Sitz in Danzig eingeführt, der die Funktion eines erstinstanzlichen Schiedsrichters zwischen dem Freistaat und Polen hatte, wobei er hierfür von einer der beiden Seiten ersucht werden musste. Der Hochkommissar war seinerseits an Weisungen des Völkerbundsrates gebunden und diesem verpflichtet. Gegenüber dem Danziger Staat hatte er aber keine Befugnisse.

Gegen die Entscheidungen des Hohen Kommissars konnten sich beide Parteien im Rahmen eines Berufungsverfahrens an den genannten Rat des Völkerbundes in Genf wenden, dessen Spruch dann endgültig und verbindlich war. Dem Völkerbund wurde aber in diesem Kontext nie, auch nicht nur vorübergehend oder teilweise, die Danziger Staatsgewalt übertragen. Er hatte insoweit keine rechtlichen Befugnisse, unmittelbar auf Danziger Staatsbelange einzuwirken.

Ein unabhängiges Gericht war überdies zur Streitschlichtung grundsätzlich nicht berufen. Nur wenn sich der Freistaat und Polen im Einzelfall oder durch besondere Verträge darauf verpflichteten, wurde die Zuständigkeit des Ständigen Internationalen Gerichtshofs in Den Haag begründet. Ansonsten bestand für den Völkerbundsrat lediglich die Möglichkeit, ein unverbindliches Rechtsgutachten vom Haager Gerichtshof anzufordern.

Letztlich wurden der Völkerbund und sein Hoher Kommissar von beiden Seiten kritisch beäugt. Der ehemalige polnische Außenminister *Józef Beck* stellte hierzu einmal lapidar fest: „Der Hohe Kommissar des Völkerbundes hat seinerzeit die Aufgabe erhalten, die Aktion der polnischen und der Danziger

Regierung zu kontrollieren, dabei hat er nicht einmal den geringsten Einfluß auf die Danziger Polizei besessen."[124]

Insgesamt wurden bis 1934 über 80 Fälle vom Hohen Kommissar des Völkerbundes entschieden.[125] Dass es nicht mehr Fälle wurden, hatte seinen Grund. Denn bereits im Oktober 1933 einigten sich die Regierungen Danzigs und Polens darauf, Meinungsverschiedenheiten nicht mehr vom Völkerbundskommissar entscheiden zu lassen, sondern diese allein durch bilaterale Gespräche beizulegen.

Durch diese Absprache, welche die Billigung des Völkerbundsrats erhielt, wurde der Hohe Kommissar in Danzig letztlich überflüssig. Daher hegte der Völkerbund auch Gedanken, sich gänzlich aus Danzig zurückziehen. Dies tat er zwar letztlich nicht, doch hatte der letzte Hochkommissar des Völkerbundes, *Carl Burckhardt,* als er 1937 ins Amt eingeführt wurde, nur noch die Funktion eines Vermittlers, nicht mehr die eines Schiedsrichters.[126]

Hinzu kam, dass das Deutsche Reich und Polen am 26. Januar 1934 einen auf zehn Jahre befristeten Nichtangriffspakt schlossen, durch welchen sich die Beziehungen zwischen Deutschland und Polen entspannten. Auch dies sorgte schließlich, wegen des engen politischen Verhältnisses zwischen der Freien Stadt und dem Reich zu jener Zeit, dafür, dass das Danzig-Problem nicht mehr zum Dauerthema in Genf gehörte.

---

[124] Zitiert nach *Burckhardt,* Meine Danziger Mission 1937–1939, 3., überarbeitete Auflage, S. 24 f.

[125] *Stritzel,* Die rechtliche Bedeutung der Eingliederung der Freien Stadt Danzig in das Deutsche Reich im Jahre 1939, S. 63 (m. w. N.).

[126] *Burckhardt* hatte über seine Zeit in Danzig später auch ein Buch verfasst („Meine Danziger Mission 1937–1939", 3., überarbeitete Auflage 1980).

Retrospektiv kann man wohl sagen, dass die insgesamt neun Völkerbundkommissare, die in Danzig im Einsatz waren, durchaus verantwortungsbewusst handelten.[127] Sie waren als Vertreter des Völkerbunds, gegenüber dem sie weisungsgebunden waren, grundsätzlich darauf bedacht, gerechte Lösungen zu finden, ohne Danzig oder Polen zielgerichtet dauerhaft zu benachteiligen.

Der Einfluss Polens war hingegen vor allem wirtschaftlicher Natur.[128] Denn auch wenn man in Danzig damit unzufrieden war, dass Polen Sonderrechte im Hinblick auf die Nutzung des Danziger Hafens hatte, so lässt sich nicht von der Hand weisen, dass Polen damit Geld in den Handel Danzigs spülte und dadurch mittelbar auch den Haushalt des Freistaates beeinflusste.

Und eines war ganz klar: Ohne die Auslastung des Danziger Hafens hätte Danzig finanziell vor großen Problemen gestanden.

Das blieb selbstverständlich auch der polnischen Regierung nicht verborgen. Dabei kam zum Tragen, dass Polen die Ergebnisse der Verhandlungen von Versailles, insbesondere das Pariser Abkommen zwischen Danzig und Polen, als Niederlage gewertet hatte. Deshalb überrascht es auch nicht, dass Polen 1921 im damals noch unbekannten kleinen Fischerdörfchen Gdingen begann, einen eigenen Hafen zu bauen. Innerhalb weniger Jahre entstand dort, keine 30 Kilometer von Danzig entfernt, ein neuer Hafen. Dieser Bau konnte in wirtschaftlicher Hinsicht nicht im Interesse des Danziger Kleinstaates liegen. Viel zu sehr hing die wirtschaftliche Lage Danzigs von seinem Hafen ab.

---

[127] In diesem Sinne auch schon *Epp,* Danzig. Schicksal einer Stadt, S. 200.

[128] Der Einfluss Polens in Danzig war vielfältiger Art (vgl. *Brämer,* Obergericht, S. 40–44).

Der Bau des Hafens in Gdingen wurde wohl überwiegend von Frankreich bezahlt. Polen war sozusagen Partner Frankreichs im Osten, wirtschaftlich aber nach der Neuerrichtung der Polnischen Republik noch zu schwach, um den Hafen allein finanzieren zu können. Das Ziel Polens war es dabei, durch den Hafen uneingeschränkten, das heißt von Danzig unabhängigen, Zugang zum Meer herzustellen. Beide Häfen standen dabei natürlich in einem Konkurrenzverhältnis. Das führte letztlich dazu, dass Gdingen selbst zu einer prosperierenden Großstadt wurde und 1938 bereits weit über 100.000 Einwohner hatte.[129]

2. Westerplatte-Konflikt und „Briefkastenstreit"

Nachdem ich Ihnen die Rollen des Völkerbundes und der Republik Polen in Bezug auf Danzig erläutert habe, möchte ich diese Gemengelage an zwei mehr oder weniger bekannten Beispielen veranschaulichen, nämlich anhand des Westerplatte-Konflikts und dem sogenannten Briefkastenstreit. Zwei Beispiele, die eindrücklich vor Augen führen, wie eng Recht und Politik miteinander verbunden sind.

Bei der Westerplatte handelt es sich, wie sicherlich bekannt ist, um eine kleine Halbinsel in der Nähe des Stadtgebiets von Danzig. Sie war vor dem Ersten Weltkrieg ein beliebtes Ausflugs- und Erholungsziel. Nach dem Ersten Weltkrieg sollte die Halbinsel aber unter Protest der Danziger Bevölkerung und des Volkstages anderweitig genutzt werden, nämlich als Lagerplatz für polnische Munition.[130]

Am 14. März 1924 verhandelte Danzigs Senatspräsident *Sahm* in Genf vor dem Völkerbundsrat über den von Polen geltend

---

[129] Näher zum Bau des Hafens in Gdingen *Brämer,* Obergericht, S. 44.

[130] *Brämer,* Obergericht, S. 312.

gemachten Anspruch, auf der Westerplatte ein Munitionslager errichten zu dürfen.[131]

Eine eindeutige, unzweifelhafte Grundlage für ein solches Begehren ließ sich weder dem Versailler Vertrag noch irgendeinem Abkommen zwischen der Freien Stadt und Polen entnehmen. Einziger juristischer Ansatzpunkt dafür war Artikel 28 des Pariser Vertrages vom 9. November 1920, nach dem Polen das Recht besaß, alle Waren über Danzig ein- und auszuführen. Dennoch fasste der Völkerbundsrat auf Drängen des französischen Vertreters den Beschluss, der polnischen Regierung die Nutzung der Halbinsel Westerplatte zum Löschen, Einlagern und zur Weiterbeförderung von auf der Durchfuhr befindlichem Kriegsmaterial zu gestatten.[132]

Der Völkerbundsrat vertrat die Auffassung, dass das Recht auf freien Zugang zum Meer, das Polen zugesichert wurde, die Ein- und Ausfuhr von Waren aller Art bedeute und dass daher selbst der Transit und die vorübergehende Einlagerung von Munition und Kriegsgeräten davon erfasst seien.

Dabei war weniger der Umschlag der genannten Güter der Punkt, der die Danziger Gemüter erhitzte, sondern die Lagerung an sich, obwohl diese nach offizieller Lesart nur temporärer Natur sein sollte. Hinzu kam, dass die Lagerung von Munition in der unmittelbaren Nähe des Stadtgebiets von Danzig wegen der allgegenwärtigen Explosionsgefahr grundsätzlich als gefährlich angesehen wurde.

Das Problem bestand – verkürzt dargestellt – unter dem Strich darin, dass das Gewähren des Lagerns zwangsläufig dazu führte, dass faktisch ein polnisches Militärdepot auf Danziger Boden entstand, da ständig Heeresbedarf durch den Hafen lief. Außerdem war man von polnischer Seite darauf bedacht, die

---

[131] *Ruhnau,* Danzig. Geschichte, S. 92.
[132] *Brämer,* Obergericht, S. 312 f.

Munition entsprechend zu schützen und stellte dafür Personal ab.[133]

In der Folgezeit geschah Folgendes: [134] Polen baute hinter hohen Mauern zahlreiche militärische Gebäude, nämlich Kasernen und Bunker. Ferner wurde der polnischen Republik später durch den Völkerbundsrat zugestanden, das Munitionslager mit Militärs zu besetzen, jedoch nicht mit mehr als 88 Mann. Eine Verstärkung bedurfte der Zustimmung des Völkerbundskommissars.

Und in Bezug auf die Nutzung der Westerplatte als Munitionsdepot entfaltete sodann die Errichtung des Hafens von Gdingen seine Bedeutung, denn dieser hätte jedenfalls spätestens ab 1926 als Umschlagsplatz für polnische Munition nutzbar gemacht werden können.

Richtig ist zwar, dass der Hafen wohl 1924 dafür noch nicht tauglich war, doch im Laufe der Jahre hätte nichts dagegengesprochen, das Munitionsdepot auf der Westerplatte aufzulösen und nach Gdingen zu verlagern, da der Hafen dort insoweit voll einsatzfähig war. Denn offiziell – und das muss nochmals betont werden – ging es ja nur um das Löschen von Kriegsmaterial im Hafen.

Die Vereinbarung, Polen die Besetzung der Westerplatte mit 88 Mann zu gewähren, wurde zudem 1933 von polnischer Seite gebrochen, indem man die Wachmannschaft verstärkte und mit Geschützen und Minenwerfern ausrüstete. Die Verstärkung der Truppe auf der Westerplatte begründete Polen gegenüber dem Hohen Kommissar des Völkerbundes damit, dass der Regierung Nachrichten vorlägen, denen zufolge die Danziger SA die auf der Westerplatte lagernde Munition in Brand

---

[133] *Brämer,* Obergericht, S. 313.
[134] S. ebenda.

stecken wolle. In zähen Verhandlungen konnte Danzig zumin-zumindest den Abzug der Verstärkung erreichen.[135]

Für die Nutzung der Westerplatte als polnisches Munitionslager bestand aber jedenfalls in den Dreißigerjahren kein Grund mehr. Deshalb wurde diese von Danziger Seite schlichtweg als Provokation empfunden – und das, das heißt die genannte Nutzung, zu allem Überfluss auch noch mit Billigung des Völkerbundes. Hinzu kam, dass die Westerplatte zwar weiterhin Danziger Hoheitsgebiet war, doch wurden für das Betreten der Westerplatte durch Danziger Beamte Grundsätze aufgestellt und überdies musste sich der Freistaat auch noch finanziell an der Unterhaltung des polnischen Munitionslagers beteiligen.[136]

Diese – vom Völkerbund letztlich ohne Not geschaffene – Situation stieß daher sowohl bei der Danziger Bevölkerung als auch bei den offiziellen Vertretern des Freistaates auf Unverständnis; sie führte somit zu kollektivem Unmut.

Ab 1933 wurde das Lager zum Zweck der besseren Verteidigung stetig – hauptsächlich nachts – entsprechend ausgebaut, sodass es kurz vor Kriegsbeginn faktisch ein militärischer Außenposten Polens war. Am Tag des Kriegsbeginns am 1. September 1939 hatte Polen etwa 200 Mann auf der Westerplatte.[137]

Wenn wir über den Kriegsausbruch in Danzig sprechen, dann muss natürlich auch die Polnische Post Erwähnung finden. Der Kampf um das Gebäude am Heveliusplatz ist durch *Günther Grass'* Roman „Die Blechtrommel" zum Sinnbild des

---

[135] Hierzu *Brämer*, Obergericht, S. 314.

[136] *Brämer*, Obergericht, S. 315.

[137] Die Angaben über die tatsächliche Zahl der polnischen Truppenstärke auf der Westerplatte variieren (s. *Brämer, Obergericht*, S. 316 [Fn. 1511]).

Kriegsbeginns am 1. September 1939 geworden, der sich ja vor wenigen Tagen zum achtzigsten Mal jährte.

Dabei war es keine Selbstverständlichkeit, dass der polnische Staat auf Danziger Hoheitsgebiet eine eigene Postbehörde betreiben durfte. Nach dem Versailler Vertrag sollten der Republik Polen lediglich die Überwachung und Verwaltung des Post-, Draht- und Fernsprechverkehrs zwischen Polen und dem Danziger Hafen gewährleistet werden. Stattdessen wurde aber in der Pariser Konvention zugunsten Polens das Recht verankert, einen eigenen Dienst einzurichten, der die Post-, Telegrafen- und Telefonverbindungen zwischen Polen und dem Hafen sowie die Post- und Telegrafenverbindungen zwischen Polen und dem überseeischen Ausland über den Hafen umfasste. Dabei musste jener Postdienst allerdings so verstanden werden, dass davon der „normale" Briefverkehr nicht erfasst war, sodass sich daraus auch nicht das Recht ergeben konnte, polnische Briefträger und eigene Briefkästen einzusetzen.[138]

Daraus folgte auch zunächst tatsächlich nur, dass Polen einen beschränkten Postdienst im Hafenbereich unterhielt, jedoch beantragte man in der Folgezeit die Errichtung einer Briefsichtungsstelle im Danziger Hauptbahnhof beim Hohen Kommissar des Völkerbundes, welche dieser zwar ablehnte, doch genehmigte letztlich der Danziger Senat am 18. April 1923 eine solche. Dadurch wird auch deutlich, dass Danzig durchaus bereit war, dem großen Nachbarn Polen auf politischer Ebene entgegenzukommen.

Gegen Ende des Jahres 1924, im selben Jahr also, in dem die Westerplatte zu einem polnischen Munitionslager wurde, richtete Polen im ehemaligen Lazarett am Heveliusplatz ein Postamt ein. Dieser zuletzt genannte Standort ist in der Regel

---

[138] *Brämer,* Obergericht, S. 316 f.

gemeint, wenn von der „Polnischen Post in Danzig" die Rede ist.[139]

In der Folgezeit änderte die Warschauer Regierung allerdings ihre Auffassung davon, was darunter zu verstehen sei, im Hafen einen Postdienst zu unterhalten.[140] Obwohl die Danziger Regierung bereits vorher eine Ausdehnung des Postdienstes ins Stadtgebiet hinein ahnte, war die Überraschung dennoch groß, als am Morgen des 5. Januar 1925 an zehn verschiedenen Stellen in der Stadt rote polnische Briefkästen hingen und polnische Postbeamte bereits ihrer Arbeit nachgingen. Die Bevölkerung war derart erbost über dieses Vorgehen, dass sie zu Selbsthilfemaßnahmen griff. *Rüdiger Ruhnau* beschreibt das Szenario in seinem Buch „Die Freie Stadt Danzig 1919–1939" wie folgt: „An einigen roten Briefkästen wurde das obere Drittel mit schwarzer Farbe und die Mitte mit weißer Ölfarbe bemalt, so daß schwarz-weiß-rote Kästen resultierten … In andere Postkästen warfen aufgebrachte Menschen Fäkalien und andere üble Dinge hinein. Dem Danziger Senat blieb nichts anderes übrig, als Polizeiposten vor den Briefkästen aufzustellen, damit eine ‚Beleidigung der polnischen Hoheitszeichen' in Zukunft unterblieb."[141]

Danzig wurde dadurch in eine äußerst heikle Situation gedrängt. Auf der einen Seite ging die Stimmung dahin, sich der Briefkästen umgehend eigenmächtig zu entledigen, jedoch fürchtete man auf der anderen Seite nicht unerhebliche Konsequenzen. Denkbar war vor allem eine militärische Besetzung des Freistaatsgebietes durch Polen. In diesem

---

[139] Dazu hat auch das 1995 erschienene Buch „Die Post von Danzig – Geschichte eines deutschen Justizmords" von *Dieter Schenk* beigetragen, da es darin allein um das Gefecht am Heveliusplatz geht – und dessen juristische Folgen.

[140] Zum „Briefkastenstreit" *Brämer,* Obergericht, S. 317–320.

[141] *Ruhnau,* Die Freie Stadt Danzig 1919–1939, 2. Auflage, S. 58.

Bewusstsein richtete der Senat drei Tage später einen Aufruf an die Bevölkerung, dass man den Völkerbund um Hilfe ersuchen werde und dass die Bevölkerung dringend von weiteren Maßnahmen gegen die Postkästen absehen solle.

Die erstinstanzliche Entscheidung durch den Hohen Kommissar des Völkerbundes fiel dann auch tatsächlich zugunsten Danzigs aus, weshalb sich Polen an die nächsthöhere Instanz wandte. Sodann befasste sich also der Völkerbundsrat im März 1925 mit dieser Angelegenheit. Jedoch scheute er sich, eine endgültige Entscheidung zu treffen und forderte stattdessen überraschenderweise beim Ständigen Internationalen Gerichtshof im Haag ein Rechtsgutachten zu dieser Sache an. Das war, wie bereits ausgeführt, auch letztlich die einzige denkbare Möglichkeit, von einem Gericht Hilfe zu erhalten.

Zwar konnte der Gerichtshof die Streitigkeit nicht rechtsverbindlich klären, doch konnte sich der Völkerbundsrat zumindest dessen Auffassung zu eigen machen – was er letztlich auch tat. Der Völkerbundsrat entschied dann am 11. Juni 1925 mit Blick auf das Gutachten des Haager Gerichtshofs im Sinne Polens – und zwar vollumfänglich. Damit hatte die Freie Stadt im Briefkastenstreit, der von Außenstehenden, man muss es so deutlich formulieren, als „bizarre Posse" [142] wahrgenommen wurde, faktisch verloren und musste einen schweren Eingriff in ihre Hoheitsrechte hinnehmen. Der Schutz der Integrität des Freistaates durch den Völkerbund vor Übergriffen anderer Staaten lief somit ins Leere.

3. Innenpolitische Veränderungen

Auch innenpolitisch stand Danzig vor allem in den frühen Dreißigerjahren vor Veränderungen. Das hatte zwei Ursachen:

---

[142] So ausdrücklich *Fischer, Danzig. Die zerbrochene Stadt*, S. 313.

Zum einen wurde 1930 eine Verfassungsänderung in Gestalt einer Wortlautänderung umgesetzt, aufgrund derer das Parlament fortan ein Selbstauflösungsrecht hatte. Zum anderen gewann die NSDAP auch in Danzig an Zustimmung; bei der Wahl im Mai 1933 konnte die NSDAP mit über 50 Prozent die absolute Mehrheit im Volkstag erzielen.[143]

Obwohl die Nationalsozialisten in der Freien Stadt schon wesentlich früher als im Reich die politischen Fäden in der Hand hielten, konnte sich die Opposition länger halten als im Reich. Trotz des Danziger Ermächtigungsgesetzes vom Juni 1933, durch das die Regierung die Befugnis erhielt, „im Rahmen der Verfassung" eine große Anzahl von gesetzgeberischen Maßnahmen auf dem Verordnungswege zu treffen, blieben umfangreiche „Gleichschaltungsmaßnahmen" zur Ausschaltung jedweder Opposition zunächst aus.[144]

Es war sozusagen, etwas überspitzt formuliert, schlichtweg die Danziger Verfassung „im Weg". Die Verfassung war nämlich, wie schon zuvor von mir ausgeführt, anders konzipiert als die Weimarer Reichsverfassung. Zum Beispiel gab es ja weder ein Staatsoberhaupt noch die Möglichkeit, Notverordnungen zu erlassen.

Erst gegen Ende der Freistaatszeit, namentlich in den letzten Monaten und Wochen vor Kriegsbeginn, kam es zu offenen Verfassungsbrüchen durch die Regierung.[145] Zu nennen sind hierbei zwei Verordnungen. Mit der einen wurde die Legislaturperiode des Volkstags entgegen der Verfassung kurzerhand um weitere vier Jahre verlängert und mit der anderen führte man das Amt eines Staatsoberhaupts ein – das

---

[143] S. *Brämer*, Obergericht, S. 46.

[144] *Brämer*, Obergericht, S. 46 f.

[145] Das ist das Ergebnis der Gesamtschau des Verfassungslebens in der Freien Stadt Danzig (s. *Brämer*, Obergericht, S. 361 f.).

im Übrigen auch genau so hieß. Die Einführung eines Staats-Staatsoberhaupts war zwar grundsätzlich möglich, jedoch kam die Verordnung nicht auf dem verfassungsmäßig vorgesehenen Wege zustande und muss deshalb als verfassungswidrig angesehen werden.[146]

Dieses verfassungswidrig eingesetzte Staatsoberhaupt erklärte sich dann später auch mit der Wiedereingliederung Danzigs ins Deutsche Reich einverstanden, weshalb auch die Wiedereingliederung letztlich widerrechtlich war.[147] Was das für den völkerrechtlichen Status Danzigs bedeutet, darauf möchte ich jetzt zu sprechen kommen.

VI. Rechtliches Fortbestehen der Freien Stadt Danzig

Ich möchte die Gelegenheit nutzen und an dieser Stelle über den gegenwärtigen völkerrechtlichen Status der Freien Stadt Danzig sprechen. Ich kann mir durchaus vorstellen, dass dieses Thema in den nächsten Monaten noch in den Fokus der Öffentlichkeit rückt, da sich ja die Gründung der Freien Stadt Danzig im nächsten Jahr zum hundertsten Mal jährt.

Danzig sorgte bekanntermaßen 2017 für internationale Schlagzeilen, als das sogenannte Weltkriegsmuseum eröffnet wurde. Die Darstellung der Fakten im Museum ist nach meinem Dafürhalten übrigens weniger subjektiv als man es anhand der Presseberichterstattung glauben sollte. Zutreffend ist aber, dass Aspekte wohl bewusst ausgeklammert sind. So konnte ich bei meinem letzten Besuch des Museums vor

---

[146] Ausführlich zur Verfassungswidrigkeit der sogenannten Staatsober-haupt-Verordnung *Brämer,* Obergericht, S. 110–115.

[147] Die Verfassungswidrigkeit der „Heimkehr" Danzigs ins Deutsche Reich nach Danziger Verfassungsrecht ist ein weithin unbeachteter Aspekt im Hinblick auf die Geschehnisse am 1. September 1939 in der ehemaligen Hansestadt (näher hierzu *Brämer,* Obergericht, S. 332–336).

wenigen Wochen im Juni 2019 nur auf einer Tafel überhaupt das Schicksal der vielen deutschen Vertriebenen entdecken.

Aber ungeachtet dessen möchte ich Ihnen dringend den Besuch des Museums empfehlen. Denn die Ausstellung ist sehr umfassend und bezieht auch die Vorkriegsgeschehnisse in Italien, Japan und den USA mit ein. Darüber hinaus ist die Architektur des Gebäudes sehr beeindruckend.

Ich spreche deshalb über das Museum, weil sich dort im Ausstellungsraum zur Freien Stadt Danzig eine Tafel findet, auf der in englischer Sprache – frei übersetzt – geschrieben steht, dass die Freie Stadt Danzig am 1. September 1939 widerrechtlich ins Deutsche Reich aufgenommen wurde, das heißt, dass die Wiedereingliederung völkerrechtswidrig erfolgte.

Das ist ein äußerst bemerkenswerter Aspekt, den man ähnlich dargestellt übrigens auch im Museum des Rechtsstädtischen Rathauses findet. Denn wenn die Wiedereingliederung Danzigs ins Deutsche Reich völkerrechtswidrig war – was im Übrigen auch ganz herrschende Meinung ist –, dann hat das Konsequenzen für die Ereignisse nach 1945.

Unstreitig ist insoweit, dass die Freie Stadt Danzig am 1. September 1939 jedenfalls faktisch untergegangen ist. Aber nur weil sie faktisch nicht mehr existiert, heißt das noch lange nicht, dass das auch in rechtlicher Hinsicht der Fall ist.

Insofern möchte ich hier die Frage nach dem rechtlichen Fortbestehen des Freistaates thematisieren. Diese Frage wurde – soweit ersichtlich – letztmalig virulent, als das Bundesinnenministerium 1996 ein Rechtsgutachten zu der Frage in Auftrag gab, wohin Bücher gehörten, die in der Bundesrepublik aufgetaucht waren und unzweifelhaft aus der ehemaligen Bücherei der „Naturforschenden Gesellschaft zu Danzig" stammten.[148]

Das Rechtsgutachten, das bei einem renommierten Völkerrechtler in Auftrag gegeben wurde, sollte also die Frage beantworten, ob die Bücher in Deutschland verbleiben können oder nach Danzig müssen. Diese in erster Linie eigentumsrechtliche Frage ließ sich aber letztlich nur beantworten, indem auch die „Danziger Frage", also die Frage nach dem völkerrechtlichen Status Danzigs, berücksichtigt wurde.

Prof. Dr. Dr. hc. *Gornig* kam in seinem Gutachten zu dem Ergebnis, dass die Freie Stadt Danzig weiterhin fortbestehe, dass die Einverleibung Danzigs durch Polen mit dem Völkerrecht nicht zu vereinbaren sei. Seine Ansicht begründete er vorrangig damit, dass das sogenannte Potsdamer Abkommen völkerrechtlich keine Bindungswirkung für die Freie Stadt Danzig gehabt habe und der eindeutige Wortlaut desselbigen klarstelle, dass eine endgültige Grenzziehung einem Friedensvertrag vorbehalten bleiben sollte. Das ist übrigens beides in der Sache zutreffend. Zudem enthalte der Zwei-Plus-Vier-Vertrag – was ebenfalls zutrifft – keine Regelung zu Danzig.[149]

Im Jahr 2000 gab es im Bundestag eine Kleine Anfrage an die Bundesregierung zu Danziger „Exilorganen". In der Antwort der Bundesregierung heißt es bezüglich des völkerrechtlichen Status Danzigs: „Danzig hat seit der friedensvertraglichen

---

[148] Die „Naturforschende Gesellschaft zu Danzig" wurde 1994 reaktiviert und hat inzwischen eine bemerkenswerte Schriftreihe veröffentlicht, in denen Themen mit Danzig-Bezug aus verschiedenen Wissenschaftsdisziplinen behandelt werden.

[149] Vgl. *Gornig,* Das rechtliche Schicksal der Danziger Kulturgüter seit 1939/45 am Beispiel der Naturforschenden Gesellschaft zu Danzig. Ein Rechtsgutachten, S. 64–71.

Regelung nach dem Ersten Weltkrieg nicht mehr zu Deutsch-Deutschland gehört, woran auch die zeitweilige Annexion im Zweiten Weltkrieg aus heutiger völkerrechtlicher Sicht nichts ändert. In Bezug auf die Entwicklung des völkerrechtlichen Status von Danzig hat die Bundesrepublik Deutschland aber mangels völkerrechtlicher Zuständigkeit keine rechtserheblichen Handlungen vornehmen können. In Abschnitt IX des Protokolls der Potsdamer Konferenz vom 2. August 1945 hatten die drei Siegermächte die ‚frühere Freie Stadt Danzig' vorbehaltlich einer endgültigen friedensvertraglichen Regelung polnischer Verwaltung unterstellt. Mit dem ‚Vertrag über die abschließende Regelung in Bezug auf Deutschland' vom 12. September 1990 hat sich nach Einschätzung der beteiligten Mächte die Frage einer weiteren friedensvertraglichen Regelung der Folgen des Zweiten Weltkrieges erledigt."[150]

Auch schon früher, nämlich 1985, verneinte die Bundesregierung eine völkerrechtliche Zuständigkeit für das Gebiet der Freien Stadt Danzig nach 1945 im Hinblick auf eine endgültige Lösung dafür.[151] Es muss deshalb die Frage erlaubt sein, wie ein völkerrechtlich unter keinen Umständen zuständiger Staat, nämlich die Bundesrepublik Deutschland, einen wirksamen Vertrag über das territoriale Schicksal eines anderen, zwar nicht mehr tatsächlich, doch zumindest noch rechtlich existierenden Staates abgeschlossen haben soll. Insoweit muss es als irrelevant bezeichnet werden, dass die Bundesregierung die Freie Stadt Danzig durch die oben genannte Regelung als „erledigt" ansieht.[152]

---

[150] Bundestagsdrucksache 14/3263, S. 3.

[151] Vgl. Bundestagsdrucksache 10/3329, S. 2.

[152] Wenn hier von „der" Bundesregierung gesprochen wird, dann ist selbstverständlich dabei zu berücksichtigen, dass die Bundesregierung als

Aus diesem Grund wird die „Danziger Frage" auch heute noch als ungelöstes Problem betrachtet. In der deutschsprachigen Literatur wird im Übrigen, soweit dies ersichtlich ist, auch kein anderer Standpunkt vertreten, als dass die Freie Stadt Danzig bis heute *de jure* weiterhin existent sei.[153]

Da wir hier auch polnische Referenten und Gästen haben, interessiert mich natürlich, welche Ansicht man dazu in Polen vertritt. In denke, dass wir im Anschluss darüber sprechen sollten.

VII. Frage nach einer „europäischen Lösung"

Abschließend möchte ich zwei Aspekte, gewissermaßen als Fazit, hervorheben.

Erstens: Der Forschungsstand zur Freien Stadt Danzig – vor allem aus juristischer Perspektive – ist vergleichsweise gering. Es gibt also zahlreiche Gesichtspunkte, die noch der näheren Betrachtung bedürfen. Und zweitens: Die Danzig-Frage ist völkerrechtlich bis heute ungeklärt. Ob sich in naher Zukunft hieran etwas ändert, darf aber wegen der politischen Situation in Deutschland und Polen bezweifelt werden.

Dennoch möchte ich die Frage aufwerfen – und das sollte keinesfalls als Provokation verstanden werden –, ob es nicht im Zeitalter eines zusammenwachsenden, zunehmend grenzenlosen Europas an der Zeit ist, eine für alle Seiten befriedigende Lösung für Danzig zu finden, gewissermaßen eine „europäische Lösung". Eine Lösung, die das deutsche Erbe in Danzig in hinreichender Weise berücksichtigt, aber auch dem Umstand Rechnung trägt, dass die Bevölkerung Danzigs seit nunmehr über 70 Jahren mehrheitlich polnisch ist.

Verfassungsorgan aufgrund von Wahlen einer Diskontinuität unterliegt, vor allem in personeller Hinsicht.

[153] S. *Brämer,* Obergericht, S. 341–343.

Nachtrag: Vielleicht wäre es deshalb für Danzig sinnvoll und identitätsstiftend, als „Kulturhauptstadt Europas" ernannt zu werden, wie es ein Tagungsteilnehmer nach meinem Vortrag vorschlug. Das böte nämlich durchaus die Chance, sich in Danzig, Polen und auf europäischer Ebene gleichermaßen intensiv wie kritisch mit der Stadtgeschichte zwischen 1919 und 1939 und ab 1945 auseinanderzusetzen. Das könnte ein Schritt in die richtige Richtung sein und auch einen Beitrag zur polnisch-deutschen Versöhnung leisten.

Bericht über eine Dekade deutsch-polnischer Jugendaustausch mit Adam Malinski – ein Mensch, den man nie vergisst

Bernd Bruno Meyer

Im Rahmen der Frauen-Verbands-Tagung zeichneten Adam Malinski und ich ein lebhaftes, anschauliches Bild des gemeinsam seit 2010 organisierten Jugend- und Erwachsenen-Austausches und der Bildungsfahrten zwischen Deutschland und Polen. Die muss ich hier allein und aus eigener Sicht widergeben. Ich habe Adam zwar gerade in der letzten Woche hier in Lüchow an zwei verschiedenen Tagen mit einem großen Bus auf der Durchreise zur Hannoverschen „Agritechnika"-Messe mit Landwirtschafts-Schülern und – Schulabsolventen sehen und unterstützen können. Aber die Zeit war zu knapp wie meist, wenn er hier in Deutschland und immer im Dienst der Sache ist.

Adam Malinski trat in mein Leben im August 2010. Da hatte ich einen Zeitungsbericht zu fertigen über den Grabpflegeeinsatz einer aus deutschen, polnischen und ukrainischen SchülerInnen bestehenden Jugendgruppe auf einer kleinen Friedhofsanlage mit sechs Gräbern von russischen und ukrainischen kriegsgefangenen Zwangsarbeitern. Zur weiteren Information verabredete ich mich mit ihm zu einem abendlichen Hintergrundgespräch. In dem offenbarte ich mich nebenbei als „Kriegs- und Flüchtlingskind aus Lodz (Litzmannstadt) mit einer aus Westpreußen gebürtigen Mutter", den praktisch nichts oder wenig – besonders nach dem Kniefall von Willy Brandt in Warschau – mit seinem Land verbindet. Da hakte er vehement ein. „Du musst unbedingt nach Polen in „Deine alte Heimat" kommen. Es ist Vieles anders als Du denkst!"

Er hatte anscheinend Glück mit mir. Denn ich war gerade fast draußen aus meiner siebenten Lebensdekade, in der ich mich mit sozialen und Sport- und Rettungssport- und Seminar-Projekten in einer kleinen Kreisstadt beschäftigt hatte. So nahm ich denn seine Einladung für den folgenden Sommer 2011 nach Polen an. Diese hatte er sorgfältig aus der Ferne vorbereitet: Fahrt im eigenen PKW zu einer polnischen Familie aus seiner „angestammten" Region, deren in Lodz Deutsch studierende Tochter er zuvor für eine Woche bei uns einquartiert hatte. Mit dieser Karolina gab es ein gemeinsames erstes Kennenlernen meiner Geburtsstadt Lodz. Mit den Eltern konnte ich das größte polnische, erst 2004 vollendete Heiligtum Lichen Stary (mit besonderer Verehrung des polnischen Papstes Johannes Paul II.) besuchen. Anschließend Weiterfahrt wieder Richtung Westen nach Rogozno im Landkeis Oborniki (Wielkopolska), Malinskis engerem Wirkungskreis, aber zunächst zur Teilnahme an einer mehrtägigen Exkursion der Evangelischen Gesellschaft für Ost-Westbeziehungen Göttingen e.V. Dadurch lernte ich erstmals die Landkreise Oborniki (Partner von Lüchow-Dannenberg) und Wongrowiec (Partner von Lüneburg) kennen. Danach gastliche Aufnahme im Hause Malinski und Kennenlernen der „Zespół Szkół im Adam Mickiewicza" der Kreisberufsschule Objezierze von Oborniki mit dem Namen des „polnischen Goethe Adam Mickiewicz", Partnerschule der Lüchower Berufsschule seit 1997 und Adams Arbeitsplatz.

Für das Jahr 2012 brauchte ich keine eigenen Pläne bezüglich Polen-Besuch zu machen.

Denn es erreichte mich Adams dramatischer telefonischer Brandruf: „Du bist der einzige, der den Jugendaustausch dieses Jahr zwischen Wustrow (kleine Lüchower Nachbarstadt) und Rogozno retten kann! Der ehemalige Bürgermeister, der das sonst gemacht hat, ist schwer erkrankt!" Es blieb mir Zeit für alle Hintergrundinformationen, Formalitäten, Geldspenden einwerben und Teilnehmergewinnung und -Kennenlernen. Mit zwei kostenlos geliehenen Kleinbussen gefahren von mir und unserem gemeinsamen Hamburger Polen-Freund Bernd Bruno Baumbach und meinem PKW, gefahren von der jungen Versicherungsfrau Gesine Thiele fuhren wir für die letzte Juliwoche nach Rogozno. Dort war die deutsche Gruppe einschließlich Leitungsteam in einer Schule untergebracht und in einem weiteren Gebäude die polnische Partnerklasse, so dass man gemeinsam viel Zeit miteinander verbringen konnte, neben Ausflügen nach Posen oder an den Rogozno-See. Eine besondere Rolle im Programm spielte dabei auch später der feierliche Besuch mit Fahnen- Abordnung und Kranzniederlegung an einer Gedenkstätte für über 13.000 von Deutschen ermordete Polen in einem Waldstück bei Roznowice.

Um es kurz zu machen: Der besagte Brandanruf wiederholte sich natürlich in den Jahren 2014 und 2016. In den dazwischen liegenden Jahren konnte der wieder genesene Wustrower Bürgermeister das Programm mit Wustrower Mitstreitern vor Ort gestalten. Und ich bin immer gern tageweise für Berichterstattungen dabei gewesen. 2018 war ich fast zu meiner Erleichterung nicht mehr gefragt. Im Zuge der polnischen schulischen Strukturveränderungen war die Partnerschule geschlossen worden. Und im November 2018 konnten Adam und ich anlässlich meines Besuches die damalige Verbindungslehrerin nunmehr in Rogozno als Rektorin begrüßen und vage über Möglichkeiten einer Wiederaufnahme des Austauschprogramms sprechen.

Am Rande sei vermerkt, dass ich 2014 die Presse-Begleitung der Stadtspitze von Hitzacker (Elbe) zur Übernahme eines Bronzezwergs in Breslau/Wroclaw (Oder) übernommen hatte. Die bis dahin erforderliche starke Beschäftigung mit Polen veranlasste mich, mit einer Breslauer Schule und einer Freien Schule in Hitzacker einen Schüleraustausch erstmals für 2016

und für 2017 und 18 mit der Oberschule Hitzacker durchzufüh-
durchzuführen.

Sehr schnell hatte es sich eingespielt, dass Adam Malinski mir
alle Einladungen zu deutsch-polnischen Veranstaltungen
zuschickt, die er bekommt, mit der Frage, ob ich nicht auch
teilnehme. Für den Fall, könne ich ja für ihn dies und das
mitbringen, das mir der oder die dann mitgeben würde. Denn er
nutzt seine vielfältigen Beziehungen zu vielen Menschen in
Deutschland tatsächlich dazu, in Deutschland „abgelegte",
inzwischen ersetzte Dinge an polnische Organisationen
weiterzugeben: gesammelte Textilien, Brillen, Rollatoren, und
natürlich zur eigenen Information zurückgelegte Zeitungen,
zum Beispiel. Als Deutschlehrer an einer Berufsschule hat er
natürlich ein großes Interesse daran, dass seine meist
jugendlichen Schülerinnen und Schüler einen besonderen,
positiven Eindruck von Deutschland und seinen Menschen
bekommen und die deutsche Sprache original hören und
verstehen können. Deshalb hat er meist mindestens gut ein halb
Dutzend Schüler im Schlepptau. Von den meisten gemeinsam
besuchten Seminaren her weiß ich, dass die Veranstalter das
würdigen und mit geringen Teilnahmegebühren unterstützen.
Insofern sind der Frauenverband im Bund der Vertriebenen und
zum Beispiel die Landsmannschaften Westpreußen und
Sudeten/Tschechien mit den Veranstaltungsorten Bad
Kissingen Duderstadt, Helmstedt, Travemünde und Warendorf
in angenehmer Erinnerung. Aber auch die Jahrestagungen der
EGB Evangelische Gesellschaft für Ost-Westbeziehungen
e. V., Göttingen in Bad Heiligenstadt und am nördlichsten die
Akademie Sankelmark bei Flensburg verdienen eine
Erwähnung.

Darüber hinaus nutzt Freund Adam auch die Möglichkeit, dass
seine Landwirtschafts- und andere Schüler hochkarätige
deutsche internationale Messen/Ausstellungen besuchen und
auf dem Weg auch Patenschafts-Gemeinden und -schulen,

ebenso wie Praxisbeispiele. Regelmäßig geschieht das zum Beispiel im November zur „Agritechnika Hannover", wenn auf dem Rückweg von mir dafür gewonnene Biogas-, Windkraft- und Solaranlagen im Landkreis Lüchow-Dannenberg oder in diesem Jahr Vermarktungswege bäuerlicher Betriebe besichtigt werden. Wie manche andere Polen auch – hat sich Adam Malinski schon in den achtziger Jahren in der ehemaligen DDR bewegt. Da sind Beziehungen zu Menschen und Organisationen entstanden, die er noch heute pflegt.

Ich möchte hier mit einer letzten Begebenheit abschließen: Nachdem er mir im November 2018 meine Geburtsstadt Lodz gezeigt hat, sind wir, Adam und ich, 20 km weiter östlich gefahren in die Kreisstadt Brzeziny. Die hieß von 1939 bis 45 „Löwenstadt", wo ich bis zu unserer Flucht im Januar 1945 meine ersten Lebensjahre verbracht habe. Wir haben zwar kein mögliches Wohnhaus gefunden aber einen anscheinend entwidmeten evangelischen Friedhof. Adam hat dann eine Verbindung zu der den Friedhof „revitalisierenden" Freiwilligengruppe hergestellt. Ich habe dafür ein Dutzend Bäume gestiftet. Als die gepflanzt waren, haben Adam und ich uns dort mit den Freiwilligen zu einer kleinen Feierstunde getroffen. So hat sich in meinem 78. Lebensjahr ein Kreis geschlossen – ein Umstand, mit dem ich gut leben kann …

III.

**Berichte zur Begegnungstagung
in der Süd- und Nordbukowina
vom 3.–8. Mai 2019**

Bei den Deutschen in der Bukowina
Begegnungstagung des Frauenverbandes im Bund der Vertriebenen

Viktoria Decker

Die diesjährige sechstägige Begegnungstagung des Frauenverbandes im Bund der Vertriebenen fand im Mai in der Bukowina statt. Der Einladung der Vorsitzenden des Frauenverbandes Dr. Maria Werthan und der Schatzmeisterin Rosemarie Schuran folgten dreißig Mitglieder der verschiedenen Landsmannschaften, darunter auch Banater Schwaben. Die Gruppe wurde von Otto Hallabrin begleitet, ein Banater Schwabe, der lange Jahre die Leitung und Geschäftsführung des Bukowina-Instituts in Augsburg innehatte und ein vorzüglicher Kenner der Bukowina ist.

Das 1988 gegründete Bukowina-Institut knüpfte nach dem Fall des Eisernen Vorhangs Kontakte zu Wissenschaftlern und Persönlichkeiten aus Politik und Wirtschaft in der Bukowina; es entstanden ähnliche Institute wie jenes in Augsburg nun auch in Czernowitz (Ukraine) und in Radautz (Rumänien). Diese Institute stehen in enger Zusammenarbeit und sind zu ausgewiesenen Forschungsstellen zu Fragen Ostmitteleuropas, zu Zentren der Integrations- und Nationalitätenforschung sowie zu Stätten der Begegnung und Kooperation zwischen Ost und West geworden.

Der Großteil der Mitreisenden traf sich, aus ganz Deutschland kommend, am Flughafen in Jassy. Da einige erst mit einem späteren Flug ankamen, bot Otto Hallabrin eine Stadtführung durch Jassy an. Nach einer kurzen Einführung in die Geschichte der einstigen Hauptstadt des Fürstentums Moldau, führte er die Gruppe zu den geschichtsträchtigsten Sehenswürdigkeiten dieser Stadt: der Kulturpalast, in dem heute vier Museen untergebracht sind, die Metropoliten-Kathedrale, Sitz des rumänisch-orthodoxen Erzbischofs von Jassy und Metropoliten der Moldau und der Bukowina, das Kloster der Heiligen drei Hierarchen, die Universität sowie das älteste Nationaltheater und Opernhaus Rumäniens, benannt nach dem rumänischen Dichter und Dramatiker Vasile Alecsandri. Nach einem Imbiss mit typisch rumänischen Gerichten fuhr die Gruppe abends weiter nach Suczawa, wo sie ihr Hotel bezog. Dort begrüßte die Vorsitzende des Frauenverbandes Dr. Maria Werthan alle Teilnehmerinnen und Teilnehmer der Begegnungstagung, wonach sie die Bukowina, eine Region mit wechselhafter Geschichte, vorstellte.

Am nächsten Tag stand eine Stadtführung in Suczawa auf dem Programm, für die ebenfalls Otto Hallabrin zur Verfügung stand. Sein fundiertes Wissen und seine langjährigen Erfahrungen die Bukowina betreffend waren ein immerfort sprudelnder Quell von Informationen für alle Mitreisenden. Im Deutschen Haus berichtete Antonia Gheorghiu, die Vorsitzende des Demokratischen Forums der Deutschen in Suczawa, von der Partnerschaft der Bezirks Schwaben mit der Bukowina, von dem Bestreben, das zu erhalten, was von den Buchenlanddeutschen als historisches Erbe verblieben ist. Es folgte anschließend der Besuch eines Kinderheimes in Gurahumora, wo dessen Leiterin, Sozialpädagogin Mihaela Pintilie, über das Zustandekommen des Heimes berichtete, in das elternlose Kinder, alleinerziehende Mütter mit ihren Kindern sowie Kinder, die Gewalt in der Familie erlebten, aufgenommen werden. Das Heim entspricht modernen Standards und erinnert mit nichts mehr an die verwahrlosten Kinderheime zu kommunistischen Zeiten. Man hat uns eine Kinderwerkstatt vorgestellt, wo die Kinder unter Anleitung von Erwachsenen basteln und traditionelle Handfertigkeiten erlernen. Die darauffolgenden Gespräche bei dem traditionellen

Gebäck „poala-n brâu" zeigten Interesse an dem Schicksal der Kinder und des Heimes, das auf Spenden angewiesen ist.

Auf der Weiterfahrt machten wir einen Zwischenstopp am Kloster Voroneţ, wo uns eine Nonne in die Geschichte des Klosters einführte und die Wandmalereien erklärte. Im Deutschen Haus in Radautz erwartete uns der Vereinsvorsitzende des Deutschen Forums, Eduard Mohr, mit einem Potpourri an Heimatliedern, Marienliedern und dem melancholischen Semenic-Walzer. Bei Kaffee und Kuchen erzählten die Einheimischen in ihren traditionellen Trachten von ihren Bemühungen, die deutschen Trachten, Sitten und Gebräuche zu erhalten, da es kaum noch Deutsche in dieser Region gibt.

Am dritten Tag unseres Aufenthaltes ging die Fahrt weiter nach Czernowitz in die Ukraine. Hier wurden wir von dem Historiker Dr. Sergij Osatschuk, Mitarbeiter am Bukowina-Forschungszentrum der Jurij-Fedkowytsch-Universität Czernowitz und Honorarkonsul von Österreich, empfangen, der uns bei einem Stadtrundgang auf wichtige historische und kulturelle Gebäude aufmerksam machte. Die herrlichen Palais, die breiten Straßen erinnerten an das ehemalige österreichische Kaiserreich, und auch heute noch ist ein Hauch von Luxus und Wohlstand aus dieser Zeit zu spüren. Die Stadt gedenkt bekannter Persönlichkeiten aus Literatur, Kunst und Politik. Wir sahen Denkmäler von Paul Celan, Olga Kobylanska, Mihai Eminescu, Franz Liszt, Rose Ausländer.

Wir besuchten anschließend das Deutsche Haus in Czernowitz, wo wir von Alexander Schlamp, Honorarkonsul der Bundesrepublik Deutschland, empfangen wurden, um anschließend das Jüdische Museum zu besichtigen. Die Ausstellung erinnert an das Leid, welches die Juden dieser Stadt im Nationalsozialismus erfahren mussten, was besonders in den vielen unveröffentlichten Gedichten der jungen

Lyrikerin Selma Meerbaum zum Ausdruck kommt. Zum Ab-Abschluss unseres Besuches in Czernowitz besuchten wir die bekannte Nationale Jurij-Fedkowytsch-Universität, wo wir eine Begegnung mit Lehrkräften und Germanistik-Studenten hatten. In den Gesprächen kam immer wieder das Thema zur Sprache, weswegen die Studenten Deutsch studieren, obzwar sie keine deutschen Vorfahren oder deutsche Grundkenntnisse haben, sich aber durch das Germanistik-Studium eine bessere Zukunft vorstellen können, denn für sie besteht auch heute noch der Mythos Czernowitz.

Der nächste Tag führte uns zurück nach Suczawa, wo das Gymnasium Ştefan cel Mare und die Universität Ştefan cel Mare besucht wurden. Am letzten Abend unseres Aufenthaltes wurden im Hotel in Suczawa, bei traditioneller moldauischer Folklore, die Eindrücke dieser Reise besprochen und Meinungen ausgetauscht. Es war eine eindrucksvolle Tagungsreise, mit vielen neuen Erkenntnissen über die Geschichte der Buchenlanddeutschen, der Juden in der Bukowina und auch über die vielfältige Landschaft dieser Region.

Ein herzliches Dankeschön geht seitens aller Teilnehmer dieser Tagungsreise an Dr. Maria Werthan und Rosemarie Schuran, vor allem auch, dass sie Otto Hallabrin dafür gewinnen konnten, der Land und Leute bestens kennt und uns zielsicher überallhin begleitete.

Fritz Schellhorn –
ein deutscher Diplomat in Czernowitz

Heidrun Ratza-Potrỹkus

Dr. Sergij Osatschuk, Honorarkonsul der Republik Österreich in Czernowitz, machte uns beim Besuch dieser schönen, geschichtsträchtigen Stadt auf die nur wenig bekannte Lebensgeschichte eines deutschen Diplomaten aufmerksam: **Fritz Gebhard Schellhorn**. 1888 in Rottweil geboren, wuchs er in einer gutbürgerlichen katholischen Familie auf und studierte Medizin. Nach seinem Einsatz als Arzt im Ersten Weltkrieg war er so traumatisiert, dass er den ärztlichen Beruf nicht mehr ausüben konnte. Er studierte Staatswissenschaft und trat 1920 in den Auswärtigen Dienst ein. Es folgten Verwendungen in Brüssel, Reykjavík, Wien und Paris. Von 1934 bis 1944 war er Konsul in Rumänien, und zwar in Czernowitz und Jassy. 1933 in die NSDAP eingetreten, wandte er sich nach dem Röhm-Putsch (1934) vom Nationalsozialismus ab, ohne jedoch seine Parteimitgliedschaft aufzugeben. Im Juni 1941 setzte er sich für ein Ende des Pogroms in Jassy ein. Im Juli 1941 konnte er mit seinem Hinweis auf mögliche diplomatische Verwicklungen erreichen, dass das Morden der SS-Einsatzgruppe D in Czernowitz beendet wurde. Im Oktober 1941 überzeugte Fritz Schellhorn den Militärgouverneur der Bukowina davon, dass die Deportation der Juden aus Czernowitz wirtschaftliche und militärische Interessen verletze – rumänische und deutsche, so dass der rumänische Ministerpräsident Marschall Ion Antonescu, den Fritz Schellhorn persönlich kannte, 20.000 Juden von der angeordneten und bereits eingeleiteten Deportation bewahrte. Dieser Erfolg wird auch dem damaligen Bürgermeister von Czernowitz zugeschrieben, der 1969 von Yad Vashem den Titel „Gerechter unter den Völkern" erhielt.

Nach dem Einmarsch der Roten Armee wurde Fritz Schellhorn wegen Spionage zur Einheitsstrafe von 25 Jahren Haft verurteilt und war von 1944 bis 1955 in sowjetischer Gefangenschaft. 1961 verfasste er für das Auswärtige Amt den Bericht „Aufzeichnung über die Ereignisse während meiner Tätigkeit als Leiter des Deutschen Konsulats in Czernowitz, in Jassy, wieder in Czernowitz und der Konsularabteilung der Gesandtschaft in Bukarest". 1982 ist Fritz Schellhorn in Rottenburg gestorben.

IV.

Begegnungen mit den japanischen Vertriebenen

Japanische Fluchtgeschichte

Helga Engshuber

Japan – so weit entfernt; am anderen Ende Eurasiens; 11 Stunden Flug. Und doch verbindet uns sehr viel mit den Japanern, so auch der traurige Ausgang des Zweiten Weltkrieges, den – wie wir kürzlich erst erfuhren – auch auf japanischer Seite Flüchtlinge und Vertriebene in besonderem Maße zu spüren bekamen.

Während wir in unserem westlichen Teil des Doppelkontinents seit Jahrhunderten Siedlungen in den östlichen Nachbarländern gründeten und dort unsere Heimat fanden, legte Japan erst ab 1932 ein nachdrückliches, mit vielen Versprechungen untermauertes, staatliches Aussiedlungsprogramm auf, nachdem vor allem Ackerboden für nachgeborene Bauernsöhne und Ressourcen zur Ernährung der Armen sich erschöpft hatten und der Seidenexport zusammengebrochen war.

Zum Ziel der nicht immer freiwillig abwandernden 270.000 Menschen bestimmte Japan das von der Regierung neu errichtete Reich Manschukuo, dessen Gebiet den vielfältigen Völkerschaften des östlichen Asien zu Spottpreisen abgekauft oder abgenommen wurde. Neben Japanern folgten 80.000 Koreaner als Angehörige einer damaligen japanischen Kolonie dem Ruf der Regierung.

Als gegen Ende des Zweiten Weltkrieges die Rote Armee die Region „befreite", ließ die japanische Regierung die Siedler im Stich. Patriotisch empfahl man ihnen den Selbstmord, der besiegten japanischen Soldaten ebenso nahe gelegt worden war. Es gab Dörfer, die durch kollektiven Selbstmord die Anordnung befolgten.

Die Armee floh zuerst. Die Männer, zum Kriegsdienst eingezogen, waren abwesend. So sahen sich Frauen, Kinder und Alte schutzlos der Gefahr gegenüber. Von Vergewaltigun-Vergewaltigungen sprechen die Japanerinnen nicht. Das verbietet wohl die Scham. Aber es ist davon die Rede, dass japanische Männer den feindlichen Kämpfern die Dienste junger Mädchen angeboten haben, um eine Schonung eroberter Dörfer zu erhandeln. Die Flüchtenden bewegten sich meist nachts. Schreiende Säuglinge, die ihr Versteck verraten konnten, lösten oft solche Panik aus, dass sie getötet wurden. Viele verzweifelte Mütter überließen ihre Kleinkinder deshalb einheimischen Bauern. Erst 22 Jahre nach Kriegsende und Wiederaufnahme der diplomatischen Beziehungen zu China kehrten 6.700 dieser Kinder nach Japan zurück, wo Sprach- und Integrationsschwierigkeiten sie erwarteten. Nach Erreichen der chinesischen Küste mussten viele Flüchtlinge über ein Jahr warten, bis ihnen die Überfahrt nach Japan ermöglicht wurde: Zuvor waren die wenigen zur Verfügung stehenden Boote vom Militär in Anspruch genommen worden. Die Heimat empfing sie mit Not und verheerenden Verwüstungen.

Im Frauenverband des BdV erfuhren wir durch einen Vortrag von Frau Dr. Mariko Fuchs von den oben beschriebenen Vorgängen, die uns sehr berührten. Ihren hochinteressanten Vortrag publizierte sie anschließend in Japan und erreichte damit ihre geflohenen Landsleute. Diese zeigten sich begierig, von unserem Schicksal zu hören und kamen uns für zwei Tage (!) aus Japan besuchen. Im Haus der Geschichte in Bonn widmeten wir uns am 10. Juni 2018 einen ganzen Tag unserer und ihrer Trauer um das Erlittene und Verlorene.

Angeführt wurde die japanische Delegation von Frau Misawa, die ein Museum über die Flucht der Japaner eingerichtet hat. Sie brachte ihren Sohn und zwei Mitarbeiterinnen mit. Ferner wurde sie begleitet von Herrn Yuki Ishida Akai, dem Architekten des Museums, und dem 88jährigen Herrn Noguchi, der ehrenamtlich durch ihr Museum führt. Frau Hara hatte als einzige Zeitzeugin mit ihren 84 Jahren unter der Obhut ihrer

Enkelin die Reise zu uns unternommen. Frau Nishioka hatte die Flucht als einjähriges Wickelkind überlebt. Als wissenschaftliche Begleiter nahmen schließlich der Universitätsprofessor Kobayashi und der Schriftsteller Kurumizawa teil. Die Übersetzung der Berichte und Diskussionen übernahmen abwechselnd Frau Dr. Mariko Fuchs, Frau Reiko-Shiba Müller und Frau Yuki Ishida, alle drei schon lange in Deutschland lebende Japanerinnen. Von Seiten des Frauenverbandes stellten sich die Präsidentin, Frau Dr. Werthan, und Frau Dr. Engshuber den Fragen der japanischen Delegation.

Die Mitglieder der Delegation zeigten außerordentliches Interesse an unseren Schicksalen. Ihre Fragen bezogen sich nicht nur auf das Fluchtgeschehen, sondern auch auf die Verarbeitung des deutschen Unrechts während der Nazi-Diktatur durch Politik und durch uns persönlich. Art. 116 Abs. 2 GG, der jedem von Deutschen Abstammenden das Recht auf Wiedererlangung der deutschen Staatsbürgerschaft einräumt, und das Aussiedler-Aufnahme-Gesetz von 1990 erregten ihre besondere Anerkennung. Solche Vorschriften gibt es in Japan offensichtlich nicht. Auch hier galt – wie so häufig in der japanischen Gesellschaft – das Erlebte und Erlittene zu verbergen und niemanden mit seinem Schicksal zu belästigen. Keiner der Delegierten meldete sich auf die Frage, wer seine Leidensgeschichte aufgeschrieben habe. Viel zu wenig konnten wir in der verhältnismäßig kurzen Zeit von den persönlichen Empfindungen und dem Ergehen der Japaner bei der Wiedereingliederung in die japanische Gesellschaft erfahren. Wir hätten unseren Freunden gern viel länger zugehört.

Erschütternd hörten wir die Schilderung von Herrn Kurumizawa, dessen Großvater – nach seiner Flucht schon im Mutterland in Sicherheit – sich selbst tötete, nachdem er erfuhr, dass alle Einwohner „seines" Dorfes, dem er als Bürgermeister vorgestanden hatte, durch Selbstmord aus dem Leben geschie-geschieden waren.

Die Japaner haben uns reich beschenkt, nicht nur mit Gaben, sondern auch mit ihrem Mitleiden. Wir trafen Fremde und verabschiedeten uns als Freunde – wenn es nicht pathetisch klänge, könnte man sagen: als Geschwister. Auch während des gemeinsamen Abendessens wurde der Gedankenaustausch lebhaft fortgesetzt. Persönliche Gespräche entwickelten sich. E-Mails gehen hin und her. Ein Gegenbesuch ist angedacht.

Japanisch-deutsche Wiederbegegnung

Helga Engshuber

Japan, ja. Wir waren also dort. Schließlich ging alles ganz schnell. Unsere Freundin, Dr. Mariko Fuchs, Japanerin, hatte 2017/18 den Kontakt zu den japanischen Flüchtlingen geknüpft, das in der Präfektur Nagano errichtete Flüchtlingsmuseum ausfindig gemacht und japanische Flüchtlinge zu einem Besuch bei uns angeregt. Den Keim des Interesses auf unserer Seite hatte Dr. Fuchs im Frauenverband durch einen Vortrag über die Problematiken der japanischen Flüchtlinge gelegt; sie beschrieb uns völlig unbekannte politische Vorgänge und schilderte zu Herzen gehende Schicksale. Von Parallelen unserer Schicksale zu ähnlichen Geschehen am östlichen Ende des riesigen asiatischen Kontinents hatten wir bis dahin niemals gehört. Die Japaner wussten eben so wenig von uns; nicht nur unser Ergehen erregte ihr Mitleid; besondere Bedeutung erlangte für alle der Vergleich staatlicher Fürsorge für die Ankommenden auf deutscher Seite in Bezug zu dem auf japanischer Seite geübten völligen Wegsehen von den schrecklichen Schicksalen der mindestens genauso betroffenen dortigen Bevölkerung. In Japan ist nämlich nicht üblich, Schicksalsschläge gegenüber den Mitmenschen zu offenbaren, auf die eigene Bedürftigkeit hinzuweisen und Hilfe zu erwarten. Ebenso wie die Opfer der Atombombenabwürfe hatten die japanischen Flüchtlinge über ihre Verluste und ihr Ergehen geschwiegen und keinerlei staatliche Fürsorge oder Ermunterung erwartet oder gar erhalten. (Den Bericht über das Symposion mit den Japanern vom 10. Juni 2018 finden Sie in der Sudetenpost vom 6. September 2018 S. 13, im „Alte Heimat Kuhländchen" 2018, S. 525 ff.)

Grundlage der Geschehnisse, denen wir uns hier widmen, sind im japanischen und im deutschen Fall auf fremdem Territorium ausgelagerte Siedlungen, was – wie man gesehen hat – alsbald oder noch Jahrhunderte später schreckliche Folgen haben kann. So wurden in unseren östlichen Nachbargebieten seit dem 12. Jahrhundert ansässige Deutschstämmige vertrieben; in Japan betraf die Vertreibung Neusiedler, denn erst seit etwa 1920 hatte Japan die Gründung des Staates Mandschukuo in der Mongolei/Mandschurei betrieben und mit einigem Druck japanische Siedler für dieses Gebiet gewonnen. Wir ebenso wie sie wurden aus den entfernten Lebenskreisen vertrieben, soweit wir nicht alle bereits beim Herannahen der feindlichen Armeen zu Ende des Krieges geflohen waren.

Durch die wirksame, selbstverständlich mit Eigeninitiativen verbundene, staatliche Fürsorge in Deutschland gelang die Integration von Flüchtlingen und Vertriebenen hier in wenigen Jahren (was den Kummer über die verlorene Heimat nicht minderte); ohne jede Hilfe von außen und mit kaum vorhandenen Möglichkeiten der Kontaktaufnahme untereinander dauerte dieser Prozess in Japan erheblich länger.

Aus einer Privatinitiative war 2013 das japanische Flüchtlings-/ Mandschurei-Museum entstanden und verzeichnet bis Ende 2019 rund 170.000 Besucher, worauf die Initiatoren sehr stolz sind. Es wird auch kolportiert, der Kaiser sei kürzlich dort gewesen, eine Nachricht, die von der Museumsleitung allerdings nicht bestätigt wird. Der Museumsbau besteht aus einer flachen Holzkonstruktion, wie sie in Japan üblich sind. Berauschend ist der Blick ins Gebälk, wie die Streben sich an einzelnen Punkten in der Höhe vereinigen und wenige starke Balken die Breite des Baus gewährleisten. Das Holz duftet und die luftigen Räume geben das Gefühl von Geborgenheit.

An einem langen Gang, der zwischen einem gastronomischen Bereich an dem einen Ende zu Konferenzräumen am anderen

Ende führt, reihen sich die Ausstellungen. Sie veranschauli-veranschaulichen u.a. den Krieg mit ohrenbetäubendem Einsatz von Kanonen und anderen Schusswaffen, vor denen es kein Entrinnen gibt; sie zeigen eine mandschurische Hütte, die man eher der Urzeit als dem 20. Jahrhundert zuordnen würde. So entsteht ein Bild der Lebensumstände der Vertriebenen auf dem asiatischen Festland. Von der Flucht selbst und dem Elend der Ankommenden in den damaligen Zeiten, die keine Zukunft oder Wandlung des Schicksals zum Besseren erkennen ließen, gibt es kaum fotografische Dokumente. Damals konnte noch keine Erinnerungskultur aufgebaut, an eine Beweisgrundlage durch Fotos nicht gedacht werden. Das Gewicht des Alltags und seiner täglichen Sorgen um den heutigen und den morgigen Tag waren zu erdrückend, in der Mandschurei genau wie bei uns.

Vergleichen lassen sich die Schicksale der Flüchtlinge in Deutschland und Japan beim Ende des Zweiten Weltkrieges mithin nur in einzelnen Umständen. Zwei Leidenspunkte aber gibt es, in denen unser besonderes Entsetzen hervorgerufen wird und in denen wir den Japanern unsägliches Mitleid zuwenden müssen.

Das sind einmal die aussichtslose Verlassenheit der Siedler nach dem Rückzug der japanischen Armee, die ihre Landsleute in Mandschukuo befehlsgemäß im Stich ließ, ohne jeden Schutz, versehen nur mit einem Selbstmordbefehl, demselben Zwang zur Selbsttötung, wie der Diktator Tojo Hideki sie von besiegten japanischen Soldaten verlangte. Am Tag nach dem Abwurf der Atombombe auf Hiroshima brach Stalin den Nichtangriffspakt mit Japan und ließ seine Armee das Land überschwemmen. Die japanischen Siedler sahen sich außer den feindlichen Soldaten auch noch mächtigen marodierenden Banden gegenüber, die ihnen von Anfang an das Land, das die japanische Regierung ihnen zugewiesen hatte, durch ständige Eroberungszüge streitig machen wollten. Nicht wenige

Dorfgemeinschaften übten in dieser verzweifelten Lage den kollektiven Selbstmord.

Das war bei uns ganz anders: Die deutsche Armee floh an der Seite der Flüchtlinge und ging für alle sichtbar in langen Fußmärschen in die damalige Sowjetunion in jahrelange Gefangenschaft. Wir Geflohenen konnten unbeirrt nach Westen ziehen, ausgestattet mit einem Urvertrauen, dass es in Deutschland, so sehr kriegszerstört es auch war, für uns irgendwie ein Plätzchen für ein Überleben geben würde. Den geflohenen Japanern stand ein solches Trostgefühl nicht offen: Ihr Überleben musste ihnen fast illegal erscheinen, hatten sie doch den Befehl zum Selbstmord missachtet. Ihr Leben musste ihnen erschlichen vorkommen. Der japanische Staat ließ sie ihre prekäre Lage auch deutlich spüren. An der Küste in Häfen angekommen, verweigerte man den Flüchtlingen eine Schiffspassage nach Japan. Die meisten mussten ein Jahr und mehr in äußerster Not in China warten, bis man sie schließlich heimholte.

Der zweite Punkt des unsäglichen Leidens der Japaner betraf ihre Kinder. Zwar sind auch bei uns sehr viele Säuglinge an Entbehrung und Unterernährung auf der Flucht gestorben. Aber die Japaner verloren auch größere Kinder. Sie mussten sich in unendlicher Angst vor Entdeckung tagsüber verstecken und wanderten nachts. In den Verstecken schrien die Kinder. Aus Angst, dem Feind in die Hände zu fallen, wurden viele Kinder getötet. Mütter, die die Angst um das Überleben ihrer Kinder nicht mehr ertragen konnten, überließen ihre Lieben mitleidigen chinesischen Bauern am Wegesrand. Diese Kinder, inzwischen erwachsen und zu Chinesen geworden, wurden erst in den 70er Jahren nach Japan zurückgeholt. Sehr viele konnten sich in ihren inzwischen fremd gewordenen Familien und dem unbekannten Heimatland nicht zurechtfinden und kehrten nach China zurück.

- Im Bewusstsein dieser Leiden betreten wir beklommen das Museum. Wir werden vertraut empfangen, umarmt und mit Geschenken beglückt. Wir kennen die Manager des Museums aus dem vergangenen Jahr, als sie uns in Deutschland besuchten. Wir haben Sprachprobleme. Außer Dr. Fuchs und Herr Fuchs spricht keiner von uns Japanisch. Englisch wird in Japan selten gesprochen. Bei dem Treffen in Deutschland waren außer Dr. Fuchs noch zwei japanische Ehefrauen von Deutschen zugegen, die sich mit dem Übersetzen abwechseln konnten. Jetzt ist nur noch Tomomi Shimazaki anwesend, die Englisch studiert hat und im Umweg über das Englische hilft. Bei dem deutschen Treffen im Haus der Geschichte in Bonn haben wir die Grundlagen unserer Kenntnisse über die japanischen Flüchtlingsschicksale erhalten. Nun in Japan – auf Dr. Fuchs angewiesen - kommt die Übersetzung der japanischen Beiträge ins Deutsche viel zu kurz. Unsere Ansprachen liegen denn auch in japanischer Übertragung schriftlich für die Besucher des Symposiums bereit, das am Folgetage stattfinden soll.

Für das Symposium am 19. Oktober war die Teilnehmerzahl auf 100 Menschen begrenzt. Es kamen mehr als hundert. Sie hatten, da einige Verkehrswege noch durch den vorangegangenen Taifun belastet waren, teils bis zu sechsstündige Busfahrten auf sich nehmen müssen. Der Saal war voll. Extra für unser Treffen hatten die Manager einen wunderbaren neuen Konferenzraum an das Museum anbauen lassen, der alle in konzentrierter Runde aufnahm. Auf dem Podium saßen die japanischen Professoren Dr. Kimura und Dr. Minami, vom Frauenverband die Präsidentin, Dr. Maria Werthan, die Schatzmeisterin Rosemarie Schuran und Unterzeichnete, Dr. Engshuber als Vorstandsmitglied, aufgrund ihrer langjährigen guten Freundschaft zu Dr. Fuchs letztlich die Vermittlerin der japanischen Kontakte des Frauenverbandes.

Prof. Kimura berichtete über die Vertreibung der Deutschen und die folgenden Aussiedlerwellen unter Einbeziehung der Berichte von Dr. Engshuber, Frau Schuran und Dr. Werthan. Prof. Minami verglich die deutsche Vertreibung mit den japanischen Rückkehraktionen aus der Mandschurei. Sodann standen die Damen aus dem Frauenverband den japanischen Vertriebenen Rede und Antwort mit Übersetzerhilfe.

Große Verdienste sind Frau Dr. Fuchs zuzumessen, die die Verbindung zu den japanischen Flüchtlingen auf eigene Initiative aufgebaut und im letzten Jahr die Reise der Japaner nach Deutschland mit außerordentlichem persönlichem Einsatz organisiert und begleitet hat. Unsere Japanreise mit dem Museumsbesuch und der Teilnahme am Symposium wurden ebenfalls von ihr durchgeplant, organisiert und liebevoll begleitet.

Die Verantwortlichen des Museums wollen durch ihren Einsatz hauptsächlich jungen Menschen ein Bewusstsein für die Schrecknisse der vergangenen Kriege vermitteln und sie vor gefährlichen, extremistischen Strömungen warnen. Der Manager des Museums schrieb vor einigen Wochen:

> *„We are glad to share the importance of learning the history of Japanese emigrants to Manchuria with many people. We will make every effort, as a base for peace or history education to pass the experience on the future generation. "*
>
> (übersetzt von Frau Shimazaki – auf Deutsch: Wir sind glücklich, mit vielen Menschen das Bestreben zu teilen, durch Beschäftigung mit der Geschichte der japanischen Auswanderung nach Manschuria geschichtliches Bewusstsein zu wecken. Wir werden jede Anstrengung auf uns nehmen, unsere Erfahrungen zur Friedenserziehung an die nachkommenden Generationen weiterzugeben.").

In dem Bemühen um Frieden durch Vermittlung der Schrecknisse des Krieges an die nachfolgenden Generationen sind wir uns mit unseren japanischen Freunden und Gesprächspartnern völlig einig. Wir werden in Verbindung bleiben und uns sicherlich noch oft gegenseitig besuchen. Der Wunsch besteht jedenfalls auf beiden Seiten.

Wir haben sehr viel gelernt in Japan. In vielen der Tempel, die wir besuchten, sahen wir die Friedensliebe der Japaner, deren Machthaber manchmal lieber in ein Kloster gingen als sich mit kriegerischen Auseinandersetzungen den Weg in die Erlösung zu verbauen. Besonders tröstlich – auch für uns – wirkten die zauberhaften, 800 Jahre alten Skulpturen im Museum des Byodoin-Tempels: Die Statuen von 52 Göttern (Bosatsus = Boddhisatwas) kommen auf Wolken angeschwommen, um die leidenden Menschen zu trösten und zu lehren. Jeder von ihnen hält einen heiligen Gegenstand in der Hand. Die meisten spielen Musikinstrumente für die Menschen. Schöner kann man sich sein Ende nicht vorstellen.

So haben wir am Ende des Symposions die Frage, wie man fremden Menschen in Frieden begegnen könne, mit folgenden Grundsätzen beantwortet:

1. Beschäftigung mit fremden Kulturen, vor allem Religionen und viel daraus lernen.
2. Fremde Sprachen beherrschen, damit man mit den Menschen reden und ihre Gedanken verstehen kann.
3. Allen Menschen mit Achtung und Respekt begegnen und sie in ihren Besonderheiten wertschätzen.
4. Solche Achtung auch den Toten und ihren Begräbnisstätten entgegenbringen. Viele Beobachtungen in unseren ehemaligen Siedlungsgebieten lassen erkennen, dass die Versöhnung derer, die ehemals ihre Heimat geteilt haben, sich zu Kriegsende dann aber töteten und vertrieben, auf den Friedhöfen begann.

V.

Dem Alter die Ehr

Dr. Edith Kiesewetter-Giese – vormalige Leiterin des Berliner Gesprächskreises der BdV-Frauen und unermüdliche Zeitzeugin der Vertreibung der Deutschen

Maria Werthan

Dr. Edith Kiesewetter-Giese.

Geworden-Sein

Zur Vorbereitung dieses Beitrags führte ich mit Frau Dr. Kiesewetter-Giese Gespräche in Berlin. Ihr Buch „Erinnerungen an Mähren von Neutitschein nach Berlin" las ich mit Freude und vielen Erinnerungen an meine eigene

Heimat. Daraus habe ich einige Passagen dem Interview hin-hinzugefügt. Zusätzlich bat ich sie, zu den beiden Fragen „Was ist mir wichtig im Leben?" und „Was möchte ich der Jugend mit auf den Weg geben?" Stellung zu nehmen. Die Stellungnahmen von Frau Dr. Kiesewetter-Giese übernehme ich ohne Abstriche im zweiten Teil des Berichts.

Edith Beyer wurde am 13. Juni 1935 als drittes Kind des Gastwirtehepaars Beyer von Hotel „Hirsch" geboren. In ihrem Buch heißt es: „Ich bin im Kuhländchen geboren, das ist das Land nördlich der mährischen Pforte – die Senke, die von den Flusstälern der Betschwa und der Oder gebildet wird und zwischen den Sudeten im Nordwesten und den Karpaten im Osten liegt. Das ist auch das Land, das 1763 nach dem 7jährigen Krieg zwischen Österreich und Preußen bei Österreich blieb und am 28. Oktober 1918 ein tschechoslowakischer Staat wurde." (S. 17) So viel zu den Rahmenbedingungen eines sich neu bildenden Staatswesens, auf dessen gravierende wirtschafts-, sozial- und auch gesellschaftspolitische Probleme hier nur noch im Spiegel der Familiengeschichte eingegangen wird. Der Großvater war überzeugt, dass die Nichtgewährung von Autonomie und Selbstbestimmungsrechten für die Deutschen und die Rivalitäten zwischen Tschechen und Slowaken die Tschechoslowakei destabilisieren würden. Der Vater als Sozialdemokrat setzte dagegen auf ein freundschaftliches Zusammenleben von Deutschen und Tschechen.

Da es in einem aufstrebenden Geschäftshaushalt wenig Zeit für Kinder gab, wurden Kindermädchen eingestellt. Dann setzten die beschäftigten Eltern alle Hoffnungen auf den Kindergarten. Nur allzu bald weigerte sich die kleine Edith konsequent, jemals wieder die Einrichtung zu betreten, weil man ihren Geburtstag schlichtweg vergessen hatte. Nun wurde sie jeden Morgen von einer Rentnerin abgeholt und am Abend wieder gebracht. Die gewalt- und machtbesetzten Erziehungsmethoden der Rentnerin stachelten den Freigeist des selbstbewussten Kindes derart an, dass die Eltern der Betreuerin kündigen mussten. Edith kommentiert: „Ich durfte zu Hause bleiben und eine glückliche Kindheit begann." (S. 25) Von der „Flickschneiderin" lernte sie Puppenkleider nähen, vom tschechischen Küchenmädchen lernte sie häkeln, und mit fünf Jahren bekam sie Klavierunterricht. Im Sommer tobte sie sich mit Gleichaltrigen im Schwimmbad aus, im Winter fuhren sie zusammen Schlittschuh. Die Ferien verbrachte Edith mit Cousins/Cousinen auf dem Bauernhof des Großvaters mütterlicherseits. Garten, Feld, Wiesen, Wald, Stall und Heuboden mit Tieren waren ein Paradies für das aufgeweckte Mädchen. Später bauten die Eltern ein Sommerhaus auf dem Erbgrundstück der Mutter. Für die Kinder wurden Schaukel, Reck, Ringe und Kegelbahn angelegt. Wenn sie dann in der Mittagshitze mit dem Opa auf dem Schaffell unter dem Birnbaum schlafen durften, nahmen sie die Einladung bereitwillig an. Im weitläufigen, märchenhaften Garten ihres Großvater väterlicherseits, dem Oberaufseher der Besserungsanstalt in Mürau, verweilte Edith gerne. Vom Großvater lernte sie die Gemüse- und Zierpflanzen zu umhegen. Gemeinsam unternahmen sie Streifzüge durch den Wald, um die Tiere zu beobachten. Beim Großvater traf sie auch ihre geliebten Erzieherinnen-Tanten, die sie verwöhnten. Selbst als der Krieg längst tobte, blieb es für Edith eine glückliche Kindheit, weil ihr die Eltern aufgrund ihrer Reife und ihrer wirtschaftlichen Situation die Erfahrungen von Geborgenheit, Toleranz, Humanismus und Lebenslust vermitteln konnten.

Das Kriegsjahr 1941 hatte seinen Schatten noch nicht über Neutitschein ausgebreitet. Vor der Einschulung besuchte Edith mit ihren Eltern, ihrer Schwester und ihrer Tante Wien und war beeindruckt vom Großstadtleben und den Theateraufführungen. Eingeschult, sammelte sie mit den anderen Kindern für das

Winterhilfswerk, bestaunte Kriegsgerät und hörte Militärmusik zum Tag der Wehrmacht und wünschte sich Fliegeralarm, damit der Unterricht ausfällt. Als Kind konnte sie die Vorboten des grausamen Krieges nicht wirklich erfassen und einordnen. Auch wenn sie merkte, dass das Leben der Erwachsenen und der Kinder sich veränderte. Ihr Vater hielt geheime Besprechungen mit Freunden ab. Immer mehr Soldaten zogen vorbei. Die Hotelzimmer wurden mit „Ausgebombten" belegt. Viele Familien verließen die Stadt, doch die Eltern zögerten.

Am 6. Mai 1945 „befreiten" die Russen Neutischtschein. Die Stadt wurde für drei Tage zur Plünderung freigegeben. Edith und ihre Familie lebten im Keller. Ein Partisanenpaar übereignete sich die Gaststätte und das Hotel. Als Edith wieder die Straße betrat, sah sie im Chaos Leichen und aufgehängte Menschen. Sie erlebte, wie Deutsche mit wildem Gejohle von Russen und Tschechen durch die Stadt oder auch zu Tode geprügelt wurden. Vergewaltigungen, Raub, Plünderungen und Hausbesetzungen gehörten zum Alltag. Der nationale Sicherheitsdienst verordnete allen Deutschen eine Kennzeichnung an der Kleidung mit einem schwarzen N (Nemec) auf weißen Grund. Durch die Einquartierung der russischen Kommandantur in der Gaststätte „Hirsch" waren Leben und Hungerration der Familie prekär gesichert.

Am 7. Juli 1945 kam der Befehl, dass sich alle Deutschen, getrennt nach Alter und Geschlecht, nach der Abgabe von Hausschlüsseln, Geld, Wertsachen und Versicherungspolicen mit Handgepäck in einer zentralen Sammelstelle einfinden müssen. Nach einem Fußmarsch bis Zauchtel wurden die Menschen in Viehwaggons bis Tetschenbodenbach transportiert, dann wurden sie entlang der Elbe bis zur Grenze getrieben. Edith beobachtete, wie erschöpfte Menschen erschlagen oder erschossen wurden. Mit Schrecken sah sie die Leichen auf der Elbe treiben. Nachdem den Überlebenden in der Schlucht vor Schmilka die Ohrringe aus den Ohren gerissen und die Goldzähne mit dem Gewehrkolben aus dem Mund geschlagen wurden, erreichten sie entkräftet und hoffnungslos Deutschland.

Familie Dehner erbarmte sich ihrer auf dem Bahnhof und brachte sie in einer ihrer beiden Stuben unter. Nach einer Zwischenstation auf dem Rittergut von Kalben in Vienau wurden sie im Ort Vienau in der Altmark ansässig. Mit der Wahl des Vaters zum Bürgermeister war das Überleben der Familie vorerst gesichert. Im Herbst besuchte Edith die Einraum-Klassen-Grundschule im Ort. Sie sagt heute, dass vier Jahre Landleben in Vienau ihr weiteres Leben stark geprägt haben. Weil sie nach Beendigung der Grundschule nicht Magd werden wollte, kämpfte sie um ein Stipendium für eine zentrale Oberschule. Im nahen Dähre besuchte sie kurzfristig die Zentralschule und nach ihrer Schließung zog sie 15jährig ins entfernte Elsterwerda. Im Rückblick bilanziert sie, dass die gleiche Herkunft von Direktorin und Lehrern ihr das Einleben erleichterten, dass die Konfrontation auf engem Raum mit allen menschlichen Gefühlslagen und Verhaltensweisen ihre Selbstdisziplin stärkte und dass sie die Schulzeit auch wegen des großen Kultur- und Sportangebots nicht missen möchte.

Nach dem Abitur studierte Edith Beyer an der Martin-Luther-Universität in Halle/Saale Landwirtschaft. 1960 trat sie ihre erste Stelle als Zootechnikerin / Verantwortliche für Tierzucht an. Für eine junge Frau war die Tätigkeit in einer Männerdomäne ein täglicher Hürdenlauf. Sie ließ sich jedoch nicht entmutigen; Durchhaltevermögen, ein solides Fachwissen, die landwirtschaftliche Praxis, von den Anfängen in Vienau bis zu Studentenpraktika und Auslandsaufenthalten, kombiniert mit einer guten Beobachtungsgabe sowie einer Portion Selbstsicherheit und Schlagfertigkeit sicherten ihr die schrittweise Anerkennung männlicher Unter- und Übergeordneter. Nach Heirat und Geburt der Tochter war sie in der Leitung der Kreisrechnungsstelle, danach in der

Güterdirektion der Akademie der Landwirtschaften und später Mitglied der Sektion der Akademie der Landwirtschaftswissenschaften, wo sie nach einem ökonomischen Zusatzstudium promovierte.

Der Bruch in ihrem 40jährigen erfolgreichen Erwerbsleben erfolgte mit der deutschen Wiedervereinigung 1990 und der sogenannten Abwicklung der DDR-Institute, zu denen auch die Akademie der Wissenschaften gehörte. In ihrem Buch beschreibt sie dieses Gefühl des Vertrieben-Seins und Nicht-Angenommen-Werdens (S. 150): „Da bin ich nun in der Bundesrepublik Deutschland angekommen. Mein ganzes Wissen und Können wollte ich in dieses Land einbringen, aber diese Republik braucht mich nicht, hat mich auf Null gesetzt und in den Vorruhestand geschickt. Damit habe ich meine gesellschaftliche Stellung, die sich vor allem über meine Arbeit realisierte, und auch mein soziales Umfeld verloren, denn jeder versucht für sich alleine sein Leben zu gestalten. Im Jahre 1945 haben mich die Tschechen vertrieben – und jetzt die soziale Marktwirtschaft."

Einsatz für die vertriebenen Frauen

Frau Dr. Kiesewetter-Giese lernte ich bei der Eröffnung unseres Berliner Büros 2014 kennen. Mittlerweile waren fast zwei Jahrzehnte seit der Wiedervereinigung und den großen Umbrüchen in ihrem Leben vergangen. Sie war Leiterin des Frauengesprächskreises der vertriebenen Frauen in Berlin. Wir tauschten uns regelmäßig über ihre Angebote für den Frauenkreis aus. Im Laufe der Jahre wuchs die Offenheit von beiden Seiten. Ich übernahm von ihr Referentenvorschläge für unsere Frauenverbandstagungen. Frau Dr. Kiesewetter-Giese besucht bis heute unsere Tagungen. So wuchs eine vertrauensvolle Zusammenarbeit, getragen von gegenseitiger Sympathie.

Frau Dr. Kiesewetter-Giese leitete über zehn Jahre lang den Frauengesprächskreis. Während dieser Zeit verpflichtete sie Experten aus allen Fachgebieten und aus ganz Europa zu Vorträgen. Sie achtete auf das politische Geschehen und bat Stadtverordnete und Bundestagsabgeordnete aus aktuellen Anlässen zu Gesprächen. Sie überlegte, welche sozialen Themen für „ihre Frauen" bedeutsam waren, und regte Informationsveranstaltungen mit Fachleuten aus den Sozialverbänden und Psychologen an. Sie organisierte Autoren-Lesungen. Gemeinsam besuchten die Frauen die Veranstaltungen des Vertriebenenverbandes, Podiumsdiskussionen, Ausstellungen, Veranstaltungen für Kunst und Kultur sowie Institutionen in Berlin.

Neben der Vermittlung von Informationen und Bildung für die beteiligten Frauen zielte die Arbeit von Frau Dr. Kiesewetter-Giese auf die Vermittlung der Geschichte des deutschen Ostens in der deutschen Öffentlichkeit und Bewusstseinsbildung für diese Geschichte als Teil der deutschen Gesamtgeschichte. Als Zeitzeugin unter Zeitzeuginnen war sie bestrebt, die Erinnerung an die Vertreibung der Deutschen wach zu halten und im kulturellen Gedächtnis festzuschreiben. Zu diesem Zweck traten die Frauen in deutschen und anderen europäischen Fernsehsendungen und bei Podiumsdiskussionen als Zeitzeuginnen auf. Sie verfassten Berichte für Zeitungen und Datenbanken.

Die Zusammenkünfte im Berliner Frauengesprächskreis waren immer auch ein Stück Mit- und Füreinander. Miteinander reden, Rezepte austauschen, singen, Feste vorbereiten und feiern, sich miteinander freuen und trauern.

Die Leitung des Berliner Frauengesprächskreises legte Frau Dr. Kiesewetter-Giese vertrauensvoll in die Hände von Frau Marianne Wallbaum. An den Begegnungen mit „ihren Berlinerinnen" hält sie bis heute fest.

„Was ist mir wichtig im Leben?

Nach den wilden Vertreibungen aus meiner Heimat Neutitschein war mein Lebensziel, durch Bildung und Arbeit das materielle Lebensniveau meiner Eltern in der Zeit vor 1945 zu erreichen. Nie wieder Krieg, nie wieder hungern.

Dieses Ziel habe ich hartnäckig verfolgt, es war mein Leitfaden. Erreicht habe ich zwar einen guten Bildungsgrad: Abitur in Elsterwerda, Studium der Landwirtschaft an der Martin-Luther-Universität in Halle-Wittenberg, Fachschule für Ökonomie Rodewisch – Teilstudium in der Fachrichtung ökonomische Grundausbildung, Teilstudium für Ökonomie in der Fachrichtung Volkswirtschaft, Dissertation an der Hochschule für Landwirtschaft und Nahrungsgüterwirtschaft in Bernburg/Saale, Mitglied der Sektion der Akademie der Landwirtschaftswissenschaften der DDR – Landschaftsbau.

Aber das materielle Niveau meiner Eltern zu erreichen, war in der DDR nicht möglich. In meiner praktischen Tätigkeit war mir die Achtung vor den Menschen und ihrer Leistung wichtig, egal in welchem Arbeitsbereich, das ehrliche Ansprechen von Problemen und die Suche nach befriedigenden Lösungen. Das war nicht immer einfach und hat mir nicht nur Freunde eingebracht, aber im Leben muss man Kompromisse eingehen.

In diesem Sinne habe ich Tochter und Enkel erzogen und bin glücklich, dass das auch bei den Kindern geklappt hat. In diesem Sinne sind mir der familiäre Zusammenhalt und das soziale Umfeld sehr wichtig. Meine Eltern, eine Schwester und ich landeten 1945 auf dem Gebiet der DDR, alle anderen Verwandten sowie die Geschäftspartner meines Vaters kamen per Ausweisungsbeschluss in die BRD. Das bedeutete, unser soziales Umfeld gab es nicht mehr. Nach der Wende standen sich dann Cousinen und Cousins als Ossi und Wessi gegenüber. Onkel und Tanten lebten nicht mehr. Meine ältere

Schwester war 70 Jahre alt. Wir hatten trotzdem noch zwanzig schöne Jahre zusammen.

Ich gebe zu, ich bin harmoniebedürftig und möchte, dass es allen Menschen immer gut geht und dass Streit, wenn möglich, vermieden wird. Ich habe gelernt, dass man im Leben sehr selten gute Freunde hat."

„Was möchte ich der Jugend mit auf den Weg geben?

Bei der Beurteilung von Menschen möchte ich jungen Menschen sagen, sie sollten einmal über folgende Worte nachdenken: Kein Mensch kann sich aussuchen, in welche Familie er hinein geboren wird, in welchem Land seine Wiege steht und welche Landschaft, Sitten und Gebräuche, Sprache, Religion sowie welche Weltanschauung ihn prägen wird.

In unserem Grundgesetz steht nicht umsonst: „Die Würde des Menschen ist unantastbar" und es steht nicht, eine Nation ist edler als die andere oder der Reiche ist ein besserer Mensch als der Arme.

In der Beurteilung bestimmter Probleme sollte man darüber nachdenken, wie man reagieren würde, wäre man selbst der Betroffene. Kein Mensch ist über andere erhaben. Leider sieht die Wirklichkeit oft anders aus.

Mein Anliegen bei Lesungen oder anderen Veranstaltungen mit jungen Menschen ist, ihnen die deutsche Geschichte deutlich zu machen, da sich daraus resultierende Entwicklungen besser erklären lassen. Ich denke, es ist wichtig, dass man die Vergangenheit kennt, um mit diesem Wissen heute die Zukunft zu gestalten. Kriege z. B. sind für die Menschen keine Lösungen.

Ich möchte, dass die Jugend neugierig ist, Fragen stellt. Eltern und Großeltern befragt, wie war das in eurem Leben? Fragen, solange die Zeitzeugen noch leben. Oft hat man im Leben

Fragen, die einem keiner mehr beantworten kann, weil die Zeitzeugen nicht mehr da sind. Das Leben, die Erkenntnisse und die Erfahrungen verändern sich. Wir müssen mit Ideologien, Entwicklungen von Gesellschaft und Wissenschaft, mit Machtverhältnissen und anderem fertig werden.

Wissen ist nötig, damit eine friedliche Welt geschaffen werden kann und es nicht geschieht, dass historische Ereignisse davon abhängig gemacht werden, wie Politiker und Personen das Geschehen gegenwärtig bewertet haben wollen."

Warum schätze ich Frau Dr. Kiesewetter-Giese?

Obwohl sie nach der Wiedervereinigung beruflich nicht mehr Fuß fassen konnte, hat sie sich nicht verbittert zurückgezogen und den Untergang der DDR beweint. Sie hat nach Nischen gesucht, um ihr Wissen und ihre Lebenserfahrung in die Gesellschaft einzubringen. Neben der Frauengruppe wurde sie in der Berliner Zeitzeugenbörse aktiv. In diesem Rahmen vermittelt sie bis heute ihre Lebenserfahrungen an Schüler und Studenten aus dem In- und Ausland. Dabei differenziert sie deutlich zwischen den Leistungen der Menschen in der ehemaligen DDR und der staatlichen Ideologie. Ich selber habe mittlerweile viele Gespräche mit ihr über den DDR-Alltag geführt. Dabei lernte ich verstehen, warum sich die Mehrheit der ehemaligen DDR-Bürger nach der Wiedervereinigung um die Anerkennung ihrer Lebensleistungen betrogen fühlt. Ich kann nachvollziehen, dass unsere Mitbürger nicht Menschen zweiter Klasse sein wollen, wenn ihnen Menschen aus dem Westen nur allzu oft von oben herab begegnen. Als gebranntes Kind aus der rumänischen Diktatur ist es mir wichtig, allen DDR-Bürgern, außer den Stasi-Funktionären, mit großer Wertschätzung für ihre Lebensleistung zu begegnen.

Das Herz von Frau Dr. Kiesewetter-Giese gehört ihrer Familie und besonders den Enkelkindern. Da gibt es natürlich noch einen immerwährenden Platz für ihre Heimat im mährischen Neutitschein. Für die Seele und den Verstand hat sie sich ein zweites Standbein geschaffen. Tagtäglich nutzt sie das große Angebot der Hauptstadt an kulturellen und geisteswissenschaftlichen Veranstaltungen. Mittlerweile besuchen wir gemeinsam Veranstaltungen und stellen immer wieder fest, wie stark unsere Prägungen dem christlichen Europa, angefangen mit dem Habsburger Vielvölkerreich bis zu den brandenburgisch-preußischen Kulturtraditionen und nach Diktatur-Erfahrungen dem demokratischen Bewusstsein der Bundesrepublik verhaftet sind.

Liebe verehrte Frau Dr. Kiesewetter-Giese, liebe Edith, für Deine Lebensleistungen und Dein anhaltendes Bestreben, die Selbstachtung der Menschen aus Mitteldeutschland und die der vertriebenen Frauen im Hinblick auf ihre Lebensleistungen zu mehren, nötigst Du unseren Verbandsfrauen und mir große Hochachtung ab. 2015, als die Leitung des Bundes der Vertriebenen beteuerte, wir würden keine politische Mehrheit im Bundestag für die Durchsetzung des Projektes zur Entschädigung der deutschen Zwangsarbeiter bekommen, da hast Du unermüdlich weiter Petitionen an den Bundestag geschrieben und um Unterstützung gebeten. Wir danken Dir von Herzen für Deinen couragierten Einsatz! Den lieben Gott bitten wir, Dir Deine Gesundheit, Dein Einstehen für die Gemeinschaft sowie Deine Freude an den Menschen, die Dich umgeben, und der Kultur zu erhalten!

Herzlichst

Maria

Autorenbiografien

Dr. Bärbel Beutner, geboren am 27. Januar 1945 in Stolp/Pommern auf der Flucht aus Ostpreussen. Herkunftsort ist Königsberg/Heiligenwalde (Preußen), zwei Jahre Aufenthalt im Flüchtlingslager in Dänemark, Ankunft in Unna/Westfalen im Februar 1947, Besuch der Grundschule und des Gymnasiums, damals Annette-von Droste-Hülshoff-Schule, 1964 Abitur an der Ursulinenschule in Werl und Studium an der Wilhelms-Universität Münster: Germanistik, Philosophie, Latein, 1971 Promotion mit der Dissertation „Die Bildsprache Franz Kafkas" (Fink-Verlag München 1973), 1972 Studienrätin/Oberstudienrätin für Deutsch und Philosophie am Friedrich Bährens-Gymnasium Schwerte, 1999 Gründung des Verlags Heiligenwalde in Unna.

Dr. Bennet Brämer, Jahrgang 1987, ist in Brandenburg geboren und aufgewachsen. Mütterlicherseits stammt ein Teil seiner Familie aus Ostpreußen, väterlicherseits liegen die familiären Wurzeln unter anderem in Danzig. Er erlangte die Allgemeine Hochschulreife auf dem Zweiten Bildungsweg. Zwischen 2010 und 2015 studierte er an der Humboldt-Universität zu Berlin und der Universität Bergen in Norwegen Rechtswissenschaft. Sein Schwerpunkt lag dabei auf der Rechtsgeschichte. Im September 2015 legte er das Erste Staatsexamen in Berlin ab und ist seither Diplom-Jurist. Im Oktober 2018 erfolgte die Promotion zum Dr. jur. an der Humboldt-Universität zu Berlin mit einer rechtshistorischen Arbeit über das Obergericht der Freien Stadt Danzig. Hierfür forschte er unter anderem im polnischen Staatsarchiv in Danzig. Seit August 2018 ist er bei der Justiz beschäftigt.

Hannelore Buls, Diplom-Volkswirtin, war bis Anfang 2012 Leiterin des Bereiches Frauen- und Gleichstellungspolitik bei der Bundesverwaltung der Vereinten Dienstleistungs-Gewerkschaft ver.di. Thematischer Schwerpunkt ihrer Arbeit ist die eigenständige Existenz- und soziale Sicherung für Frauen. 2012–2016 Vorsitzende des Deutschen Frauenrates (größte frauen- und gleichstellungspolitische Interessenvertretung in Deutschland), ausgewiesene Expertin für Gleichstellung am Arbeitsmarkt und Sozialpolitik.

Viktoria Decker, geb.1949 im rumänischen Banat. Ausreise 1986 in die Bundesrepublik als Spätaussiedlerin, mit Wohnsitz in Stuttgart. Umschulung zur Lohn- und Finanzbuchhalterin, Personalmanagement. Danach tätig als Chefsekretärin, Personalreferentin und Lohn-/Finanzbuchhalterin. Im Rahmen der Landsmannschaft der Banater Schwaben zeitweise Mitwirkung beim Stuttgarter Chor und Tanzgruppe, seit über zwanzig Jahren Berichterstatterin für die Banater Post über verschiedene Veranstaltungen, Tätigkeiten und Ereignisse innerhalb der Kreisverbände Stuttgart und Ludwigsburg.

Sibylle Dreher, geboren 1945 in Westpreußen. Von 1998–2014 Präsidentin des Frauenverbandes im Bund der Vertriebenen e. V. Sie wuchs als Flüchtlingskind in einer Familie mit 3 Geschwistern ohne Vater in Bremen auf. Dort Abitur, Studium in Bremen und Hamburg, Sozialpädagogin/Sozialarbeiterin, Wohnsitze in Nebraska USA, Bremen, Berlin, Bad Gandersheim, Hannover, Stendal, Magdeburg. Leitende Funktionen in verschiedenen sozialen Berufsfeldern. Ehrenamtliches Engagement in vielen Vereinen, in der Landsmannschaft Westpreußen als Frauenreferentin und Bundesvorsitzende. Autorin zahlreicher Presse- und Buchbeiträge. Umfangreiche Vortragstätigkeit und Seminarleitung in den Bereichen Fortbildung von Multiplikatorinnen und internationale Verständigung im osteuropäischen Raum. Sibylle Dreher lebt in Berlin.

Prof. Dr. Ingeborg Fiala-Fürst, geboren am 17.11.1961 in Frýdek-Místek (Tschechien). Literaturwissenschaftlerin und -historikerin. Studierte Germanistik in Olmütz, emigrierte nach dem Studium in die BRD, war in der „Arbeitsstelle für Robert-Musil-Forschung" in Saarbrücken und als Gastdozentin an der Universität Klagenfurt tätig. Nach der Rückkehr aus der Emig-Emigration, 1992, Assistentin, dann Dozentin (Habilitation 1998) im Lehrstuhl für Germanistik der Philosophischen Fakultät der Palacky-Universität, von 1998 bis 2011 Lehrstuhlleiterin, seit 2003 ordentliche Professorin. 1997 Mitbegründerin der „Arbeitsstelle für deutschmährische Literatur" innerhalb des Lehrstuhls. 2004 gründete sie den Lehrstuhl für Judaistik („Kurt und Ursula Schubert Zentrum für judaistische Studien"). Forscht und publiziert zu Themen: Prager deutsche Literatur, deutschsprachige Literatur aus Mähren, literarischer Expressionismus, deutschjüdische Literatur, hält Vorlesungen und Seminare zu diversen Themen der deutschen Literaturgeschichte und -wissenschaft (Romantik, Entwicklung der Lyrik, moderne Erzählmethoden udg.), organisiert Konferenzen im Lehrstuhl, gibt im Universitätsverlag der Palacky-Universität die Bücherreihen „Beiträge zur deutschmährischen Literatur", „poetica moraviae" und „Judaica olomucensia" heraus. (www.germanistika.cz)

Dr. PHD Kathi Gajdos-Frank ist ungarndeutscher Abstam-Abstammung, Mutter von drei Kindern. Sie studierte Germanistik und ist seit 2011 Direktorin des Jakob Bleyer Heimatmuseums in Budaörs, seit 2014 ungarndeutsche Abgeordnete in der Deutschen Selbstverwaltung Wudersch und in der Landesselbstverwaltung der Ungarndeutschen. Ihre Dissertation „Die Sowjetisierung Ungarns. Die Überwachung der Ungarndeutschen durch die Staatssicherheitsdienste 1945–1956" konnte sie 2013 in der Doktorschule der Andrássy Gyula Deutschsprachigen Universität Budapest verteidigen. Ihre Forschungsergebnisse hat sie im Buch Überwacht – Die Ungarndeutschen und die Staatssicherheitsdienste 1945–1956 (Budaörs, 2016) zusammengefasst. Frau Gajdos-Frank publiziert ihre aktuellen Forschungsergebnisse sowohl in unga-ungarischer als auch in deutscher Sprache und berichtet gerne – und regelmäßig – über die Aktivitäten des Jakob Bleyer Heimatmuseums in Zeitungen, Zeitschriften.

Prof. Dr. Jerzy Kołacki, geb. 1956 in Jarocin (Jatotschin) in Polen, Studium der Geschichte an der Adam-Mickiewicz-Universität Posen/Poznań, Professor an der Abteilung für Geschichte der Adam-Mickiewicz-Universität, Dissertation 1994: „Die Vertriebenenverbände und Landsmannschaften gegenüber dem Normalisierungsprozess zwischen Bundesrepublik Deutschland und Volksrepublik Polen 1945–1975"; Habilitationsschrift 2012: „Die schmerzlichen Punkte Die Vertreibung und Vertriebenen in der polnischen wissenschaftlichen Literatur 1945–2005". Zahlreiche Aufsätze aus diesem Bereich und zu den deutsch – polnischen Beziehungen, regionale Thematik; Erinnerungsgeschichte und Politik, Kulturerbe; Koordinator des Projekts „Erde versteckt die Knochen. Zur Situation protestantischer Friedhöfe nach 1945 in Großpolen/Weilkopolska", Februar 2016; Autor von Büchern und Aufsätzen betreffend das Kulturerbe der evangelischen Kirchen und Friedhöfe in Großpolen (Posener Land) und Polen.

Prof. Dr. Godula Kosack, Soziologin, Ethnologin, Vorsitzende von TERRE DES FEMMES – Menschenrechte für die Frau e. V., Promotion an der Sussex University über ausländische Arbeiter, Lehre an der Fachhochschule Frankfurt, Fachbereich Sozialarbeit, Feldforschung bei den Mafa in Nordkamerun, Habilitation an der Universität Marburg über die Mafa-Frauen, seitdem dort Privatdozentin. Zahlreiche Publikationen über Gender und Weltbild, Engagement für Mädchenbildung in Nordkamerun.

Claudia Merz studierte Germanistik an der Universität Wien und dem King's College London. Sie war als OeAD-Lektorin an der Universität Birmingham und der Palacký Universität Olmütz tätig. Derzeit ist sie Doktorandin am Lehrstuhl für Germanistik der Palacký Universität und Mitarbeiterin der dortigen Arbeitsstelle für deutschmährische Literatur. Zu ihren Forschungsinteressen zählen Texte von Schriftstellerinnen des 19. und 20. Jahrhunderts sowie die Literatur der Moderne in Österreich.

Bernd Bruno Meyer, geboren 13.06.1941 in Litzmannstadt (Lodz), nach Vertreibung Kinder- und Jugendjahre in Sachsen-Anhalt, 1956 Flucht Nähe Hamburg, 1961 Abitur, Wehrdienst, Reserveoffizier, kaufmännische Ausbildung und Studien Recht und Wirtschaft einschließlich General Management (International Business School, Lausanne), DISG-Verhaltens-Trainer und Berater für Personalentwicklung, 1999–2000: PR-Kolleg Berlin, geprüfter PR-Berater DAPR und Seminarleiter, nach Praxisjahren in der Wirtschaft vielfältige Führungsaufgaben in Weiterbildungs-Einrichtungen einschließlich Geschäftsführung, seit 1989 selbständiger Trainer/Dozent und Lehrbeauftragter, 2002 vorgezogener Ruhestand aus schwerwiegenden Gesundheitsgründen, seit 1999 Wohnsitz Lüchow (Wendland) mit zahlreichen (ehrenamtlichen) auch interkulturellen Projekten und deren Umsetzung.

Heidrun Ratza-Potrykus wurde in Lübeck geboren. Beide Eltern stammten aus Westpreußen und waren bis zu ihrem Tode der Heimat verbunden. Bei Verwandtschaftstreffen wurde viel von „damals" gesprochen, und so entstand auch für die nicht mehr dort Geborene eine Vertrautheit mit dem Land und seinen Menschen. Sie war von 2002 bis 2018 Bundesfrauenreferentin und ist weiterhin Mitglied des Bundesvorstandes der Landsmannschaft Westpreußen.

Dr. Jürgen W. Schmidt (*1958) wurde in Weißenberg/Oberlausitz geboren und stammt väterlicherseits aus einer schlesischen Familie. Nach dem Dienst als Offizier in NVA und Bundeswehr studierte er Geschichte, Psychologie und Interkulturelle Erziehungswissenschaften in Hagen. 2004 wurde er mit einer Dissertation zur Geschichte des deutschen militärischen Geheimdienstes zwischen 1890 und 1914 promoviert. Er wohnt und arbeitet in Berlin und beschäftigt sich vorrangig mit der deutschen Geschichte jenseits von Oder und Neiße sowie der osteuropäischen und der Geheimdienstgeschichte. Dr. Schmidt ist Mitglied im Wissenschaftlichen Beirat der führenden polnischen militärhistorischen Zeitschrift „Przegląd Historyczno-Wojskowy". Seine wichtigste Veröffentlichung zu den Prozessen von Flucht und Vertreibung ist „Als die Heimat zur Fremde wurde … Flucht und Vertreibung der Deutschen aus Westpreußen – Aufsätze und Augenzeugenberichte" Berlin 2011. Jüngst erschien von ihm zur Geheimdienstgeschichte das Werk „Spionage, Terror und Spezialeinsatzkräfte – Fallstudien und Dokumente aus 140 Jahren Geheimdienstgeschichte" Berlin 2019.

Dr. Martin Sprungala, 1982 Abitur, Studium der Geschichte und Geografie an der Ruhr-Universität Bochum, 1995 Abschluss als Magister Artium, 2000 Promotion mit „cum laude", 2002 Aufnahme in die historische „Kommission für die Geschichte der Deutschen in Polen e. V." (seit 2005 Kassenprüfer), 2004 Auszeichnung mit dem Kulturpreis der LWW, dem ehemaligen Dr. Kurt Lück Preis, Gründungsmitglied und Schriftführer des Deutschen Geschichtsvereins (DGV) des Posener Landes e. V. (2000/2001, Vorstandsmitglied in der LWW und Referent für Öffentlichkeitsarbeit und Organisation, als solcher Schriftleiter des Mitteilungsblattes „Weichsel-Warthe" und kommissarischer Vertreter der deutschen Katholiken, Referent für Öffentlichkeitsarbeit und Koordinator der deutsch-polnischen Kontakte mit der Stadt Wschowa (Fraustadt) des Freundeskreises Fraustädter Ländchen e. V., Beiträge in verschiedenen Zeitschriften, u.a. Johannesbote, Jahrbuch LWW, Sonderausgabe des HK. Wollstein, ebenso in polnischen Zeitungen.

Hakim Tebbal, geb. 22 Dezember 1997 in Wałcz, Polen, Student, Master-Studium der Geschichte an der Historischen Abteilung der Adam-Mickiewicz-Universität in Poznań/Posen. Lizenzarbeit: „Deutsche protestantische Friedhöfe in Stadt und Gemeinde Wałcz/Deutsch Krone". In Vorbereitung Magisterarbeit: „Die deutschen Erinnerungsorte im Kreis Wałcz/Deutsch Krone".

Dr. phil. Maria Werthan, Sozialwissenschaftlerin, geboren 1952 in Wetschehausen, Banat, Rumänien, Studium der Sozialwissenschaften und Geschichte an der Bonner Friedrich-Wilhelms Universität sowie Sozialpädagogik in Aachen, Dissertation zur Banater Agrargeschichte, Lehrbeauftragte an der KFH Aachen, Gymnasiallehrerin in Kreuzau, Eschweiler und Reschitz, Veröffentlichung von didaktischen Beiträgen in Zeitschriften, Beitrag zur Geschichte der Banater Schwaben für den Bd. IV der Donauschwaben 2015, Vortragstätigkeit, Tagungsleiterin, Herausgeberin von Tagungsbänden, seit 2014 Präsidentin im Frauenverband im BdV e. V., Mitglied im BdV-Präsidium, Mitglied im Kuratorium der Kulturstiftung der deutschen Vertriebenen, Mitglied im Aussiedlerbeirat.

ANHANG

Tagungen des Frauenverbandes im BdV e. V.

Verständigungspolitische Begegnungstagungen

Vertriebene Frauen im Dialog mit Frauen im In- und Ausland

2.–4. Juli 1999   Marktredwitz
Förderung des friedlichen Miteinanders im Dreiländereck diesseits und jenseits der Grenze

16.–19. März 2000   Berlin-Spandau
Kongress: Frauen – vergessene Opfer des Krieges

20.–22. April 2001   Lübeck-Travemünde
Kinder der Opfer – Kinder der Täter
Spuren der Geschichte im Leben der folgenden Generationen

6.–28. April 2002   Lübeck-Travemünde
Spuren bei Tätern und Opfern
Überwindung von Nationalismen für heutige und künftige Generationen

25.–27. April 2003   Lübeck-Travemünde
„Traumatisierte Generationen durch Krieg und Gewalt"
Verständigung trotz schmerzhafter Spuren und Narben

24.–26. Oktober 2003   Kassel
Erfahrungen tragen in eine gemeinsame Zukunft

23.–25. April 2004   Lübeck-Travemünde
Im gemeinsamen Europa auf dem Weg zu Verständnis und Vertrauen
Wir müssen über den Schmerz sprechen

22.–24. Oktober 2004   Kassel
Vertreibungen in Europa – Neue Literatur

22.–24. April 2005   Lübeck-Travemünde
Kinder und Krieg – aus „Abenteuer" wurde bitterer Ernst
Wie Generationen von Kindern den Krieg und seine Folgen
(üb)erleben mussten

14.–16. Oktober 2005   Kassel
Wie die Vertriebenen in Deutschland Fuß fassten

12.–14. Mai 2006   Lübeck-Travemünde
**Internationaler Frauenkongress – Kooperation mit Deut-
scher Frauenring e. V.**
ChancE - Chancengleichheit im erweiterten Europa

20.–22. Oktober 2006   Weimar
Integration im eigenen Land

20.–22. April 2007   Lübeck-Travemünde
Lange Schatten – Schmerzliche Erinnerungsarbeit
Konzepte zur Überwindung von trennenden Erfahrungen.

12.–14. Oktober 2007   Erfurt
Lange Schatten- Schmerzliche Erinnerungsarbeit
Konzepte zur Überwindung von trennenden Erfahrungen

28.–30. März 2008   Lübeck-Travemünde
Entwurzelung und Erinnerung
Gemeinsamer Blick nach trennenden Erfahrungen zurück und
nach vorn

10.–12. Oktober 2008   Suhl
Geschichte ist nicht nur Vergangenheit
Zeitzeugen im Dialog der Generationen

24.–26. April 2009   Lübeck-Travemünde
Flüchtlinge und Vertriebene – Hört das denn nie auf?
Die Erlebnisse der Kriegskinder beeinflussen persönliches,
familiäres und staatliches Handeln bis heute.

18.–19. Juni 2009   Berlin
Symposion – 50 Jahre Frauenverband
Aus Erinnerungen Brücken bauen

25.–27. Juni 2010   Lübeck-Travemünde
Vertreibung, Verständigung, Verzeihung
Wie Krieg und Gewaltherrschaft in unserem Gedächtnis toben

15.–17. Oktober 2010   Bad Kissingen
Kirche oder Politik
Wer ist zuständig für die Wunden, die Flucht und Vertreibung
schlugen?

8.–10. Juni 2011   Lübeck-Travemünde
**Gedenken – Gedächtnis – Gedanken – verbinden gestern
und morgen**
Belastende Erinnerungen werfen lange Schatten in Europa

2.–4. März 2012   Lübeck-Travemünde
Kriegskinder – Kriegsenkel und kein Ende?
Wirkung und Aktualität der Folgen von Krieg, Flucht und Ver-
treibung

7.–9. September 2012   Bad Kissingen
Zeit zum Erinnern und Erinnern für die Zukunft
Die Rolle von Zeitzeugen

30. Juni – 2. Juli 2013   Berlin
**Rechtliche Aufarbeitung und Versöhnungsprozesse nach
Kriegs- und Menschenrechtsverbrechen an Frauen.**
Beteiligung am Seminar des Deutschen Frauenrings e.V. „The
missing gender-link"

11.–13. Oktober 2013   Königswinter
Krieg, Flucht und Vertreibung
Zeitzeugen erinnern sich
Kooperation mit der Stiftung CSP

23.–25. Mai 2014   Lübeck-Travemünde

Aus Schuld und Scham – Angst vor der Zukunft?

Was folgt den (Frauen-) Vorbildern in künftigen Generationen?

6.–8. März 2015   Heiligenhof, Bad Kissingen

70 Jahre Flucht, Vertreibung und Deportation:

Lebenslange Bürde oder Ansporn zu verantwortlichem und kreativem Handeln in Gemeinschaft mit unseren europäischen Nachbarn?

18.–20. September 2015   Hohegrete

Unser Väter. Welche Fußspuren hinterließen sie in unserem Leben?

Wie gestalten wir verantwortliches gesamteuropäisches Handeln auf diesem Erfahrungshintergrund?

1.–6. Oktober 2015   Temeswar, Rumänien

Unser gemeinsames Haus Europa.

Frauen und Männer setzen sich für die europäische Einigung auf der Grundlage der Demokratie und der Sozialen Marktwirtschaft ein.

1.–3. April 2016   Heiligenhof, Bad Kissingen

Die Daheimverbliebenen:

Deutsche im Osten Europas – Brückenbauer zwischen Ost und West

12.–17. Juni 2016   Posen, Polen

Unser gemeinsames Haus Europa:

Wechselvolle deutsch-polnische Geschichte in Posen/Poznań – Auftrag zum achtsamen Miteinander bei der Gestaltung von Gegenwart und Zukunft.

26.–28. August 2016   Helmstedt

Frauen und Kinder erleben Krieg und Gewalt.

Wie wirken diese Erfahrungen auf ihr Leben?

3.–5. März 2017   Heiligenhof, Bad Kissingen
Unsere Großeltern erlebten Geschichte
Was bedeutet „ihre Geschichte" für unser Leben?

7.–12. Mai 2017   Hermannstadt, Rumänien
„Unsere europäische Zukunft können wir nur gemeinsam gestalten"

29. September – 1. Oktober 2017   Helmstedt
Angekommen im Westen nach 1945

2.–4. März 2018   Heiligenhof, Bad Kissingen
Sudeten-Deutsche und Tschechen – gestern, heute und morgen

31. August – 2. September 2018   Helmstedt
Wiederaufbau und Eingliederung

7.–12. September 2018   Brünn, Tschechien
Unser gemeinsames Haus Europa: Was können Deutsche und Tschechen dafür tun?

8.–10. März 2019   Heiligenhof, Bad Kissingen
100 Jahre ost-europäische Frauen: Sternstunden und Rückschläge im Streben um gesellschaftspolitische Anerkennung und Teilhabe

5.–8. Mai 2019   Süd- und Nord-Bukowina, Rumänien/Ukraine
Europäer in der Bukowina: Im Gespräch für Verständigung und Frieden

6.–8. September 2019   Helmstedt
Westpreußen und Weichsel-Warthe: Unterschiedliche Entwicklungen für Land und Leute in Raum und Zeit

19. Oktober 2019   Mandschurei Museum,
Lida, Nagano Präf., Japan
Symposium: Deutsche und japanische Vertriebene reden über ihr Schicksal

Auszug aus der Satzung des Frauenverbands

Frauenverband im Bund der Vertriebenen e. V.

(Mitglied im Deutschen Frauenring und
im Deutschen Frauenrat)

Aus der Satzung vom 02.04.2016

§ 2

Zweck

Absatz 1

1. Der Verband verpflichtet sich der Verwirklichung der Menschenrechte, dem Selbstbestimmungsrecht eines Jeden und der Erleichterung des Schicksals von Flüchtlingen und Vertriebenen.

2. Er bekennt sich zum Grundgesetz der Bundesrepublik Deutschland, zum Völkerrecht und zu der Charta der deutschen Heimatvertriebenen.

3. Er tritt ein für die Erhaltung, Pflege und Weitergestaltung des heimatlichen Kulturguts, indem er die Bräuche und die Kultur der Heimatgebiete im In- und Ausland vermittelt.

4. Er widmet sich der Aufarbeitung der Flüchtlingsschicksale, insbesondere dem Verständnis für die andauernden Belastungen der Frauen, ihrer Kinder und deren Nachkommen.

5. Er sammelt Zeitzeugenberichte über die Folgen von Flucht und Vertreibung, übernimmt die Verantwortung für deren wissenschaftliche Auswertung und veröffentlicht Informationsmaterial.

6. Er organisiert Begegnungen zwischen Flüchtlingen und Vertriebenen mit den heutigen Bewohnern ihrer ehemaligen Heimatgebiete, bietet regelmäßig Seminare für In- und Ausländer an, in denen die gewonnenen Erkenntnisse dargestellt, besprochen und gefördert werden.

Absatz 2
Der Verband setzt sich ein für den fairen Umgang mit den heutigen Flüchtlingen und Vertriebenen und will auch diesen Menschen die gesammelten Erfahrungen und Erkenntnisse zugutekommen lassen.

Absatz 3
Der Verband ist überparteilich und an keine Religion oder Ideologie gebunden.

Absatz 4
Der Verband ist als außerordentliches Mitglied dem Bund der Vertriebenen – Vereinigte Landsmannschaften und Landesverbände e.V. – angegliedert und erkennt dessen Satzung an.

§ 3

Mitgliedschaft

Absatz 1
Mitglieder des Verbandes sind die Landsmannschaften und Landesverbände im Bund der Vertriebenen (geborene korpora-

tive Mitglieder). Ihre Rechte im Frauenverband nehmen sie durch die in Ihnen organisierten Frauen wahr.

Absatz 2
Daneben können Frauen beitreten, die sich für die Ziele des Vereins einsetzen wollen.

Absatz 3
Vereine können unter denselben Voraussetzungen als weitere korporative Mitglieder beitreten (gekorene korporative Mitglieder). Männer sind als Fördermitglieder willkommen.

Absatz 4
Über Aufnahmeanträge nach Abs. 2 und 3 entscheidet der engere Vorstand.

§ 4
Rechte und Pflichten der Mitglieder

Absatz 1
Die Mitglieder sind berechtigt, alle Angebote des Vereins wahrzunehmen. Sie können sich jederzeit mit Anregungen und Vorschlägen für Tagesordnungspunkte der Mitgliederversammlung an den Vorstand wenden. Sie sind verpflichtet, ihren Beitrag zur Verwirklichung der Ziele des Vereins und zur Umsetzung der Beschlüsse der Mitgliederversammlung zu leisten.

Absatz 2
Bei groben Verstößen gegen die Vereinsziele kann der engere Vorstand ein sofortiges Ruhen der Mitgliedschaft anordnen. Der Beschluss ist dem Mitglied schriftlich mitzuteilen. Über den endgültigen Ausschluss entscheidet die Mitgliederversammlung mit einfacher Mehrheit.

§ 6

Organe

Organe des Vereins sind:

a) der Vorstand
b) die Mitgliederversammlung

§ 10

Gemeinnützigkeit

Der Verein verfolgt ausschließlich und unmittelbar gemeinnützige Zwecke im Sinne des Abschnitts „steuerbegünstigte Zwecke" der Abgabenordnung 1977 und zwar insbesondere durch die Förderung der Völkerverständigung, der Heimatpflege und der Hilfe für Flüchtlinge und Vertriebene. Der Verein ist selbstlos tätig, er verfolgt nicht in erster Linie eigenwirtschaftliche Zwecke. Mittel des Vereins dürfen nur für die satzungsgemäßen Zwecke verwendet werden. Es darf keine Person durch Ausgaben, die dem Zweck des Vereins fremd sind, oder durch unverhältnismäßig hohe Vergütung begünstigt werden. Die Mitglieder erhalten keine Zuwendung aus Mitteln der Körperschaft.

Spendenkonto: Volksbank Nienburg eG
IBAN: DE12 2569 0009 0000 4243 00
BIC: GENODEF1NIN
          Spenden sind mittels Kontonachweis absetzbar.

Präsidentin: Dr. Maria Werthan
               Pochmühlenweg 85
               52379 Langerwehe

               maria.werthan@gmail.com

AUS DEM AKTUELLEN VERLAGSPROGRAMM

www.oezb-verlag.de

Sibylle Dreher / Maria Werthan (Hrsg.)
Krieg kerbt Frauen- und Kinderseelen
Broschur, 14,8 x 21,0 cm, 234 Seiten
ISBN 978-3-940452-50-4

Sibylle Dreher / Maria Werthan (Hrsg.)
70 Jahre nach Flucht und Vertreibung
Im Schatten unserer Väter
Broschur, 14,0 x 21,0 cm, 242 Seiten
ISBN 978-3-942437-11-0

Sibylle Dreher / Maria Werthan (Hrsg.)
Vererbte Schatten
Was folgt den (Frauen)Vorbildern
in zukünftigen Generationen?
Broschur, 14,0 x 21,0 cm, 154 Seiten
ISBN 978-3-942437-44-8

Robert Elsie (Hrsg.)
Der Kanun
Das albanische Gewohnheitsrecht nach dem
sogenannten Kanun des Lekë Dukagjini
Broschur, 14,0 x 21,0 cm, 272 Seiten, 39,90 €
ISBN 978-3-942437-33-2

Gerfried Horst
Die Zerstörung Königsbergs
Eine Streitschrift
Broschur, 12,0 x 19,0 cm, 394 Seiten, 12 Abb., 14,90 €
ISBN 978-3942437-25-7

Marcus Franke
Russlands Zivilgesellschaft - Von Stalin zu Putin
Broschur, 14,0 x 21,0 cm, 208 Seiten, 39,90 €
ISBN 978-3-942437-32-5

Franz Kössler
Lebensbilder
Persönlichkeiten aus ehemals
deutschsprachigen Gebieten in Europa
Gebunden, 14,0 x 21,0 cm, 738 Seiten, 44,90 €
ISBN 978-3-942437-23-3

Edition
**BIBLIOGRAPHIEN ZUR GESCHICHTE
UND KULTUR EUROPAS**
Band IV

Alfred Bischoff (Hg.)
Reval / Tallinn
Auswahlbibliographie zur Geschichte, Politik und Kultur
seit 1918
Gebunden, 14,0 x 21,0 cm, 602 Seiten, 69,90 €
ISBN 978-3-942437-04-2

Edition
SÜDOSTEUROPAFORSCHUNGEN
Band IV

Hans Bergel
Vom anderen Europa
Aus Geschichte und Gegenwart
südosteuropäischer Landschaften
Gebunden, 14,0 x 21,0 cm, 213 Seiten, 34,90 €
ISBN 978-3-942437-10-3

Unsere Bücherstube
im Lessing-Haus in Berlin

Nikolaikirchplatz 7, 10178 Berlin-Mitte
(Nikolaiviertel, Nähe S-Bf. Alexanderplatz)
Öffnungszeiten: Di–Fr 11:00–17:00 Uhr

Wir bieten Ihnen Bücher und DVDs
zu den folgenden Themen an:

Osteuropa, DDR-Geschichte,
Kultur und Politik Deutschlands nach 1990,
Deutsche Geschichte des 19. und 20. Jahrhunderts,
Europäische Reiseliteratur und Berlin

Unser Lessing-Literatursalon lädt regelmäßig ein.

Nähere Informationen:
www.oezb-verlag.de

www.anthea-verlagsgruppe.de